Andreas Andresen, Rudolph Weigel

Der deutsche peintre-graveur, oder, Die deutschen Maler als Kupferstecher nach ihrem Leben und ihren Werken

Von dem letzten Drittel des 16. Jahrhunderts bis zum Schluss des 18. Jahrhunderts

Andreas Andresen, Rudolph Weigel

Der deutsche peintre-graveur, oder, Die deutschen Maler als Kupferstecher nach ihrem Leben und ihren Werken
Von dem letzten Drittel des 16. Jahrhunderts bis zum Schluss des 18. Jahrhunderts

ISBN/EAN: 9783743619463

Hergestellt in Europa, USA, Kanada, Australien, Japan

Cover: Foto ©Thomas Meinert / pixelio.de

Manufactured and distributed by brebook publishing software (www.brebook.com)

Andreas Andresen, Rudolph Weigel

Der deutsche peintre-graveur, oder, Die deutschen Maler als Kupferstecher nach ihrem Leben und ihren Werken

DER

DEUTSCHE PEINTRE-GRAVEUR.

INHALT.

	Seite
Nicolaus Andrea	1
Heinrich Kumberger	11
Wolfgang Stuber	14
Aswerus Rotnberger	22
Martin Pleginck	24
Mathias Beytler	36
Jacob Beytler	42
Gregor Sickinger	44
Peter Weinher der Aeltere	47
Peter Weinher der Jüngere	63
Martin Martini	65
Hans Rogel	80
Hans Conrad Wörle	89
Hans und Martin Weygel	93
Heinrich Stacker	129
Wolfgang Meyerpeck	137
Georg Pecham	154
Daniel Lindemeir	163
David Brentel	170
Georg Hayer (Hauer)	174
Friedrich Brentel	185
Georg Brentel	216
Balthasar Kuchler	220

Inhalt.

	Seite
A. Döringk	232
Samuel Suchuduller	234
Martin Faber	237
Tobias Volkmer	239
Christoph Jamnitzer	242
Hans Meichsner	265
Georg Gärtner	270
Bartholomeus Dietterlin	278
Hans Ammon	284
Johann Gaertner	287
Friedrich Christoph Steinhammer	289
Christoph Senfft	291
Anton Boys	293
Bartholomeus Reiter	299
Philipp Uffenbach	313
Johann Faber	325
Hans Wechter	331
Jacob Mayr	341
Friedrich Sustris	343
Roelant Savery	346
Joh. Mathias Kager	351

NICOLAUS ANDREA.

Die Lebensverhältnisse dieses von Bartsch unter den Monogrammisten IX. p. 512 behandelten Meisters sind dunkel, er galt längere Zeit für einen Italiener aus Ancona und Heinecken nennt ihn Niccolo di Andrea. Aus einer Inschrift auf dem von ihm gestochenen Portrait des Advocaten Sabinus zu Wilna ersehen wir jedoch, dass er aus Flensburg in Schleswig stammte, und nicht blos die Malerei und Kupferstecherkunst, sondern auch die Dichtkunst übte. Wer sein Lehrmeister gewesen, kann ich nicht sagen, in der Kunsttechnik steht er seinem Landsmann Melch. Lorch am nächsten, und es ist wahrscheinlich, dass Letzterer Einfluss auf seine künstlerische Ausbildung geübt hat; sein Leben ist unstät, er war wie Lorch ein vielgereister Mann: 1573 treffen wir ihn in Augsburg, 1578 in Konstantinopel, wo er die Portraits des Aeg. de Noailles und J. de Sintzendorf stach, um 1580 in Wien, wo er gemeinschaftlich mit G. Has fünfzig perspectivische Plafonds herausgab, 1586 bis etwa 1590 in Danzig, seine Spur erlischt zuletzt um 1606 in Kopenhagen. — Phil. Galle stach nach seiner Zeichnung nach einem Bilde von M. Lorch „das Glück", welches Blatt Bartsch unter No. 2 beschreibt. — Andrea's Blätter dürfen nicht mit jenem ähnlich signirenden unbekannten Meister verwechselt werden, von welchem Bartsch IX. p. 548 ein Blatt beschreibt, dem Brulliot, Table générale, noch drei andere hinzufügt.

DAS WERK DES NIC. ANDREA.

1. Christian IV. König von Dänemark.
H. 10" 11''', Br. 7" 4'''.

Brustbild, von vorn gesehen, ein klein wenig nach rechts gewendet, in Brustharnisch und reich gesticktem Kragen. Zwei schwebende Genien halten über seinem Kopf eine reiche Krone. In ovalem Rahmen mit reicher allegorischer Einfassung, oben links und rechts die Gerechtigkeit und Weisheit, unten links Mars bei Waffen, rechts Mercur bei musikalischen Instrumenten. Oben in der Mitte das dänische Wappen, unten der Elephantenorden. Umschrift des Rahmens: CHRISTIANVS IIII D. G. DANIAE NORVEGIAE VANDALORVM GOTHORVMQVE REX. Links gegen unten an einem Schild das Zeichen.

Das Blatt findet sich in der Schrift: DE LO SCHERMO OVERO SCIENZA D'ARME DI SALVATOR FABRIS CAPO dell ordine dei fette CORI. Copenhaven HENRICO WALTKIRCH 1606.

2. Salvator Fabris.
H. 6" 11''', Br. 4" 11'''.

Brustbild in ovalem Rahmen, von vorn gesehen, nach links blickend, in gemustertem Wams und gesticktem Kragen, mit einem Orden vor der Brust und dreifacher Brustkette mit einem Medaillon.

Umschrift: SALVATOR FABRIS SVPREMVS EQVES ORDI-
NIS SEPTEM CORDIVM AETATIS SVAE LXI. Unten an
der den Rahmen einschliessenden Wand links die
Jahreszahl 1605, rechts Andrea's Zeichen.

Das Blatt gehört ebenfalls in das zuvor genannte Werk.

3. Constantin Ferber.
Durchmesser 5″ 5‴.

Rathsherr zu Danzig 1586. Halbfigur mit einem
beschriebenen Blatt in der Hand. Rundung mit
Blumenguirlanden und mit lateinischer Umschrift.
Rechts das Zeichen und die Jahreszahl 1586.

4. Aeg. de Noailles.
H. 6″ 3‴, Br. 4″ 9‴.

Abt, Kaiserlicher Gesandter in Konstantinopel.
Der fast von vorn gesehene Herr ist im Brust-
bilde ein wenig nach links vorgestellt. Unten im
Rande, welcher eine Art Tafel über die ganze
Breite des Blattes bildet, liest man: AEG. DE
NOAILLES ABB. INSV. ET S. AMANDI CHRISTMAEMTIS A
SECRETIORIB. CONS. ET APVD SELIMVM ET AMVRATEM
TVRC. IMPRIS LEGAT. AN. AETATIS 53. NICOLAVS ANDREA
FACIEBAT CONSTANTINOPOLI 1578.

Es giebt eine Copie vom Meister CAC.

5. Joachim von Sintzendorf.
H. 9″ 2‴, Br. 7″.

Kaiserlicher Rath und Botschafter in Konstantinopel. Brustbild, von vorn gesehen, in umge-

hängtem Pelzmantel, vollbärtiges Gesicht mit kurzgeschorenem Haar. Unten links in besonderem Felde eine emblematische Darstellung: der Vogel Strauss auf einer von wilden Wogen umbrandeten Kugel, mit einem Ring auf dem Kopf, einer Dornenkrone in der erhobenen rechten Klaue, einem Schwert und Lorbeerreis unter dem andern Fuss und der Beischrift: CHRISTO DUCI. Rechts unten an einer grossen Tafel der Name: IOACHIMVS A SINTZENDORF ETC. SAC. CAES. MTIS. RVDOLPHI II. ROM. IMPERAT. ETC. CONSILIARIUS - - - ET ORATOR IN CVRIA OTTOMANICA - - - NICOLAVS ANDREA. F. CONSTANTINOPOLI. Rechts gegen oben am Grund das Zeichen.

6. Georg Has.

H. 9" 9"', Br. 8".

Kaiserlicher Hoftischler zu Wien. Brustbild von vorn, mit langem Bart, mit einer Feder in der Rechten, zwischen zwei Säulen in reicher architektonischer Umgebung. Man liest oben an einer Tafel in Majuskeln: *Opifex ingeniosus, raro pecuniosus*, unten an der Brüstung: *Georg Has, Ro: Kay: May: Hof Tischler. vnd Burger zu Wien* 1.5.8.1. Links fast in halber Höhe das Zeichen des Stechers.

<small>Das Blatt gehört in ein von G. Has veröffentlichtes architektonisches Werk, das den Titel „Fünfzig perspectivische Bodenstücke" führt. G. Has ist von mir im III. Band dieses Werkes behandelt.</small>

7. Stanislaus Sabinus.
H. 15" 6''', Br. 12".

Brustbild mit langem Bart, in reicher Rüstung und mit dem Commandostab in der Hand. In ovalem Rahmen mit allegorischer Einfassung, oben in der Mitte zwischen Posaunen blasenden Engeln der segnende Heiland, rechts von ihm sechs knieende Männer — wahrscheinlich der Vater mit fünf Söhnen, links die Mutter mit 4 Töchtern ebenfalls auf den Knieen. Zu beiden Seiten und unten allegorische Figuren mit Inschriften, die sich zum Theil auf die Kämpfe der Christen gegen den Türken beziehen. Unten gegen links das Zeichen und am Rohr einer von einem Krieger abgefeuerten Kanone die Jahreszahl 1590. Am Grund des Ovals links ein Wappenschild, rechts eine Votivtafel mit einem zweiten Wappen oder Emblem und der Inschrift:

Nicolaus·
Andrea. Pictor·
et. poeta·
Flensburgensis.
Holsatus. Ad. Vivum·
Delineabat. Inventor.
et. in· aere·
sculpebat.
Nulla. Dies.
Sine· Linea.

Umschrift am Rahmen:
DOCTORI· STANISLAO· SABINO·
HAEREDI·IN·STRACZA·ADVOCATO.
VILNENSI. etc.

8. Rebecca und Eliezar.
H. 13", Br. 9" 9"'.

Rebecca giebt Eliezar am Brunnen zu trinken. Man sieht im Grunde zwei Kameeltreiber und mehrere Kameele. In der Mitte unten die Jahreszahl 1585 und das Zeichen. Links am Brunnen liest man GENESIS CAP. 24.

Bartsch 1.

9. Fünfzig perspectivische Bodenstücke von G. Has.

Andrea stach einen Theil dieser Blätter in Gemeinschaft mit dem Wiener Hoftischler Georg Has. Ich habe das Werk bereits im III. Band dieses Buches beschrieben. — Von Andrea's Hand ist nur ein Theil der Füllungen, die gestochen, während die Einfassungen von der eigenen Hand des Herausgebers radirt sind. Diese Füllungen, von welchen einige das Zeichen des Nic. Andrea tragen, sind um 2" bis 3" hoch und breit. Ich nenne:

Blatt 2. Perseus und Andromeda.
„ 3. Ein Genius in einem Kahn mit einem Segel in den Händen.
„ 5. Elias im feurigen Wagen gen Himmel fahrend.
„ 13. Niederwärts schwebender Genius, der Früchte und Blumen ausstreut.
„ 21. Prometheus vom Geyer zerrissen. Mit dem Zeichen.

Blatt 24. Venus.
„ 30. Ganymed vom Adler des Zeus entführt. Mit dem Zeichen und der Jahreszahl 1581.

10. Titelkupfer zu S. Fabris Fechtbuch.
H. 10″ 2‴, Br. 6″ 8‴.

Der Titel lautet: DE LO SCHERMO OVERO SCIENZA D'ARME DI SALVATOR FABRIS CAPO *dell ordine dei sette* CORI. *Copenhaven* HENRICO WALTKIRCH 1606. Er steht in einer Ziercartouche, oben sind vier Genien, die beiden in der Mitte zu Seiten einer Fruchtvase, unten zwei andere, welche auf Hellebarden stehen zu Seiten eines Schnörkelschilds mit Waltkirch's Adresse. Oben links Andrea's Zeichen.

Die übrigen Kupfer dieses 256 bezifferte Seiten umfassenden Buches, meist Fechterdarstellungen, sind von J. Halbeeck und F. Valesio gestochen. — In Naumann's Archiv für die zeichnenden Künste wird, wie mir scheint jedoch mit Unrecht, die Echtheit des Blattes bezweifelt, indem es in früheren Drucken statt des Monogramms des N. Andrea den Namen J. Halbeeck sc. tragen soll. Das richtige Verhältniss wird das umgekehrte sein, statt „frühere Abdrücke" dürften „spätere" zu setzen sein, indem aus der Jahreszahl 1605 auf Fabris Portrait hervorgeht, dass frühere Ausgaben dieses Buches nicht existiren.

Holzschnitte.

I. Das Wappen des Bischofs J. Egolf von Augsburg.

Oben steht: „*Catholica tectissima fides*", unten: „*Dei Gratia Joannes – – – Augustanus MDLXXIII.*" Das Zeichen befindet sich rechts unter den Schildspitzen.

Ich kenne das Blatt nicht aus eigener Anschauung, es ist im Sternberg-Manderscheid'schen Katalog von Frenzel beschrieben.

ANHANG.

1. Die heilige Dreieinigkeit.
H. 3" 9''', Br. 2" 8'''.

Gott Vater und der Sohn sitzen einander gegenüber, jeder hat eine Krone auf dem Haupt und hält ein Scepter in der Rechten, die Weltkugel mit der Linken. Gott Vater sitzt zur Rechten. Oben auf einer Wolke sind zwei Engel, die die Geige und Guitarre spielen. Der heil. Geist schwebt in der Mitte oben. Unten rechts das Zeichen. Das Blatt wird von Brulliot u. A. dem N. Andrea zugeschrieben, es ist aber zu bemerken, dass das Monogramm *AF* ein anderes ist und aus A M F zu bestehen scheint.

INHALT
des Werkes des Nic. Andrea.

Kupferstiche.

Christian IV. König von Dänemark. . . . . Nr. 1
Salv. Fabris. . . . . „ 2
Constantin Ferber. . . . . „ 3
Aegid. de Noailles. . . . . „ 4
Joachim von Sintzendorf. . . . . „ 5
Georg Has. . . . . „ 6
Stanisl. Sabinus. „ 7
Rebecca und Eliezar. . . . . „ 8
Fünfzig perspectivische Bodenstücke von G. Has. . . . . „ 9
Titelkupfer zu S. Fabris' Fechtbuch. . . . . „ 10

Holzschnitte.

Wappen des Bischofs Johann Egolf von Augsburg. . . . „ 1

Anhang.

Die heilige Dreieinigkeit. . . . . „ 1

HEINRICH KUMBERGER.

Mit diesem Namen ist eine Ansicht der alten Reichsstadt Ravensburg vom Jahre 1605 bezeichnet. Der Stich ist roh und steif und verräth geringe Uebung in der Führung des Grabstichels. Seinen Verfertiger haben wir kaum unter den Malern, mit mehr Wahrscheinlichkeit unter den Goldschmieden zu suchen. Uebrigens schweigen über ihn alle Nachrichten.

DAS WERK DES H. KUMBERGER.

1. Ansicht von Ravensburg.
H. 7″ 2‴, Br. 12″ 5‴ der Ansicht selbst.

Oben lesen wir: *Wahre Aigentliche Vnd Guotte Contrafactur Defs Heyligen Römifchen Reichs Statt Rauenfpurg mit fampt der Landfchafft.* Unten steht eine fünfspaltige Erklärung der Zahlen im Stich. Die Stadt liegt links oben am Fusse von Höhen, die fast sämmtlich Ackerland sind und zur Rechten das Schloss und eine Kirche tragen. Der ganze Vorderplan ist frei, ein kleines Bächlein, der "SVCHVSEN FLVS" fliesst quer durch denselben. Vorn links sitzt zwischen einem kahlen und belaubten Baum der Zeichner und bei ihm steht ein Bauer mit einer Mistgabel. Unten in der Mitte steht: *Hennrich Kumberger fecit.* Unter der Erklärung steht: *Gedruckt in deß Heyl. Röm: Reichs Statt Rauenfpürg, dürch Philipp Roth et excudit,* darunter in der Mitte 16 PR 16., das Zeichen des Verlegers. Ueber der Ansicht an der Luft die Wappen des Reichs und der Stadt und in der Mitte eine kleine Bandrolle mit dem Namen: *Die statt* RAVENSPVRG 1605 sowie dem Zeichen des Künstlers.

Die Platte, wie sie vorliegt, besteht aus drei Stücken, Ansicht, Aufschrift und Erklärung auf besondern Blättern. Ursprünglich scheint die Platte jedoch unzerschnitten gewesen zu sein.

INHALT
des Werkes des H. Kumberger.

Ansicht von *Ravensburg*. . . . . Nr. 1

W. S. W̵

WOLFGANG STUBER.

Zeichner und Kupferstecher, welcher zu Nürnberg in den letzten Decennien des 16. Jahrhunderts arbeitete. Bartsch IX. p. 574 wusste seinen Namen nicht und kannte nur zwei Blätter von seiner Hand. P. Behaim, der ihn noch persönlich gekannt haben konnte, führt ihn in dem Verzeichniss seiner Kunstsammlung unter dem obigen Namen auf. — Seine Blätter erheben sich übrigens nicht über die Stufe der Mittelmässigkeit, er borgte seine Compositionen zum Theil bei andern Meistern und verräth weder in der Zeichnung noch in der Ausführung besondere Anlagen. Unsere Chalcographen wollen ihn auch unter die Formschneider zählen. Holzschnitte mit seinem Namen sind jedoch nicht bekannt und jene mit W. S. signirten Blätter erweislich von anderer Hand und aus früherer Zeit.

DAS WERK DES W. STUBER.

1. M. Luther in einem Zimmer.
H. 5" 2''', Br. 4" 8'''.

Das Blatt ist eine Copie nach A. Dürer's heiligem Hieronymus, jedoch mit dem Unterschied, dass Stuber die Figur des Heiligen in das Portrait des Reformators umgewandelt hat. Er sitzt hinten in einem Zimmer hinter einem Tisch und liest in einem Buch. Vorn in der Mitte liegt der Löwe und links ist an einem Täfelchen Stuber's Zeichen. Man liest unten an einer Stufe:

PESTIS * ERAM * VIVVS *
MORIENS * TVA * MORS * ERO * PAPA *

Zu Seiten dieser Schrift zwei Wappenschilde mit den sächsischen Churschwertern und der Rose Luther's.

Die ersten Abdrücke haben in der Unterschrift das falsche Wort FIFVS statt VIVVS.

Die Platte hat sich erhalten und es giebt neuere Abdrücke.

2. Das kleine Crucifix.
Durchmesser 1" 11'''.

Gegenseitige Copie nach A. Dürer's Kupferstich B. 23. Unten in der Mitte das Zeichen.

3.—16. 14 Bl. Christus und die Apostel.
H. 2″ 10‴ — 3″, Br. 2″ 3‴.

Stehende Figuren in Landschaften, von Einfassungen von Blumen, Vögeln und andern Thieren umschlossen. Stuber benutzte als Muster die Peter Vischer'schen Apostelfiguren am Sebaldusgrab zu Nürnberg. Die edle Einfachheit ihrer Gewänder wusste er jedoch nicht zu würdigen, er hat sie mit einer Zugabe von unnatürlichen Falten bereichert, seiner Meinung nach damit verschönert.

3. **Christus.** Von vorn gesehen, seine Rechte zur Segenaustheilung erhebend, auf der Linken den Reichsapfel tragend, im Vorgrund einer Landschaft, in deren Mittelgrund man links zwei Apostel, rechts einen ausziehen sieht. Rechts oben in der Luft: 1588, links unten auf einem Stein das Zeichen. In einer Einfassung, in welcher oben ein Pelican bei seinen Jungen, unten ein Phönix auf Flammen. Blumen und zwei Schmetterlinge füllen den übrigen Raum der Einrahmung.

4. **S. Peter.** Nach rechts gekehrt, mit einem grossen Schlüssel in seiner Rechten, im Vorgrund einer Landschaft. Rechts oben in der Luft 1587, links unten im Boden das Zeichen. In der Einfassung oben links und rechts Vögel, unten links und rechts ein laufender Hase und laufender Fuchs.

5. **S. Andreas.** Von vorn, etwas nach links gewendet, mit einem geöffneten Buch in seiner Rechten, mit dem X förmigen Kreuz in seinem linken Arm, dessen Hand das Obergewand zusammenfasst; im Vorgrund einer Landschaft. Links der Einfassung entlang: ANDEREVS, oben rechts in der Luft 1588, links unten auf einem Stein das Zeichen. In der Einfassung oben ein grosser Schmetterling, unten ein Bär etc.

6. **S. Jacob major.** Von vorn, mit dem Pilgerhut bedeckt, mit dem Pilgerstab in seiner Rechten und einem geschlossenen Buch in der Linken. Der linken Einfassungslinie entlang:

S ✱ IACOB
DER ✱ GROSE
R

rechts oben in der Luft: ✱ 1588, links unten an einem Stein das Zeichen. In der Einfassung oben eine Fledermaus unten ein Raubvogel.

7. **S. Johannes der Evangelist.** Von vorn, in seiner Linken den Kelch haltend, auf welchem eine Schlange, mit seiner Rechten das Segnungszeichen darüber machend. Rechts der Seiteneinfassungslinie entlang: S ✱ IOHANNES, links oben 1597, rechts unten das Zeichen. Im Rahmen oben ein Adler, unten zwei Füchse etc.

8. **S. Philipp.** Etwas nach rechts gewendet, mit seiner Linken nach dem Kreuze deutend, das er in seinem rechten Arm hält. Rechts gegen oben:

PHILIPPI
ANNA
1588
WS

In der Einfassung oben ein Indian, unten ein Schröter etc.

9. **S. Bartolomäus.** Von vorn, den Kopf nach links wendend; er hält in seiner erhobenen Rechten ein Messer mit breiter Klinge und fasst mit seiner Linken einen Zipfel seines Mantels. Der linken Einfassungslinie entlang: BARTOLOMEVS, rechts oben 1588, rechts unten im Boden das Zeichen. In der Einfassung oben ein Schmetterling, unten ein Löwe etc.

10. **S. Thomas.** Von vorn, mit einer Lanze in der Rechten, in einem Buche lesend, das er mit der Linken hält. Links oben 1588, der rechten Einfassungslinie entlang: S. TOMAS,

rechts unten auf einem Stein das Zeichen. In der Bordüre oben eine Gans und ein Papagei, unten ein Schaf und Hund, etc.

11. **S. Jacob minor.** Nach links gekehrt, mit seiner Rechten ein geschlossenes Buch, mit seiner Linken die Walkerstange haltend. Oben zu beiden Seiten:

IACO   BVS
DER   KLEIN.

Links unten auf einem Stein 1585 und das Zeichen. Oben in der Bordüre ein Hahn, unten ein Hund etc.

12. **S. Simon.** Von vorn, etwas nach links gewendet, den Kopf aber nach rechts wendend, seine Rechte auf die Säge stützend, in der Linken ein Buch haltend. Oben rechts 1588 und das Zeichen, zu beiden Seiten des Kopfes SIMAN • IVDE. Oben in der Einfassung ein Fuchs, unten eine Katze, etc.

13. **S. Judas Thaddäus.** Von vorn, aufmerksam in einem mit beiden Händen gehaltenen Buche lesend, mit der Keule im rechten Arm. Oben rechts 1588, zu beiden Seiten des Kopfes: IVDAS THADEV und das Zeichen. In der Bordüre links und rechts je ein Vogel, etc.

14. **S. Matthäus.** Von vorn, in der Rechten ein Beil haltend. Der linken Einfassungslinie entlang: MATHEVS, oben rechts 1588 und das Zeichen. Im Rahmen oben ein Schmetterling, unten ein Fuchs und Storch.

15. **S. Paul.** Nach rechts gekehrt, mit der Rechten sein Schwert haltend, dessen Spitze dem Boden zugewendet ist. Rechts der Einfassungslinie entlang: S • PAVLVS, rechts unten an einem Stein 1587, und darunter das Zeichen. In der Bordüre oben links und rechts an Früchten pickende Vögel, unten ein Hirsch und ein Reh etc.

16. **S. Mathias.**

17. St. Christoph.
H. 4" 6''', Br. 2" 11'''.

Gegenseitige Copie nach A. Dürer's Kupferstich B. 51. Der Heilige schreitet linkshin durch einen Fluss, er stützt beide Hände gegen einen Baumstamm und wendet den Kopf zu dem auf seinen Schultern sitzenden Jesuskind um, das segnend die Hand auf seinen Kopf legt. Der Hintergrund ist bergig, man sieht in demselben links den Eremiten mit einer Pechfackel in der Hand bei seiner Hütte. Links im Wasser ein Stein mit der Jahreszahl 1587 und dem Zeichen.

18. Derselbe Heilige.
H. 2" 9''', Br. 1" 11'''.

In ähnlicher Haltung wie auf dem vorigen Blatt, jedoch rechtshin schreitend. Man sieht den Eremiten rechts im Hintergrund mit einer Pechfackel in der erhobenen Rechten. Oben zu Seiten des Kopfes des Heiligen: *S. Christo-phorus*. Ohne Zeichen. Links unten im Wasser ein Stein, offenbar bestimmt, das Zeichen zu tragen.

19—30. 12 Bl. Die Monate.
H. 2" 2''', Br. 1" 6'''.

Stehende Figuren in Landschaften, mit Unterschriften. Von *Heller* beschrieben.

19. IANVARIVS. Ein nach links gehender Mann, welcher Holz auf seiner Schulter trägt und in der Linken ein Beil hält.
20. FEBRVARI. Eine nach rechts gehende Weibsperson, welche auf ihrer Schulter eine Gabel und Hacke trägt.

21. MARCIVS. Ein vorwärts schreitender Bauersmann, welcher seine Rechte auf das Joch seiner beiden vor einen Pflug gespannten Ochsen hält.
22. APRILIS. Eine nach rechts blickende Weibsperson, welche über ihrer rechten Schulter eine Hacke trägt und die linke Hand an einen Baum hält.
23. MAIVS.
24. IVNIVS. Eine stehende, nach rechts gewendete Frau hält unter ihrem linken Arm ein Schaf, in der Rechten eine Schafscheere.
25. IVLIVS.
26. AVGVSTVS. Eine nach links gehende Frau, welche auf ihrer rechten Schulter eine Garbe, in der linken Hand eine Sichel trägt.
27. SEPTEMBER. Ein Bauer, welcher auf einer Egge sitzt; vor ihm steht ein Korb mit Früchten.
28. OCTOBER. Eine nach rechts gehende Weibsperson hält in ihrer rechten Hand eine Schaale, in der linken eine Kanne; auf dem Rücken trägt sie ein Gefäss mit Trauben, mit welchen auch ihr Kopf geschmückt ist. Unten links in der Ecke das Zeichen.
29. NOVEMBER. Ein Jäger, vom Rücken gesehen und nach links gewendet, hält in der Rechten das Gewehr, auf der Linken einen Falken.
30. DECEMBER. Ein altes nach links gewendetes Weib führt mit der linken Hand ein Schwein, und hält mit der rechten eine Pfanne über ihrer Schulter.

31. Christus zwischen den Marterwerkzeugen.
H. 4″, Br. 2″ 8‴.

Nach Jost Amman. Der Heiland sitzt auf einer am Boden liegenden Säule. Oval, aus zwei

Aesten gebildet, über und unter demselben die Symbole der Evangelisten, dazwischen oben die Büste des Kaisers Tiberius, unten des Pontius Pilatus. In einer Einfassung von Thieren und Pflanzen, in welcher unten die Monogramme beider Künstler.

32. Eine Hirschjagd.
Im Wasser. qu. 4. 1588.

33. Eine Entenjagd.
Wie die wilden Enten auf dem Wasser geschossen werden. qu. 4.

Diese beiden letzten Blätter führt P. Behaim in seinem Katalog auf.

INHALT
des Werkes des W. Stuber.

M. Luther in einem Zimmer.	Nr.	1
Das kleine Crucifix, nach Dürer.	,,	2
Christus und die Apostel. 14 Bl.	,,	3—16
St. Christoph.	,,	17
Derselbe Heilige.	,,	18
Die Monate. 12 Bl.	,,	19—30
Christus zwischen den Marterwerkzeugen nach J. Amman	,,	31
Eine Hirschjagd im Wasser.	,,	32
Eine Entenjagd.	,,	33

ASWERUS ROTNBERGER.

Der Name dieses österreichischen Architekten ist nur durch eine grosse Radirung, eine Ansicht von Ofen, erhalten. Dass er Architekt war, erfahren wir durch diese Radirung, wo er gelebt und was er als Architekt geschaffen, ist uns unbekannt. Seine Blüthezeit fällt gegen den Schluss des 16. Jahrhunderts. Wahrscheinlich war er kaiserlicher Kriegsarchitekt und wohnte in dieser Eigenschaft der Belagerung von Ofen 1598 bei.

DAS WERK DES A. ROTNBERGER.

1. Ansicht von Ofen.
H. 6" 9''', Br. 21" 0'''.

Oben an einer langen Bandrolle lesen wir: *Gründtlicher Abriß der Küniglichen Stadt Offen wie die von Mittag von den Chriftlichen Kriegsheer Belagerth vnnd befchoffen gewefen A. D. 1.5.9.8 Jar.* Die Stadt liegt im Mittelgrund auf Höhen, hinter denen die Donau fliesst. Sie wird von vorn von der Mitte aus beschossen, eine Truppe Soldaten macht einen Angriff auf eine Bastei. Rechts ist der St. Erhardsberg, der mit Wein bewachsen ist. Auch von diesem aus wird geschossen. Über die Schiffsbrücke hinweg, die zu dem rechts jenseits der Donau liegenden Pesth führt. Unten rechts ist eine Erklärungstafel und unten auf ihr steht der Name: *Afwerus Rotnberger paumafter.* Von zwei Platten.

INHALT
des Werkes des A. Rotnberger.

Ansicht von Ofen . . . . Nr. 1.

MARTIN PLEGINCK.

Goldschmied, Zeichner und Kupferstecher, der gegen den Schluss des 16. Jahrhunderts zu Ansbach seine Kunst übte. Er war ein Schüler und Mitarbeiter des Stephan Hermann, der seine kupferstecherischen Arbeiten verlegte und sicher auch veranlasste. — Dass Pleginck Maler war, um 1560 sehr zart in Miniatur malte, wie Nagler angiebt, ist durch nichts erwiesen, seine kupferstecherischen Arbeiten haben wenig Malerisches, in Erfindung und Ausführung wenig Selbständigkeit, indem sie zum grossen Theil nach Radirungen und Stichen des Jost Amman u. J. de Gheyn copirt sind. Ihr Zweck wie ihre Behandlungsweise spricht für die Hand eines Goldschmied's, und dass Pleginck ein solcher war, glauben wir mit Bestimmtheit aus verschiedenen, von ihm gestochenen Titelblättern schliessen zu dürfen, auf welchen die Geräthe, deren er sich zu Herstellung seiner Arbeiten bediente, als Goldschmiedswerkzeuge erkannt werden.

Bartsch IX. p. 590 und Passavant IV. p. 244 bringen ein Verzeichniss seiner Blätter. Dasselbe ist jedoch lückenhaft und Passavant verzeichnet einige Blätter, die nicht von ihm sind.

DAS WERK DES M. PLEGINCK.

1—8. 8 Blätter. Die kirchlichen Würdenträger und Ordensbrüder.
H. 1″ 5‴, Br. 2″ 4‴.

Folge von 8 Blättern, jedes Blatt mit drei nebeneinanderstehenden Figuren und Aufschriften über oder neben den Köpfen, wie es scheint, dem Trachtenbuch der katholischen Geistlichkeit von J. Amman entlehnt. Wir geben in Folgendem die Aufschriften der einzelnen Blätter an.

1. **Titelblatt. Humiliatores. S. Mariæ. Unſer Frauen Bruder.** Unten bezeichnet mit: *Martin pleginck. fecit. Steſhann. Herman ex.* 15. 94.
2. **Cardinal. Bapſt. Bischoff.** Unten links das Zeichen.
3. **Constantenopolitaner. Creutz Bruder. Gregorianer.** Unten gegen rechts das Zeichen.
4. **Anthoniter. Jacobs Bruder, mit dem Schwert. Einsidler.** Unten gegen links das Zeichen.
5. **Benedicter. Diaconi. Cistercienser.** In der Mitte unten das Zeichen.
6. **Willig arm bruder. Thum Herrn. Prediger Orden.** Unten in der Mitte das Zeichen.
7. **Barfusser orden. Weih Pischoff. Canonici.** Unten gegen links das Zeichen.
8. **Maria Knecht. Schla voni. Johans bruder.** Das Zeichen gegen links unten.

9—16. 8 Bl. Die Reiter.
H. 1" 8—9''', Br. 2" 4—5'''.

Folge von 8 Blättern, 1594 bei Stephan Hermann erschienen. Bartsch kannte nur 6 Blätter.

9. **Titelblatt.** Zwei Reiter, nach links reitend, in Helmen und mit Gewehren, welche sie auf der Schulter halten. Unten links im Boden:
> *Martin: pleginck: fecit:*
> *Stephan Herman excufsit An.* 94.

10. **Ein Reitergeneral**, nach rechts auf galoppirendem Ross, geharnischt und mit Commandostab in der in die Höhe gestreckten Rechten. Unten in der Mitte das Zeichen.

11. **Ein Reiter** im Schritt nach rechts, mit der Rechten einen Commandostab gegen seine Hüfte stützend. Unten links das Zeichen.

12. **Ein Ritter** in vollständiger älterer Rüstung mit Schild und Tournierlanze, nach links galoppirend. Unten in der Mitte das Zeichen.

13. **Ein Herr** nach rechts im Schritt reitend, mit rundem niedrigen Hut und spanischem Mantel. Das Zeichen unten rechts im Schatten.

14. **Ein Reiter** im Schritt nach links; er hält den Zügel mit der Rechten. Zwischen den beiden Hinterfüssen des Pferdes das Zeichen.

15. **Ein Herr** auf reich geputztem Pferde, nach links reitend, mit einem Falken auf der Hand. Ohne Zeichen.

16. **Eine Dame** zu Pferde, nach links reitend. Unten links bei einem Baumstumpf das Zeichen.

17—24. 8 Bl. Die Soldaten zu Fuss.
H. 1" 9''', Br. 2" 4'''.

Ganze Figuren in Landschaften, zwei auf jedem Blatt, in ausschreitender Haltung. Folge von 8

Blättern, welche nach Stichen des J. de Gheyn copirt sind, die dieser nach Zeichnungen des H. Goltzius stach. Bartsch beschreibt das Titelblatt unter Nr. 22 „le brancard" besonders.

Vgl. Bartsch III. p. 120 Nr. 1—12 und p. 114 Nr. 96—97.

17. **Titelblatt.** Zwei Männer tragen auf einer Bahre einen bienenkorbartigen Korb, aus welchem die Köpfe von sechs Narren und Närrinnen hervorschauen. Unter der Bahre hängt ein Täfelchen mit der Bezeichnung: *Martinn Pleginck W: fecit 15.94. Stephañ Hermann Onnoltbach exc.* Oben folgende dreizeilige Aufschrift: *An der hellften nacht die Narrenfteif — — — ehe fie Werd Zu fchandt.*

18. **Zwei Offiziere**, in schreitender Haltung nach links, beide mit Spiessen. Unten links das Zeichen.

19. **Ein Oberstlieutenant** mit Spiess und ein **Profoss** mit einem Stock in der Hand. Jener von vorn links, dieser ebenso rechts. Unten rechts das Zeichen.

20. **Ein Soldat mit Schwert und rundem Schild**, links, und ein **Sergeant mit Hellebarde**, letzterer mit der Linken rechtshin zeigend. Unten in der Mitte das Zeichen.

21. **Ein Fähndrich** und ein **Zahlmeister**, ersterer links, wo bei seinem Fuss das Zeichen.

22. **Ein Tambour und ein Pfeifer**, letzterer links. Unten links das Zeichen.

23. **Ein Musquetier**, sein Gewehr über der Schulter tragend und ein **Offizier**, der seinen gegen den Erdboden gestützten Spiess oben fasst, jener links, dieser rechts.

24. **Ein Musquetier** mit einem Helm auf dem Kopf und ein **Büchsenschütze** mit seiner Büchse auf der Schulter, beide mit brennenden Lunten in der Hand, jener vom Rücken, rechts.

25—32. 8 Bl. Die Fechter.
H. 2" 6''', Br. 3" 6''' mit dem Schriftrand.

In Landschaften, mit zweispaltigen Versen im Unterrand. Die Folge scheint aus 8 Blättern zu bestehen. Es sind Copien nach den Radirungen des Jost Amman, Andresen 111—118. Bartsch kannte nur 5.

25. **Pfeifer, Page und Trommler.** Letzterer steht rechts, der Pfeifer links, der Page, der ein Schwert mit zwei Kränzen hält, in der Mitte. *Die Ritterliche Fechtens Kunſt — — — Geſtrebet hat mit allem Vleyſs.* Unten links an einem Stein das Zeichen.

26. **Zwei mit Hellebarden Fechtende,** der rechte befindliche in geflammter Kleidung. In der Mitte ein Baumstumpf. Unten bei dem Fuss des linken Fechters das Zeichen. *Friſch Her du Raucher Katzenschwantz — — — Denn ſolche noch nit Viel erlegt.*

27. **Zwei mit Stossdegen Fechtende.** Am Boden hinter ihren Füssen liegen zwei Stangen und in der Mitte auf einem Stein steht eine Weinflasche. Unten in der Mitte das Zeichen. *Du Kriegſt Kein Trunk auſz dieſer flaſchen — — — Wer Weiſz ob dier nicht büff ſein bſcheert.*

28. **Zwei mit Stangen Fechtende,** der linke in parirender Haltung, indem er seine Stange gegen den Erdboden stützt, der andere in ausholender Stellung. Unten gegen links das Zeichen. *Ich meint nit das du Werſt ſo toll — — — Wenn du Von mir treġſt ſtoſz dahin.*

29. **Zwei mit zweihändigen Schwertern Fechtende,** beide schwingen ihre Waffen über ihren Köpfen. Links im Grund auf einem Stein ein Bierglas und am Boden hier das Zeichen. *Fein lang Ficht du Zu mir herein — — — Drumb Wirdt das glaſz an dich nit raichen.*

30. **Zwei mit Dreschflegeln fechtende Bauern.** Das Zeichen ist in der Mitte unten bei dem rechten Fuss des Bauers, der seinen Dreschflegel erhebt. *Schlag her Hans Miſt Zu dieſer friſt* etc.
31. **Zwei mit Schwertern Fechtende.** Das Zeichen ist in der Mitte unten ein wenig gegen links, wo noch zwei Schwerter auf dem Boden liegen. *Guet buff bringen Schwert und dieſeken* etc.
32. **Zwei mit Haumessern Fechtende.**

33—40. 8 Bl. Die Pferde.
H. 1″ 8—9‴, Br. 2″ 4—5‴.

Copien nach Pferdeabbildungen im Kunstbüchlein des Jost Amman.

33. **Titelblatt.** Im Schritt nach links schreitendes, den Kopf nach links wendendes Pferd. Unten im Boden
links: *Martin pleginck exſculpſit* rechts: *Stephan Herman edidit: An.* 94.
In der Mitte zwischen den untern Schriftzeile ein Grabstichel und eine Boraxbüchse.
34. **Im Schritt nach links gehendes Pferd.** Unten gegen die Mitte das Zeichen.
35. **Stehendes, nach links gerichtetes Pferd.** Rechts unten das Zeichen.
36. **Gezäumtes und gesatteltes Pferd**, in Profil, nach links gekehrt, wo ein Theil des Zügels um einen Baumstamm geschlungen ist. Am Fusse des Stammes das Zeichen.
37. **Nach rechts springendes Pferd** in Profil. Links unten das Zeichen.
38. **Nach links vorn zuspringendes Pferd** mit langen flatternden Zügeln und einer Decke auf dem Rücken. Unten in der Mitte das Zeichen.
39. **Gesatteltes nach links trabendes Pferd.** Unten links das Zeichen.

40. Sechs Pferde in verschiedenen Stellungen. Unten links
das Zeichen.

41—48. 8 Bl. Das Neue Thierbüchlein.
Ovale. H. 1" 7''', Br. 2" 3'''.

Zum Theil nach der Natur, zum Theil phantastische
Gebilde. Numerirt 1—7.

41. **Titelblatt.** NEV THIERBVECHLEIN GEMACHT VND GEDRVCKT. IN DER
FVRSTLICHEN. STATT. ONNOLTBACH. BEY. STEPHANN HERMANN BVR-
GER VND. GOLDSCHMIDT DA SELBSTEN Mart9 Pleginck fecit 1594.
Dieser Titel steht an einer verzierten ovalen Cartouche, auf
welcher oben eine Löthbüchse, ein Grabstichel und andere
Werkzeuge angebracht sind, neben der Schrifttafel steht
links und rechts ein nackter Genius, der links, fast von
hinten gesehen, mit einem über den linken Arm geworfenen
Mantel, mit einer Zeichnenfeder und einem Gefäss in den
Händen, der andere, im umgehängten Mantel, mit einer Vase,
Kupferplatte und Grabstichel in den Händen. Am Boden
verschiedenes Goldschmiedsgeräth. Nicht numerirt.
42. **Adler und Löwen** als Wappenthiere. Acht Thiere.
43. **Ochsen, Kühe, Ziegen, und Schafe.** Vierzehn Thiere.
44. **Achtzehn verschiedene Thiere.** Unten ein fressendes Reh,
zwei ruhende und ein liegender Hund. Oben in der Mitte
auf einem Fels ein Steinbock. Gegen links unten das Zeichen.
45. **Zehn Pferde und Maulesel** in verschiedenen Stellungen.
46. Zwölf Thiere, **Hunde, Hasen, Füchse** etc. Unten vier
Hunde, von welchen der links befindliche liegt, über demselben sitzt ein Fuchs mit einer Ente im Maul.
47. **Affen, Elephant** etc. Rechts in der Mitte ein Dromedar,
auf dessen Höcker ein Affe.
48. Elf Thiere. **Schlange, Drache, Krokodil, Panther** etc.
In der Mitte ein Drache, der mit seinen Vorderkrallen eine
grosse Schlange packt. Unten gegen links das Zeichen.

49. Fünfzehn verschiedene Thiere.
H. 2" 2''', Br. 3" 3'''.

In einem Oval, das von Ornamenten umgeben ist. Man sieht oben rechts einen Elephanten, in der Mitte ein Kameel, und unten einen Eber. Unten links das Zeichen.

50—57. 8 Bl. Verschiedene Vögel.
H. 2" 3''', Br. 4" 2'''.

Folge von 8 Blättern mit dem Titel-Reimspruch:

Fogeln Vnd fischen nach zu steln
Das Verderbet manchen gueten gseln etc.
Wem es nicht nutzt der bleib daruon.

M. Plegink fecit   *S. Herman excud.*

Dieser Spruch steht in einer Cartouche, zu deren Seiten ein Falkenjäger mit einem Hund an der Leine und ein Vogelsteller mit todten Vögeln angebracht sind. Auf jedem Blatt sind mehre Vögel.

50. Das Titelblatt. Eben beschrieben.
51. Siebenzehn Vögel, unter welchen eine Art von Cacadou gegen die Mitte links. Ohne Zeichen.
52. Elf verschiedene Vögel. In der Mitte ein Pfau. Unten rechts das Zeichen.
53. Dreizehn verschiedene Vögel. Oben links eine Schnepfe. Ohne Zeichen.
54. Elf verschiedene Vögel, zwei Schmetterlinge und ein Käfer. Links in der Mitte ein Papagei. Ohne Zeichen.
55. Elf verschiedene Vögel. Oben links ein Papagei, unten rechts ein Truthahn. Ohne Zeichen.
56. Dreizehn Vögel und ein Käfer. Oben links ein Adler, unten links ein Pfau, in dessen Nähe der Name des Künstlers.
57. Mir unbekannt.

58. Der Eber.
H. 2" 3"', Br. 2" 11"'.

Nach rechts gewendet und neben einem Baumstamm, in einer Landschaft mit Gebäuden im Hintergrund. Unten links auf einem Stein das Zeichen.

59. Drei Alphabete und die Ziffern 1—10.
H. 2" 10"', Br. 3" 10"'.

Oben sind drei römische Alphabete und die Ziffern 1—10 angebracht, in vier Reihen. Unten stehen zu Seiten einer Schrifttafel zwei halbnackte Genien oder Knaben, von welchen der linke Globus, Winkelmaass und Zirkel, der andere Schaale und Hammer hält. An der Tafel steht folgender vierzeiliger Vers: *Wer Jung Waſ lernet das iſt ſein* etc. *Martin plegink. exſculpſit. Stephan Herman edidit.* Hinter der Tafel ist verschiedenes Goldschmiedsgeräth angebracht.

<small>Nach Dr. Nagler benutzte Steph. Hermann dieses Blatt als Titel zu einer Folge von Goldschmiedsornamenten.</small>

60. Zwei Männer mit einem Bienenkorb.
H. 1" 9"', Br. 2" 5"'.

Sie tragen ihn auf einer Bahre, Männer-, Weiber- und Kinderköpfe ragen aus demselben hervor. 1594.

<small>Heller beschreibt das Blatt, es ist Nr. 17 unsers Katalogs.</small>

ANHANG.

Blätter, welche zweifelhaft sind und fälschlich M. Pleginck zugeschrieben werden.

1. **Die Verkündigung,** nach J. Palma. fol.
2. **Die Hochzeit zu Cana,** sehr reiche Composition im Stil des P. Veronese nach einem Bilde des A. Vicentino, auf 2 Platten; 1594. qu. roy. fol. Passavant Nr. 24.
   Nicht von Pleginck, sondern nach Nagler vom Kupferstecher M. Preyss, welcher im letzten Drittel des 16. Jahrhunderts zu Venedig arbeitete. Das Blatt hat italienische Schrift und ist in einer ganz anderen Manier gestochen. Pleginck arbeitete 1594 nicht in Venedig, sondern in Ansbach bei Stephan Hermann.
3. **Vertumnus und Pomona.** Hübsch gestochenes Blatt. H. 1" 9"', Br. 2". Pass 52. Wahrscheinlich von einem holländischen Meister. Das Blatt gehört zu einer Folge von 72 Bl. von emblem. Vorstellungen über Amors Macht. Die ersten Abdrücke sind vor den Nrn. Das Monogramm steht nur auf dem Blatte mit Vertumnus, doch sind alle Blätter von derselben Hand.
4. **Belagerung von Petrina unter Eggenberg 1595.** Radirtes Blatt. H. 7" 11"', Br. 13"'. Mit dem Zeichen ℳ
   Im Katalog Petzold irrig Pleginck zugeschrieben.
5. **Neun verschiedene Vögel auf einem Blatt.** 12⁰.
   Im Katalog Sternberg-Manderscheid Nr. 1323 aufgeführt. Ist von M. Greuter und trägt ein aus M. G. gebildetes Zeichen.

6—7. 2 Bl. Titel und Wappen zu Schürstab's Beschreibung der guten und bösen Engel.

6. **Titelblatt.** Eine hohe Schrifttafel befindet sich in der Mitte der Platte, sie trägt oben eine kleine Cartouche und

stützt sich auf eine etwas grössere, unten befindliche, die an der Vorderseite eines Postaments lehnt. Auf letzterem steht links der Engel Gabriel, rechts Michael, über ersterem schwebt der Erzengel Raphael, über letzterem Uriel. Die Namen dieser Engel stehen auf Bandrollen. In der oben befindlichen kleinen Schrifttafel liest man: DELITIAE ANGE-LORVM DONORVM ET TRISTITIAE MALORVM. In der grossen Schrifttafel steht: „*Befchreibung beides der guten vnd bösen Engel. — — — Durch*" auf der untern Tafel: „*Joannem Philippum Schürflabium Noribergensem. A. Chrifti M.DCXIX.*" Links unten im Boden das Zeichen. H. 4" 11''', Br. 2" 10'''.

7. **Wappen des Freiherrn Heinr. Herm. zu Burgmischling.** Es wird von 2 Engeln gehalten. Ueber demselben die Dedication an genannten Freiherrn: „*Dem Hoch- vnd Wolgebornen Herrn Herrn Heinrich Herman Freyherrn zu Burgmifchling, Wilhelmsdorff — — — Wünfcht der Author Gottes gnade — — — vnd ewige wolfahrt zu voran*". Ohne Zeichen. H. 3" 11''', Br. 2" 9'''.

Der Text des Buches ist mit Buchdruckerzierleisten eingefasst, das Format kl. 8. Am Schluss steht: „*Gedruckt zu Nürmberg, durch Abraham Wagenmann MDCXIX.*

Wir halten beide Blätter kaum für echt, da ein Zwischenraum von 25 Jahren zwischen ihnen und Pleginck's beglaubigten Arbeiten liegt.

INHALT
des Werkes des M. Pleginck.

Die kirchlichen Würdenträger. 8 Bl. . . . . Nr. 1— 8
Die Reiter. 8 Bl. . . . . „ 9—16
Die Soldaten zu Fuss. 8 Bl. . . . . „ 17—24
Die Fechter. 8 Bl. . . . . „ 24—32
Die Pferde. 8 Bl. . . . . „ 33—40
Das Neu Thierbüchlein. 6 Bl. . . . . „ 41—48
Fünfzehn verschiedene Thiere. . . . . „   49
Verschiedene Vögel. 8 Bl. . . . . „ 50—57
Ein wildes Schwein. . . . . „   58
Drei Alphabete und die Ziffern 1—10. . . . . „   59
Zwei Männer mit einem Bienenkorb. . . . . „   60

Anhang.
Unechte Blätter.

3*

MATHIAS BEYTLER.

Goldschmied und Kupferstecher, welcher 1582 seine Kunst in Ansbach — nicht Augsburg, wie fälschlich in Passavant steht — übte; er war vielleicht ein Schüler des Stephan Hermann, wenigstens verlegte letzterer seine Blätter. Beytler ist durch zwei Folgen, ein Thier- und ein Bosen-Büchlein bekannt. Zwei andere Folgen von Goldschmiedsornamenten, schwarz auf weissem Grunde, die meistens unter seinem Namen gehen, sind nicht von ihm selbst, sondern nach seinen Zeichnungen vom später lebenden Goldschmied Andreas Gentsch in Augsburg 1615 und 1616 gestochen.

DAS WERK DES M. BEYTLER.

1—14. 14 Bl. Das Thierbüchlein.
H. 2″ 4‴, Br. 3″ 4‴.

Folge von 14 Blättern, Thiere in Landschaften, in Querovalen mit ausgefüllten Ecken. Bartsch kannte nur 7 Blätter.

1. **Titelblatt.** THIER BVECLEIN GEMACHT. IN. DER FVRSTLICHEN. STATT. ONNOLTZBACH. DURCH. MATHIAS BEYTLER. BEY. STEFFAN. HERMAN. BVRGER.VND.GOLDSCHMIDT. DASELLSTEN.AVCH.GEDRVCKT. ANNO 1.5.82. Dieser Titel, 16zeilig, steht in einer von zwei aufgerichteten Löwen gehaltenen Cartouche.

2. **Ein Stier, zwei Affen und eine Kröte,** ersterer nach links laufend; der eine Affe, rechts, beschaut sich in einem Handspiegel. Unten auf einem Stein das Zeichen.

3. **Ein Löwe und Bär,** ersterer in Profil nach links; oben im Grunde rechts ein laufendes Schwein, links auf einem Fels eine Gemse. Unten links das Zeichen.

4. **Ein Pferd,** in Profil nach rechts, das eine Vorderbein erhebend, und ein Hund, rechts sitzend. Auf einem Stein unter dem Pferd das Zeichen.

5. **Ein Schwein und ein Stier,** letzterer rechts; oben links auf einem isolirten Stück Erde eine liegende Kuh. Unten in der Mitte das Zeichen.

6. **Sechszehn verschiedene Thiere** über die ganze Blattfläche verstreut; die untere Reihe besteht aus zwei Hunden, einem auf den Hinterfüssen stehenden Ziegenbock und einem nach links laufenden Schwein. Unten links das Zeichen.

7. **Ein Löwe und Leopard**, ersterer links sitzend, brüllend, letzterer zum Sprunge angelegt. Unten in der Mitte zwischen ihnen eine Schildkröte und in der Nähe das Zeichen.
8. **Zwei Pferde**, das linke in galoppirender Haltung. Oben links ein liegender Hund, rechts gegenüber Gebäude. Unten ein Fuchs und eine Eidechse und in der Mitte hier das Zeichen.
9. **Ein Schaf und ein Bock**, beide vorn, ein links hinlaufendes **Einhorn** in der Mitte, ein **Elephant** links in halber Höhe und ein zweites Einhorn rechts oben in der Nähe eines Schlosses. Unten in der Mitte das Zeichen.
10. Ein nach rechts schreitendes **Kameel**, ein **Bär**, dieser rechts, oben links ein galoppirendes **Pferd**, rechts gegenüber ein **Dromedar**. Unten das Zeichen M. B.
11. **Ein Hirsch und eine Hirschkuh**, rechtshin schreitend, **zwei Hasen** und links oben ein springender Hirsch. Unten das Zeichen.
12. **Ein Löwe, zwei Panther und eine Schildkröte**. Rechts unten das Zeichen.
13. **Zwei Füchse**, ein **Hund** und ein **Affe**. Unten das Zeichen.
14. **Fünf Hunde**. Unten das Zeichen. Die Ecken sind unausgefüllt.

15—26. 12 Bl. Das Bossenbüchlein.
H. 2" 3''', Br. 3" 2''' d. Pl.

Bossenbüchlein. Costümfiguren in Landschaften, je zwei auf einem Blatt, in Querovalen mit doppelten Einfassungslinien. Höhe dieser Ovale 2" 1''', Br. 3" 1'''.

Wir kennen gegenseitige radirte Copien.
15. **Titelblatt.** BOSENBVECHLEIN. GEMACHT. IN DER FVRSTLICHEN. STADT. ONNOLTZBACH. DVRCH. MATHIAS. BEYTLER. BEY STEFFAN. HERMAN. BVRGER. VND. GOLDSCHMIDT. DASSELBSTEN. AVCH GEDRVCKT. ANNO. 1.5.82. Dieser 16zeilige Titel steht in einer von zwei Genien gehaltenen Cartouche.

16. **Ein Edelmann und eine Dame**, letztere rechts, ersterer fasst mit der Linken den Griff seines Schwertes und stützt die Rechte in die Seite. Links im Grund ein runder Thurm und ein Haus, von einer Cypresse überragt. Unten gegen rechts das Zeichen.
17. **Ein Soldat und eine Marketenderin.** Ersterer links, fasst oben mit der Linken seinen gegen den Erdboden gestützten Spiess, während er die Rechte gegen die Hüfte stützt, letztere, in schreitender Haltung, stützt die eine Hand gegen einen Stock und trägt mit der andern ein Kästchen. Unten das Zeichen.
18. **Ein junger Herr und eine junge Dame**, ersterer, links, schwenkt seine Mütze, die Dame begrüssend, die eine Blume hält. Unten rechts das Zeichen.
19. **Ein Bauer und eine Bäuerin**, ersterer mit einer Heugabel, letztere mit einer Harke und Zwiebeln in den Händen. Unten das Zeichen.
20. **Ein Mönch und eine Nonne**; ersterer streckt die Hand nach der Nonne aus. Im Grund ein zweiter Mönch, der eine Nonne umarmt. Unten in der Mitte das Zeichen.
21. **Ein Franciscaner und ein Hauptmann**, letzterer rechts, geharnischt und mit Commandostab. Zwischen ihnen eine Betsäule. Links im Grund eine Kirche mit Kirchhof, rechts zwei Zelte. Unten in der Mitte das Zeichen.
22. **Ein Türke und ein Pole**; letzterer rechts, trägt sein Gewehr auf der Schulter. Unten in der Mitte das Zeichen.
23. **Zwei Jäger**, der eine, rechts, von einem bei seinem Bein sitzenden Hunde begleitet, hat zielend sein Gewehr angelegt. Unten das Zeichen.
24. **Eine Bäuerin und ein Bauer**, erstere links, mit Eierkorb und Kanne, letzterer stützt die Rechte auf eine Hacke und streckt die Linke in die Höhe. Unten in der Mitte das Zeichen.

25. **Zwei Reiter**, in galoppirender Haltung und mit Pistolen bewaffnet, die beide abzufeuern im Begriff sind. Unten gegen links das Zeichen.
26. **Vier nackte Kinder**, von welchen zwei einen Blumenkorb tragen. Unten in der Mitte das Zeichen.

27. Die sieben Planeten.
H. 1" 7"', Br. 3" 6"'.

Durch kleine, nebeneinanderstehende Figuren dargestellt. Oben in der Mitte der Zodiacus, auf beiden Seiten verschiedene mathematische Instrumente. Unten links das Zeichen.

28—35. 8 Bl. Verschiedene Goldschmiedsornamente 1615.

Kleine Muster für Dosendeckel, nach Art der Niellen schwarz auf weissem Grunde. Lange Figuren. — Die Jahreszahl 1615 ist zu spät für unsern Künstler, der Kupferstecher A. Gentzsch zu Augsburg stach verschiedene Muster dieser Art nach Beytler's Zeichnungen, und sicher ist er auch der Verfertiger der folgenden Blätter.

28. **Der verlorene Sohn** als Schweinehirt, auf ein Täfelchen mit dem Namen MATHIAS BEITLER 1615 zeigend. Links eine Mühle. H. 1" 5"', Br. 2" 2"'.
29. **Susanna im Bade**, sie sitzt halbnackt in der Mitte auf einer Bank, der eine der beiden Alten, von links herkommend, fasst sie am Arm. Links eine Fontaine mit Amor, der einen Wasser speienden Schwan hält. Unten in der Mitte über dem Boden das Zeichen. H. 1"', Br. 2" 3"'.

30. **St. Hieronymus.** Er sitzt links mit dem Rücken gegen einen abgebrochenen Baum und liest, mit den Händen gesticulirend, aus einem neben ihm liegenden Buch. Links unten der Kopf des Löwen. Rechts unten über einem am Boden liegenden Todtenkopf das Zeichen. H. 2" 1‴, Br. 1" 4‴.
31. **Diana und Actäon**, erstere rechts zwischen ihren Nymphen, Actäon links, mit Hirschgeweih am Kopf, gegen vorn laufend und von zwei Hunden angebellt. Unten in der Mitte das Zeichen.
32. **Ein Kreuz**, gebildet aus den Marterwerkzeugen Christi und den Evangelisten-Symbolen. Am Querbalken das Zeichen. H. 2" 7‴, Br. 1" 7‴.
33. **Ein Jäger und verschiedene Thiere**, in drei Reihen übereinander, oben ein Entenjäger, in der Mitte ein Hirsch und eine Hirschkuh, unten ein Löwe mit seiner Beute und zwei Leoparden. Unten in der Mitte das Zeichen. H. 1" 7‴, Br. 1" 9‴.
34. **Verschiedene mythologische Darstellungen**, in drei Reihen übereinander: oben der Sturz des Dädalus, in der Mitte Diana und Actäon, unten eine Scene aus dem Satyr-Leben. Unten in der Mitte das Zeichen. H. 1" 7‴, Br. 2".
35. **Wappen eines Bischofs.** Oval mit Ziereinfassung, gebildet aus zwei Figuren auf den Seiten, welche ein Crucifix und eine Monstranz halten, und aus verschiedenen, auf Kunst, Handwerk und Wissenschaft bezüglichen, als Hängezierat behandelten Werkzeugen. Unten in der Mitte das Zeichen. H. 1" 7‴, Br. 2".

INHALT
des Werkes des M. Beytler.

Das Thierbüchlein. 14 Bl.	Nr. 1—14
Das Bossenbüchlein. 12 Bl.	„ 15—26
Die Planeten.	„ 27
Verschiedene Goldschmiedsornamente.	„ 28—35

I. B.
JACOB BEYTLER.

Ob dieser Goldschmied zu Mathias Beytler in verwandtschaftlichen Verhältnissen gestanden, wage ich nicht zu entscheiden. Er lebte gleichzeitig mit ihm, übte seine Kunst aber nicht in Ansbach, sondern in Ravensburg.

Beytler soll nach Christ kleine Wappen gestochen haben; es giebt zwar solche I. B. gezeichnete Wappen mit der Jahrzahl 1558, offenbar aber sind sie nicht von unserm volle dreissig Jahre später arbeitenden Künstler. Ich kenne von ihm nur 2 Bl. eines Bossenbüchleins, das 1588 zu Ravensburg herauskam. Die Blätter, in Umrissen gestochen, erwecken keine sonderlichen Erwartungen von der Beytler'schen Kunst.

DAS WERK DES JAC. BEYTLER.

1. Das Bossenbüchlein.

Querovale. H. 1" 11''', Br. 2" 7'''. In Umrissen gestochen.

Leider kann ich die Blätterzahl der Folge nicht bestimmen, da ich nur 2 Blätter kenne.

1. **Titelblatt.** BOSSEN BVECHLEIN FECIT IACOBVS BEYTLER IN RAVENSPVRG ANNO 15.66. Der Titel steht in der Mitte des Blättchens in einer Ornamentcartouche, zwei jugendliche, antik gekleidete weibliche Gestalten sind auf den Seiten in heftiger Bewegung dargestellt, sie haben den einen Fuss auf eine Leiste der Cartouche gesetzt, während sie den andern hinterwärts ausstrecken. Mit der einen Hand greifen sie aufwärts nach einem auf der Cartouche sitzenden Schmetterling, mit der andern erfassen sie eine vor ihnen in einer Vase wachsende Blume.

2. **Zwei Pilger.** Sie schreiten linkshin, beide mit grossen Stäben in der Rechten, der eine hält in der Linken ein Beutelbuch, der andere einen Rosenkranz. Links ist das Meer angedeutet, hinten auf demselben ein Segelfahrzeug, gegen vorn ein kleiner Kahn. Unten rechts bei dem Fuss des einen Pilgers das Zeichen I B (klein).

INHALT
des Werkes des J. Beytler.

Das Bossenbüchlein. . . . . Nr. 1

GREGOR SICKINGER.

Zeichner, Kupferstecher und Formschneider zu Freiburg im Breisgau, wo er in den letzten Decennien des 16. Jahrhunderts seine Kunst übte. Ueber seine Wirksamkeit als Formschneider können wir keine Rechenschaft geben, Blätter mit seinem Namen sind uns nicht vorgekommen, er ist aber wahrscheinlich jener Monogrammist G S, der für die Münster'sche Cosmographie und andere Erzeugnisse der Basler Pressen arbeitete. Als Kupferstecher ist er uns durch eine grosse Ansicht seiner Vaterstadt vom Jahr 1589 beglaubigt.

DAS WERK DES G. SICKINGER.

1. Die Ansicht von Freiburg.
H. 20" 6'". Br. 39" 4'".

Sehr grosse Vorstellung auf 3 aneinander zu fügenden Platten. Die Stadt, aus halber Vogelperspective aufgenommen, erstreckt sich durch den mittleren Plan. Von der Mitte oben her fliesst gegen rechts unten der „*Freysem fluß*". Auf den Seiten stehen links SANCTVS GEORGIVS in Rüstung mit Fahne und Schild in den Händen und mit dem Drachen zu seinen Füssen, rechts: SANCTVS LAMBERTVS in bischöflicher Gewandung. Oben rechts ist das Wappen von Freiburg, links dasjenige von Oesterreich. In vier verzierten, eine Reihe bildenden Cartouchen liest man dann eine kurze gereimte Geschichte der Stadt in lateinischer und deutscher Sprache vom Jahre 1120 bis 1589, in der Mitte thront die heilige Jungfrau mit dem Kinde. Unterhalb derselben flattert ein Band mit der Inschrift: *Der Statt Freyburg im Breyfsgaw Abcontrafehtung* 1589. Unten sind vier ähnliche

Cartouchen mit der Erklärung der Zahlen in der Ansicht. Ueber der ersteren links liest man: *Gregorius Sickinger Formfchneider F.*

Die Platten haben sich erhalten, da es neue Abdrücke giebt.

INHALT
des Werkes des Greg. Sickinger.

Die Ansicht von Freiburg im Breisgau. . . . . Nr. 1

P. W. W W

PETER WEINHER
der Aeltere.

Peter Weinher, auch Weinherr und Weiner geschrieben, war Münzwardein des Herzogs Albert V. von Bayern und hatte seinen Aufenthalt in München. Seine Blüthezeit fällt zwischen 1570 und 1581. Er scheint nach dem Tod des genannten Herzogs in gleicher Eigenschaft von dessen Nachfolger, Wilhelm V., bestätigt worden zu sein, wenigstens erhielt er vom Hofe 20 Gulden für drei zum Leichenbegängniss Herzog Albert's gefertigte Kupferstiche. 1579 gab er die „Chorographia Bavariae", eine in Kupfer gestochene Copie der Appian'schen Landtafel heraus, es wurden ihm 300 Gulden für diese Karte gezahlt.

Weinher hat eine Anzahl Blätter in Kupfer gestochen, die wenig gefälliges haben, hart und steif behandelt sind. Er war weder gewandt in der Zeichnung, noch des Grabstichels vollkommen Herr, und trieb die Kupferstecherei nicht „ex professo", sondern aus Neigung und zum Nebenerwerb.

Bartsch beschreibt in seinem Peintre-Graveur IX. p. 551 12 Blätter von diesem Meister.

DAS WERK DES PETER WEINHER.

1. Christus vor Pilatus.
H. 14" 10"', Br. 19" 10"'.

In einem grossen, hinten durch Gebäude begrenzten Gerichtssaal sitzen ringsum auf Bänken vor Teppichen die Richter, Pilatus in der Mitte hinten unter einem Thronbaldachin. Der dornengekrönte Heiland mit gefesselten Händen sitzt rechts in diesem Raum gegenüber einem links stehenden Tisch, an welchem zwei Secretaire sitzen und auf welchem das Waschgeschirr des Pilatus steht. In der Mitte vorn im Eingang zum Saal stehen vier Krieger, welche sich miteinander unterreden. Unten links und rechts sind an den Bänken Schrifttafeln mit Bibelstellen: *laſet ſhen ob ſeine wort wahrhafftig ſein* etc. *Gott Abrahams, Gott Isaacs* etc. Links zur Seite einer der Bänke das Zeichen und die Jahreszahl 1580. Hauptblatt des Meisters.

Es giebt von diesem Blatt eine Copie in Holzschnitt.

2. Der Triumphbogen mit der Kreuztragung.
H. 14" 9"', Br. 20" 2"'.

Eine Art Triumphbogen, geziert mit zwei weiblichen Statuen in Nischen; die zur Linken stellt

die Hoffnung, die zur Rechten die Geduld dar.
In der Mitte sieht man den Heiland unter der Last
des Kreuzes erliegen und im Grunde die sieben
Werke der Barmherzigkeit. Verschiedene Inschriften sind am Bogen angebracht. Unten von der
Inschrift zur Linken Weinher's Zeichen, rechts die
Worte: *dedicabat Petrus Weinherr ducalis Bavariae
Waradinus.*

3. Der Triumphbogen mit dem gekreuzigten Christus.

H. 14" 10"', Br. 19" 9"'.

Von ähnlicher Anordnung. In der Mitte sieht
man Maria und Johannes am Fusse des Kreuzes,
in der Ferne die eherne Schlange. Die Statue
zur Linken stellt den Glauben, die andere die
Liebe vor. Mit derselben Bezeichnung unten.

Bartsch 3.

4. Der Triumphbogen mit dem Erlöser.

H. 14" 6"', Br. 20" 2"'.

Von ähnlicher Anordnung. In der Mitte sieht
man den Heiland als Erlöser des Menschengeschlechts; die Statue zur Linken stellt die Stärke,
die zur Rechten die Weisheit vor. Mit derselben
Bezeichnung unten.

B. 4.

5. Albert, Herzog von Bayern.
H. 17" 9"', Br. 12" 6"'.

Nach rechts gekehrtes Brustbild in Koller und Halsberge, mit einem Tuch oder Mantel über den Schultern und mit dem goldenen Vliessorden. Rings um seinen Kopf liest man: NATVSAN:DINI M. D.XXVIII. OBIIT M.D.LXXVIII. und um das Oval: ALBERTVS.D:G: COM: PAL: RHE: VTRIVSQ: BAVA: DVX. Das Portrait befindet sich in der Mitte an einem architektonischen Monument, auf dessen Seiten die Gerechtigkeit mit Schwert und Waage und die Vorsehung mit Spiegel und Schlange stehen, oben sieht man zwei geflügelte, sitzende, weibliche Figuren das gekrönte, vom Vliessorden umschlossene Pfalz-Bayerische Wappen vor einer Cartouche halten. Unten in der Mitte liest man an einer Tafel den vierzeiligen Vers: *Maior inest animus, pectus quam — — — pluresq' ministrae* 1579. Ganz unten in der Mitte das Zeichen.

6. Derselbe Herzog.
H. 13", Br. 8" 8"'.

Von vorn gesehenes Brustbild, mit Wams, Schaube und Halskrause bekleidet und mit dem goldenen Vliessorden über der Schaube, in einer innen ovalen reichen Ziercartouche mit der Umschrift: ALBERTVS: D: G: COM: PAL: RHE: VTRIVSQ. BAVA: DVX. Oben auf der Cartouche sitzen zwei Genien, die in die Posaunen stossen, auf den Seiten hängen trophäenartig zusammengebundene Musikinstrumente an Bändern und an diesen wieder unten zwei Früchtebüschel. Man liest in einer Cartouche unter dem Abgebildeten: SI DEVS PRO NOBIS QVIS CONTRA NOS, an einem Schnörkel die Jahreszahl 1579 und tiefer noch die beiden Zeichen des Meisters. Das Blatt findet sich in der alten Ausgabe der Beschreibung von Ober- und Niederbayern. Vgl. Nr. 25.

7. Derselbe Herzog.
H. 5" 11"', Br. 3" 8"'.

Nach rechts gewendetes Brustbild mit dem goldenen Vliessorden; er hält seine Handschuhe in der auf der Brüstung ruhenden Rechten. In einer innen ovalen Ziercartouche mit Genien, Thieren und Früchtebüscheln vorgestellt, oben auf jeder Seite steht mit dem einen Fuss auf einer geflügelten Kugel ein Genius, der in eine gewundene Posaune stösst, in der Mitte sitzt ein dritter, die Pauken schlagender Genius, zwei Löwen ruhen mit Kopf und Vordertatze auf dem Oval. Neben den beiden geflügelten Kugeln bemerkt man die Jahreszahl 1575. Unten halten zwei Löwen ein Schwert und eine abgebrochene Säule und man liest hier an einer vor Musikinstrumenten befindlichen langen Tafel:
ALBERTI * EFFIGIES * BOIORV * EST * PRICIPIS * ISTA * MAGNANIMI * INGENIVM * PINGERE * NEMO * POTEST * CVM * CAESAR: MAIEST: PRIVIL. Ohne Zeichen.

Das Blatt hat im späteren Abdruck Text auf der Rückseite.

8. Derselbe Herzog.
H. 14" 6"', Br. 10" 10"'.

Von vorn gesehen und ein wenig nach rechts gewendet. Rings um das Oval liest man: VIVA IMAGO ILL. AC SEREN. PRINC. — — — ALBERTI COM. PALAT. RHE. VTRIVS BAVA. DVC. etc. Das Bildniss befindet sich in einer Ziercartouche, die zur Linken mit der Gestalt der Gerechtigkeit, zur Rechten mit der Stärke verziert ist. In einer Cartouche unten: *Cum priuilegio Caesareo Nullo Modo excudendum per Adamum Berg. Petrus Weinher Ducalis Waradinus invenit et fecit Monachij Anno M.D.LXXIII.*
Bartsch 7.

9. Derselbe Herzog auf dem Paradebett.
H. 17" 10"', Br. 12" 8"'.

Der Herzog, von vorn gesehen, die Füsse gegen den Beschauer gekehrt, liegt in der Mitte auf einem mit schwarzem Sammt beschlagenen Bett, in schwarzer Kleidung, mit einem kleinen Kreuz in den Händen. Neben seinen Füssen seine Sporen, neben seinen Seiten sein Schwert und dessen Scheide. Auf jeder Seite drei lange Wachskerzen auf Tischen und vier Messe lesende Priester. Am Boden: CONTRAFACTVRA SVAE CELSITVD; QVANDO OIBVS ADMISSIS CONSPICIENDVS EXANIMIS IACVIT. Unten eine grosse Tafel mit zweispaltigem Gedicht: *Cum decies lustrum semel et numerauerit annu* etc., darunter: *P: W: Duc: Waretinus F. Año Dni. M.D.LXXVIIII.*

10. Wilhelm V. Herzog von Bayern.
H. 20″ 5‴, Br. 14″ 9‴.

Nach links gewendetes geharnischtes Brustbild in ovalem Rahmen, mit der Umschrift: GVILIELMVS. QVINT. D. G. COM. PAL. RHE. VTRIVSQ. BAVARIAE DVX. Oben auf der Einfassung sitzen die Figuren der Gerechtigkeit und Wahrheit, auf den Seiten halten zwei Genien trophäenartig zusammengebundene musikalische Instrumente, Früchte- und Blumenbüschel an Stricken. Unten an einer langen Tafel folgende vierzeilige Inschrift: SI PIETAS SI SOBRIETAS-QVE, FIDESQUE — — — GVBERNANS. Darunter in der Mitte am Rand der Tafel die Jahreszahl 1581 und unter der Tafel das Zeichen.

11. Derselbe Herzog.
H. 14″ 8‴, Br. 10″ 11‴.

Nach rechts gewendetes Brustbild in reich verzierter Cartouche mit zwei allegorischen Frauengestalten oben, welche die Mässigung und Liebe vorstellen. Der Herzog trägt die enge spanische Kleidung und auf dem Kopf ein Barett mit drei Federn und einem Edelstein. In den Winkeln der Einfassung hängen Trophäen und Fruchtgehänge. Innerhalb des Ovals lesen wir: VIVA IMAGO — — — WILHELMI COM^{IS} PALATINI RHENI VTRVSQ. BAVARIAE DVCIS AETATIS SVAE XXIII. Zwei unten liegende Löwen halten den im Rahmen befestigten Vliessorden.

Darunter ist eine Tafel mit der Inschrift: *Cum priuilegio Caefareo Nullo Modo Excudendum Per A. Berg. P. W. Duc. waradi. et inuenit fecit.* ANNO M.D.LXXIII.

12. Ferdinand, Herzog von Bayern.
H. 8" 7''', Br. 10" 10'''.

Brustbild in ähnlicher Kleidung wie das zweite Portrait des Herzogs Wilhelm, ein wenig nach links gewendet und in reicher Cartouche mit allegorischen Figuren und Fruchtgehängen. Oben sitzen zwei weibliche Gestalten, die eine mit einem Handspiegel, die andere mit Aehren, beide halten einen Lorbeerkranz über den Herzog. Zwei Waffen- und Rüstungstrophäen hangen daneben. Unten in den Ecken ruhen zwei Seegötter. Rundum innerhalb des Rahmens lesen wir: VIVA IMAGO — — — FERDINANDI COMIS PALATINI — — — DVCIS AETATIS SVAE XXII. Unten in der Mitte: *Cum priuilegio Caefareo Nullo Modo excudendum P. A. Berg. P. W. Ducalis Waradi. et inuenit fecit* 1573.

13. Herzog Ernst, Bischof von Freising.
H. 14" 8''', Br. 11" 3'''.?

Von vorn gesehenes, nach links gewendetes Brustbild, bartlos, mit rund geschnittenem Haar, mit Wams, Schaube, Halskrause und Mütze bekleidet, in einem von einer reichen Ziereinfassung umschlossenen Oval mit der Umschrift innen am weissen Grunde: VERA IMAGO REVEREND.••¹ — — —

DNI. D. ERNESTI. EPI. FRISING.¹⁸ COM.¹⁸ PALAT.ₙᵢ VTRIVSQ BAVₐₑ. DVC.¹⁸. Auf der mit Früchte- und Blumenbüscheln gezierten Einfassung sitzen oben zwei allegorische Figuren, die eine mit Crucifix und Rosenkranz, die andere mit Bischofsstab, Mütze und Missale. Unten in jeder Ecke ein halb knieender Genius mit der Himmels- und Erdkugel auf den Händen und in der Mitte eine Tafel mit der Inschrift: *Cum priuilegio Caefareo Nullo Modo excudendum P. A. Berg. P. W. Ducalis Waradi. fecitq. Monachy. Anno M.D.LXXIII.*

14. Johann Eck.
H. 7″ 2‴, Br. 5″ 5‴.

Etwas nach rechts gekehrte Halbfigur in ovalem Rahmen mit der Umschrift: VERA IMAGO REVERENDISS: D: IOHANNIS ECKII S. S. THEOLOGIAE DOCTORIS NOSTRI. TEMPORIS CLARISSIMI. Bartloses Gesicht, mit rund geschnittenem Haar und einer Mütze auf dem Kopf, er ist mit einer gemusterten Schaube bekleidet und hält eine Papierrolle in der Rechten. Das Oval ist von einer viereckigen Ziercartouche mit hängenden Früchtebüscheln eingeschlossen, oben sitzen zu Seiten eines Kreuzes zwei allegorische Figuren, die eine Wein in eine Schaale aus einem Kruge giessend, die andere mit Kreuz und Kelch in den Händen. Unten in der Mitte sieht man das Eck'sche Wappen und darunter das Zeichen. Gegenstück zu dem Portrait des Simon Eck.

15. Derselbe Geistliche.
H. 3" 11''', Br. 2" 6'''.

Kleiner und in viereckiger Mauereinfassung vorgestellt, fast Kniestück, nach rechts gewendet, mit Mütze und Schaube bekleidet und mit einer Papierrolle in beiden Händen. Zu Seiten seiner Mütze die zweizeilige Inschrift: ICON. ECKII. ANN. NAT: XLIII. IN. XBRI. HR., unten die dreizeilige Inschrift: CVM MIHI. TER. RADIIS. SOL. COELI — — — TALIS. IMAGO. FVIT. und rechts ganz klein das Zeichen.

16. Derselbe.
H. 11" 3''', Br. 8" 3'''.

Brustbild, von vorn gesehen, aber ein wenig nach links gewendet, mit Schaube und runder Mütze bekleidet und mit einer Papierrolle in den Händen. In einem Rahmen, an welchem oben Vorhänge angedeutet sind. Unten in der Mitte des Rahmens liegt ein Buch, auf demselben steht ein leerer Wappenschild und ein Menschenschädel mit Kreuz. Im Unterrand: VIVA IMAGO MAGNI ILLIVS THEOLOGI IOHANNIS ECKII CATHOLICAE RELIGIONIS——— ANNO. M.D.L.XXII. Unten in der Mitte das Zeichen.

17. Simon Eck.
H. 7" 2''', Br. 5" 5'''.

Nach links gerichtetes Brustbild in einem Oval mit der Umschrift: SIMON. T. ECK: I. V. D. BAVAR:

CANCELLAR: SVPREMVS. M.D.LXXII. AETATIS LVII. Mit gemustertem Wams, umgehängtem Mantel und rundem Hut bekleidet, er trägt einen langen dunkeln Bart und hält ein mittelst Schnüren gesiegeltes Document in den Händen. Das Oval ist von Verzierungen umgeben, oben sitzen zu Seiten eines aufgeschlagenen Buches die Gerechtigkeit und Weisheit, letztere mit einem Spiegel in der Linken und der Erdkugel in der Rechten. Unten ist Eck's Wappen, zunächst an der unteren Einfassungslinie das Zeichen P. W.

18. Das Pfalz-Bayerische Wappen.
H. 12" 11"', Br. 8" 7"'.

Im ersten und vierten Felde des gekrönten mit zwei Helmzierden geschmückten Schildes der Pfälzische Löwe, im zweiten und dritten die Bayerischen Wecken, der goldene Vliessorden umschlingt die Schnörkeleinfassung des Schildes. Das Wappen befindet sich in einem blühenden, von Bändern umschlungenen ovalen Lorbeerkranz. In den Ecken der Platte sind Verzierungen und Früchtebüschel angebracht, unten in der Mitte liest man an einer Tafel: A. D. G. C. P. R. V. B. D. (*Albertus Dei Gratia Comes Palatini Rheni Vtriusque Bavariae Dux*) und die Jahreszahl 1579. Ohne Zeichen.

Das Blatt gehört in die alte Ausgabe der Beschreibung von Ober- und Niederbayern. Vgl. Nr. 25.

19. Das Pfalz-Bayerische Wappen nebst den Städte-Wappen Bayerns.
H. 20" 7''', Br. 15".

Das Bayerische Landeswappen, im ersten und vierten Felde der Pfälzische Löwe, im zweiten und dritten die bayerischen Wecken, H. 10" 3''', Br. 8" 8''', ist von einer architektonischen Einfassung umgeben, in welcher oben 4 und in beiden Seiten je 17 Wappenschilde angebracht sind, die ersteren enthalten die Wappen von Baden, Bayern, Lothringen und Oesterreich, die letzteren bayerische Städtewappen, diese sind mit den Anfangsbuchstaben der Städtenamen bezeichnet. Im obersten Theil der Einfassung steht: *DAS BAYRISCH Sambt derselbigen Stätt, Wappen Vnd feinen farben.* Die Farben sind durch Buchstaben angedeutet. Im untern Theil der Einfassung sieht man eine Schrifttafel mit V. G. G. W. H. I. B. (Von Gottes Gnaden Wilhelm Herzog in Bayern), und zu unterst die Jahreszahl 1581. Am Boden das Zeichen des Meisters.

20. Das Böhmische Wappen.
H. 20" 3''', Br. 15".

Der Schild ist von einer herzförmigen Cartouche eingeschlossen und trägt drei Helme mit ihren Zierden. Am Schild ein aufgerichteter Löwe auf einem Arabeskengrund. Unten in einer Cartouche eine lateinische Dedication an Kaiser Rudolph II.

vom Stecher, der sich P. W. D. B. W. (Pet. Weinher Ducis Bavariae Waradinus) signirte. Unten links die Jahreszahl 1581.

21. Das Brandenburgische Wappen.
H. 17" 9''', Br. 13''.

Der Schild trägt drei Helme mit ihrem Schmuck. Im Herzschild das Scepter. In einer von zwei Löwen gehaltenen Cartouche unten liest man eine lateinische Dedication an Joh. Georg, Markgraf von Brandenburg *Illustrissimo Principi* etc., unterzeichnet: *P. W. D. B. Waradinus.* Oberhalb dieser Cartouche ist die Jahreszahl 1581.

22. Das Trier'sche Wappen.
H. 17" 9''', Br. 12" 10'''.

Der viergetheilte Schild trägt drei Helme mit ihren Kleinoden, deren mittleres Bischofsmütze und Kreuz ist.

Unten in einer von zwei Engeln gehaltenen Cartouche ist eine lateinische Dedication an Erzbischof Jacob von Trier, *Reuerendissimo Antistiti* etc., unterzeichnet: *P. W D. B. Waradinus.* Oberhalb der Cartouche steht die Jahreszahl 1581.

23. Das Wappen des Ch. Schmaz.
H. 2" 7''', Br. 1" 9'''.

Auf dem Helm wie im Schild ein Arm, der ein Scepter hält. Unten in einer Cartouche der

Name CHRISTOP SCHMAZS 70. Unten links Weinher's Zeichen. Oben an einer leeren Bandrolle die Jahreszahl 1.5.7.0.

24. Das Wappen des J. Salzberger.
H. 4" 4''', Br. 3".

Es ist von einem Ornamentrahmen eingeschlossen, oberhalb dessen zwei geflügelte Genien zwei Wappenschilde halten. Rings um den Rahmen steht: IOHAN SALZBERGER. PATRI: MONACEN: In der Mitte unten das Zeichen P. W.

25. Die Landkarte von Bayern.

BESCHREIBVNG DES HOCHLOBLICHEN FVRSTENTHVB OBERN VND NIDERN BAYRN. P. W. ⚒ V. B. 1579. Copie der in Holz geschnittenen Appian'schen Landtafel. Titelblatt, von monumentaler Anordnung mit Ceres und Diana auf den Seiten und zwei Friedensgöttinnen oben, welche Palmen und eine Krone über dem Pfalz-Bayerischen Wappen halten, H. 12", Br. 8" 7''', das Portrait des Herzogs Albert und das Pfalz-Bayerische Wappen, vgl. Nr. 6 u. 18, 24 oben links numerirte Karten in quer fol. Format, H. 12", Br. 15" 7—9'''. Auf der ersten Karte sind auf den Seiten die bayerischen Städtewappen angebracht und oben liest man: *kürtze Befchreibüng des gantzen Fürftentumbs Obern vnd Nidern Bayrn.* Auf der zweiten Karte findet sich eine Dedication an Herzog Albert, auf der dritten zwei grosse Tafeln, die eine mit der

Titelinschrift: CHOROGRAPHIA BAVARIAE, die andere mit einer nochmals wiederholten Dedication an genannten Herzog, auf der fünften das Pfalz-Bayerische Wappen, auf der achten eine grosse Tafel mit langer lateinischer Inschrift: *Ante annos non multos* etc. vom Stecher und eine zweite Tafel mit dem deutschen Titel: *Befchreibung, Des Lanndts vnd Loblichen Fürftenthumbs* etc., auf der letzten Karte Minerva neben einem, den bayerischen Wappenschild haltenden Löwen, mit Spiess und Krone in den Händen, auf einem Postament mit der Inschrift: *Justitia nihil est prius - - - orbis habet*. Ein Theil der Blätter und Abtheilungen ist durch breite Zierleisten mit Fruchtbüscheln, Köpfen und anderem Ornament eingefasst.

Alte Abdrücke dieser Landkarte kommen nicht häufig vor.

INHALT
des Werkes des P. Weinher.

Christus vor Pilatus	Nr. 1
Der Triumphbogen mit der Kreuztragung	„ 2
Der Triumphbogen mit Christus am Kreuz	„ 3
Der Triumphbogen mit dem Erlöser	„ 4
Albert, Herzog von Bayern	„ 5
Derselbe	„ 6
Derselbe	„ 7
Derselbe	„ 8
Derselbe auf dem Paradebett	„ 9
Wilhelm V., Herzog von Bayern	„ 10
Derselbe	„ 11
Ferdinand, Herzog von Bayern	„ 12
Ernst, Herzog und Bischof von Freising	„ 13
Joh. Eck	„ 14
Derselbe	„ 15
Derselbe	„ 16
Simon Eck	„ 17
Das Pfalz-Bayerische Wappen	„ 18
Dasselbe nebst den Bayerischen Städtewappen	„ 19
Das Böhmische Wappen	„ 20
Das Brandenburgische Wappen	„ 21
Das Triersche Wappen	„ 22
Das Wappen des C. Schmaz	„ 23
Das Wappen des J. Salzberger	„ 24
Die Landkarte von Bayern. 24 Bl.	„ 25

PETER WEINHER.
der Jüngere.

Wir haben über diesen Münchener Maler keine weitere Notiz als diejenige, welche Westenrieder beibringt, dass er unter P. Candid die Malerei erlernte, wofür letzterer 1590 eine Gratification vom Hofe erhielt. Wir haben Grund anzunehmen, dass dieser jüngere Weinher ein Sohn des bayerischen Münzwardeins Peter Weinher ist, da es in jener Zeit üblich war, dass die Söhne unbemittelter oder verstorbener Hofkünstler vom Hofe Unterstützung zur Erlernung einer Kunst oder eines Gewerbes erhielten. Dieser jüngere Weinher dürfte der Verfertiger jener malerischen Radirung sein, die den Einsturz des Thurmes der Michaeliskirche in München vorstellt und von Lipowsky dem älteren Peter Weinher zugeschrieben wird. Letzterer führte nicht die Radirnadel und verräth nichts Malerisches in seinen Arbeiten, er kann das Blatt nicht gefertigt haben, abgesehen davon, dass er 1590 kaum mehr am Leben war.

DAS WERK DES JÜNGERN P. WEINHER.

1. Der Einsturz des Thurmes der Michaeliskirche zu München.

H. 9″ 3‴, Br. 6″ 2‴.

Man liest oben im Rand: *Ware Contrafactur des Thurns zu München in Bayern So difs lauffende 90 Jahr eingefallen*, und unten im Rand: *Anno 1590 den 10 May des neuen Calenders vmb 8 Vhr Vormittag Jft difer herrliche vnd hohe Thurn an der Jefuiter-Kirchen zu München vmbgefallen, vnd hat das Chor vnd ein Theil der Kirchen mit eingefchlagen, Welches Anno 1583 mit fehr großen Vnkosten zu bauwen angefangen vnd biß daher volführt war.* Mit vielen kleinen, theils jammernden, theils davonlaufenden, flüchtig behandelten Figuren. Ohne Bezeichnung.

INHALT
des Werkes des jüngern P. Weinher.

Der Einsturz des Michaelisthurmes in München. . . . . . . Nr. 1

MARTIN MARTINI.

Bürger und Goldschmied zu Luzern, der sich auch als Zeichner, Kupferätzer und Feldmesser Ruf erworben hat. Seine Lebensverhältnisse sind unbekannt, nach Inschriften auf seinen Blättern war er von Rhingberg und schrieb sich auch Martinus von Rhingberg, seine Thätigkeit fällt in den Schluss des 16. und Anfang des 17. Jahrhunderts. Er machte sich in seiner Heimat vorzüglich durch zwei grosse Prospecte von Luzern und Freiburg bekannt, ersterer ist noch heute in Aufnahme, indem er bei Baustreitigkeiten als authentische Norm gilt.

Martini's Blätter werden von unsern Chalcographen vielfach mit den Arbeiten des gleichzeitigen Freiburger Kupferstechers Melchior Meier verwechselt. Die Aehnlichkeit des Monogramms beider Meister hat zu dieser Verwechslung Anlass gegeben. Martini fügte gewöhnlich mit Bezug auf seine Profession seinem Monogramm eine Löth- oder Boraxbüchse bei. Seine Blätter sind zum Unterschied von den mit dem Grabstichel hergestellten Arbeiten des M. Meier sämmtlich radirt, nicht ohne malerische Behandlung, jedoch etwas schwach in der Zeichnung.

DAS WERK DES M. MARTINI.

1. Peter Wegerich.
H. 7" 3''', Br. 5" 1'''.

Münzmeister der Stadt Schaffhausen. Brustbild in gewählter Kleidung, von vorn gesehen, bärtig, mit einer Mütze auf dem Kopf, mit einem Wams, umgehängtem spanischen Mantel und einer spitzengarnirten Halskrause bekleidet. Die Brust ziert unter dem Wams eine vierfache goldene Kette, in der Rechten hält er seine Handschuhe. In einem Oval mit der Umschrift: WEIL WIR HIE HAND KEIN BLEIBEND STAT • SO LASEND VNS NACH DER, DIE GOT GEBAVT HAT. Oben in den Ecken der Platte sitzen die Religion und die Charitas, unten stützen zwei Bären, der links mit dem Wappenschilde des Wegerich und einer Hellebarde, der rechts in einer Rüstung steckend, eine verzierte Tafel mit der neunzeiligen Inschrift: *Den Edlen Ehrē vestē fromē für nemen, vnd Liebhaberē der kunsten, vnd ein kunstericher H: Petter Wegerich genant von Bernaw – – – Müntzmeister in der Loblichen Statt schaffhusē Hatt sein gethriwer gfatter M. Marty Marttiny Goldtschmidt vnd kupfferstecher diß Contrafactur vff gestochen – – – An° 1605 Seines alters 43.*

Alte Abdrücke kommen sehr selten vor, neue, noch ganz gute, auf chinesischem Papier, dagegen ziemlich häufig.

2. Bruder Claus von Unterwalden.

Der heilige Einsiedler, dem der Heiland auf Wolken erscheint, kniet in einer felsigen Landschaft, Blut spritzt aus den Wunden des Heilands auf ihn. Oben rechts ist sein deutscher Name: *Bruder Claus* und Verse, 1596, unten sein lateinischer Name: IMAGO VERA F. NICOLAI ANACHORITAE HELVETICI etc. fol.

Ich kenne das Blatt nicht aus eigener Anschauung.

3. Thomas von Rheinfels.
H. 4" 5''', Br. 3" 2'''.

Halbfigur unter einem Mauerbogen und vor einer Mauer, über welche hinweg man in eine Landschaft schaut, von vorn gesehen, während er den Kopf nach links wendet, in Wams, Halskrause und etwas gebogenem Hut mit Feder vorgestellt, er hält seine Handschuhe in der Linken und stützt die Rechte auf die Hüfte. Links zur Seite seines Kopfes über der Mauer sein Wappen mit drei Fischen im Schild. Man liest ringsum am Bogen: THOMAS. A. SCHAVENSE. IN. (?) DICTVS. AB. RHENFELS. RECTOR. EQVES TVRISCOS LVBINI PRAEFECTVS TVSCIAE RHETICAE PRAESES. AN. AE: XXVI. ANNO CHRISTIANO M.D:XCI: Unten: MARTINIVS A. RHINGBERG (?) RHETVS SCHLP. AN MDXCI.

4. Die Geburt Christi.
H. 3" 6''', Br. 2" 9'''.

Maria kniet links in Verehrung des neugeborenen Kindes, Joseph, der die Hände kreuzt und ein Engel sind rechts. Im Grunde bei dem Esel und Ochs ein zweiter Engel. Links zwei Hirten, ein dritter kommt zur Thür herein. Im Hintergrund verkündigt der Engel den Hirten die Geburt Christi. Vorn bei dem kleinen Engel am Boden das Zeichen mit dem Zusatz: 1597 *Lucern*.

<small>Passavant schreibt dieses Blatt irrig dem M. Meier zu.</small>

4ª. Ein Marienbild.

Mit der Umschrift: *Alma parens Christi*. Mit dem Namen und der Jahreszahl 1602.

<small>Nagler erwähnt das Blatt, ich kenne es nicht.</small>

5. St. Margaretha.

H. 2″ 10‴, Br. 2″ 2‴.

Die Heilige, in einem Oval stehend, ist nach rechts gekehrt, sie ist gekrönt, liest in einem Buche und durchbohrt mit einem Kreuzstab den Kopf des am Boden liegenden Drachen. Links unten im Wandschatten das Zeichen des Meisters. Im Unterrand: SANCT. MARGARETA 98.

6. St. Anna.

H. 2″ 9‴, Br. 1″ 9‴.

Die gegen den Beschauer gekehrte Heilige steht vorn in einer Landschaft und hält das Kind auf dem Arm, das einen von Maria, welche rechts steht, dargebotenen Korb mit Früchten entgegennimmt. Unten links das Zeichen und die Jahreszahl 1602. Im Unterrand: SANCT. ANNA.

7. Die entseelte St. Cäcilia.
H. 8" 6''', (?) Br. 11" 9'''.

Der gegen den Beschauer gekehrte, auf der Seite liegende Leichnam der Heiligen liegt vorn auf der Strasse einer Stadt (Rom), ihr Kopf ist links. Die Strasse, mit Gebäuden, dehnt sich perspectivisch in die Ferne des Hintergrundes und rechts in einer offenen Kapelle gewahren wir die feierliche Beerdigung der Heiligen. Oben ist eine lange Tafel mit achtzeiliger Inschrift: VERA CONTRAFACTIO SANCTAE CAECILIAE VIRGINIS ET MARTYRIS VENERANDI SACRI CORPORIS EX SECVNDARIA INVENTIONE Q. A. M.DXCIX etc., unten eine zweite Tafel mit: EX VERO ARCHETYPO ROMAE DEPICTO DEVOT. INSTANTE ET FIDELITER COMMITTENTE — — — AVGVSTINO INCLYTI MONASTERII EINSIDLEN PRINCIPE ABBATE (1603) *Martinus Martiny a Rhingberg fig. et fcalps.*

8. Dieselbe Heilige.
H. 4", Br. 2" 8'''.

In derselben Lage, aber kleiner und im Vordergrund einer Grabkapelle liegend. Die eng und tonnenartig gewölbte Kapelle schliesst hinten mit dem Altar. Oben ist eine Tafel mit dreizehnzeiliger Inschrift: CORPVS SANCTAE CAECILIAE — — — ROMAE TRVCIDATVM etc. Im Unterrand: SANCTA CAECILIA ORA PRO NOBIS. In der Mitte des Bodens die Jahreszahl 1602.

9. Der Sterbenden Trost.
H. 2″ 11‴, Br. 4″ 1‴.

In einem Gemach sitzt links vorn ein betender Engel, in dessen Schooss ein Sterbender liegt. Die Apostel Petrus, Paulus und eine heilige Frau stehen links hinter dem Engel, rechts ein Geistlicher mit dem Hostienbecher. Die heil. Dreifaltigkeit erscheint dem Sterbenden, links oben Gott Vater, der die Seele aufnimmt, gegenüber die betende Himmelskönigin oberhalb des Heilandes am Kreuz. An einer Bandrolle steht: HAEC PORTA DOMINI IVSTI INTRABVNT IN EAM. P 11. Im Unterrand: *Ego fum Via.* Unten links im Boden das Zeichen und die Jahreszahl 1602.

10—28. 19 Bl. Speculum Poenitentiae. Mariae Magdalenae.

SPECVLVM Paenitentiae, Das ift, Das Lebē Mariae Magdalenae, Dan auch Marthae vnd Lazari. AnJetzo Durch – – – Herrn Augustin, Abbte vnser lieben frawen zu Einsideln als den Author widerum vbersehen vnd gemehret mit schönē figuren in truck geben. Am Schluss: *Getruckt in deß H. Römifchen Reichsftatt Vberlingen am Bodenfee, bey Georg Neukirch. Anno M.DC.III.* 8.

8 Bl. Vorstücke, 288 bezifferte Seiten Text, 14 unbezifferte Blätter Anhang: *Teutsche Rhytmi oder Verß Wie Maria Magdalena mit elliche Büffern*

und Büfferin verglichen mag werden — — — *Durch Joannem Georgium Tibianum, Lateinifchen Schulmeiftern zu Vberlingen* etc. Mit 18 in den Text gedruckten radirten Kupfern, die 4″ 1—2‴ hoch und 2″ 7‴ breit sind.

10. **Gestochenes Titelblatt.** Der Titel steht in einem runden Medaillon. Oben und unten sind die Brustbilder von vier Heiligen, zwischen diesen oben ist das flammende IHS, unten die beiden Wappen des Abtes. In der Mitte unten das Zeichen zwischen der Jahreszahl 1602 (zwischen den Zahlen 1 und 6). H. 4″ 7‴, Br. 3″.

11. **Der zwölfjährige Christus im Tempel.** (?) Er steht im Grunde des Tempels auf einer Kanzel und redet zu dem vorn versammelten Volk. Unten links das Zeichen. 1602.

12. **Die gnadriche Cappel zu einfitlen.** Ansicht der gnadenreichen Kapelle zu Maria Einsiedeln. Die heil. Jungfrau mit dem segnenden Kinde auf dem linken Arm sitzt in Gewölk auf dem Dache der Kapelle, sie hält einen Scepter in der Rechten, ihre Füsse ruhen auf zwei Seraphim, zwei oben schwebende Engel halten eine Krone über ihrem Haupt. Unten links die Inschrift, rechts das Zeichen.

13. **St. Magdalena in Busse.** Sie liegt im Vorgrund vor einem durchlöcherten, oben mit Bäumen bewachsenen Fels, stützt den Kopf auf ihre Rechte und liest in einem auf dem Erdboden liegenden Buch, dessen Blätter sie mit der Linken niederhält. Neben ihrem Kopf das Crucifix, rechts vorn ein Menschenschädel, in der Mitte eine Ruthe, links die Salbenbüchse, unter welcher Martini's Zeichen 1602. Man sieht im Hintergrund durch die Höhlung des Felsens eine Kapelle zwischen Bäumen.

14. **Die Taufe der Martha durch Johannes.** Johannes der Täufer ist links vorn auf dem Ufer eines kleinen Baches

am Saum eines Waldes auf das eine Bein niedergekniet und giesst aus einem Napf Wasser auf das Haupt der gegenüber knieenden Magdalena, hinter deren Rücken rechts ihre Begleiterin steht. Unten links das Zeichen zwischen der Jahreszahl 1602.

15. **Martha auf dem Wege nach dem Schlosse Magdalum.** Martha, von einer Frau oder Gespielin begleitet, beide mit Pilgerstäben in den Händen, schreitet vorn auf einem rechts gegen den Mittelgrund umbiegenden Weg, wo man vor einem Hügel ein Gebäude erblickt. Weiter zurück im Hintergrund sind auf dem Ufer eines Flusses zwei Städte sichtbar. Links unten das Zeichen.

16. **Magdalena geht mit ihrer Schwester gen Bethanien.** Magdalena in reicher hoffährtiger Kleidung, mit einem Pilgerstab in der Hand, rechtshin schreitend, gefolgt von Martha und vier Dienerinnen, von welchen die mittlere einen Sack auf dem Kopfe trägt. Man sieht links auf der Höhe des Mittelgrundes die Stadt Bethanien. Links unten das Zeichen.

17. **Magdalena wird durch die Predigt Christi bekehrt.** Christus steht predigend im Hintergrund einer Kapelle auf der Kanzel. Pharisäer, Schriftgelehrte, andere Juden und wissbegierige Frauen sitzen und stehen vorn und auf den Seiten, unter letzteren sehen wir Magdalena in ihrer hoffährtigen Kleidung neben Martha vorn sitzen mit dem Rücken gegen den Beschauer. Unten links das Zeichen und die Jahreszahl 1602.

18. **Magdalena benetzt mit ihren Thränen den Fuss des Heilandes.** Christus sitzt rechts vorn in einem Zimmer mit drei Juden zu Tisch, er zeigt mit der Linken auf die niedergekniete reuige Magdalena, die mit ihrem langen Haar seinen von Salbe und Thränen benetzten Fuss abtrocknet. Rechts am Sitze des Heilandes das Zeichen.

19. **Christus bei Martha.** Christus mit drei Jüngern sitzt links vorn an einer länglichen gedeckten Tafel, Magdalena, mit einem Buch in der Hand rechts auf dem Fussboden zu Füssen des Heilandes, Martha rechts im Grund des Zimmers stehend, zeigt verweisend auf Magdalena, die nach ihrer Ansicht Besseres zu thun hätte, als zu den Füssen des Heilandes zu sitzen, sich mehr um häusliche Wirthschaft und die Bedienung der Gäste bekümmern sollte. Ohne Zeichen.

20. **Die Auferweckung des Lazarus.** Lazarus erhebt sich auf Geheiss des rechts stehenden Heilands, links vorn aus dem Grabe, Petrus löst die Schnur seines Leichentuches von den eingewickelten Händen. Juden und Frauen schauen der Scene zu. Links im Grund erhebt sich ein massives Gebäude mit einem runden Eckthurm. Unten links auf dem Rande des Grabes das Zeichen und die Jahreszahl 1602.

21. **Christus nimmt Abschied von Magdalena.** Der Heiland, von zwei Aposteln begleitet, steht rechts und reicht zum Abschied zu seinem letzten Gange nach Jerusalem der Magdalena die Hand. Martha und Lazarus, ebenfalls tief gerührt, stehen hinter Magdalena vor der Thür des Hauses. Unten links das Zeichen.

22. **Christus erscheint nach seiner Auferstehung der Magdalena.** Christus, als Gärtner mit einem Spaten in der Hand, steht links vorn, Magdalena liegt vor ihm auf den Knieen. Man sieht rechts im Mittelgrund in einer Erdhöhlung das strahlende Grab des Auferstandenen und in der Nähe die beiden Jünger nach Emaus eilen. Unten links bei dem Fuss des Heilandes das Zeichen.

23. **Magdalena wird aus Judäa vertrieben.** Vor dem Thor einer Stadt stehen links vorn geharnischte Krieger, sie schauen nach einem davonsegelnden Kahne, in welchem die vertriebene Magdalena nebst Martha und Lazarus

sitzen. Ein rechts vorn auf den Stufen des Thores stehender Soldat hat den Kahn mit einem gabelförmigen Instrument fortgestossen. Unten links das Zeichen.

24. **Ansicht der Stadt Massilia**, in deren Hafen links vorn der Kahn mit Magdalena, Martha und Lazarus landet. Perspectivischer Aufriss einer Stadt mit Kanonen auf den Wällen und drei Windmühlen links. Unten in der Mitte eine Schrifttafel: *Warhaffte abcontrafetung Der Statt Mafilia, wie Die heütt by tag zu feché*: Ohne Zeichen. H. 2" 8''', Br. 4" 2'''.

25. **Martha ermahnt das Volk, die Lehre Christi anzunehmen.** Sie steht im Mittelgrund unter der offenen Vorhalle eines heidnischen Tempels und redet zu dem auf der Strasse hinter der Ecke eines Gebäudes stehenden Volk; Magdalena, Lazarus und eine andere Figur sitzen unter der Vorhalle. Rechts vorn sieht man den Kahn, in welchem sie gelandet sind, und in der Mitte auf einer der zum Wasser hinabführenden Stufen das Zeichen des Meisters.

26. **Der zum Christenthum bekehrte Fürst von Massilia landet auf einer Insel.** Der Fürst war mit dem Apostel Petrus zu Schiff nach Jerusalem gefahren, unterwegs stirbt ihm jedoch im Wochenbett seine Gemahlin und der Leichnam wird auf einer Insel ausgesetzt. Bei der Rückkehr nach Massilia hält der Fürst nochmals bei dieser Insel an, steigt an's Land und findet Gemahlin und Kind durch ein Wunder wieder lebendig geworden. Ohne Zeichen.

27. **Martha lässt ein Kloster aufbauen.** Drei Maurer sind vorn bei der Aufführung der Hofmauer des bereits fertigen Klostergebäudes im gothischen Styl beschäftigt; Martha, mit einem Buch in der Hand, steht rechts, die Arbeit segnend, bei ihnen. Ohne Zeichen.

28. **Magdalena**, durch fünf Engel getragen und gestützt, entschwebt gen **Himmel**. Rechts unten die Adresse: *ſtacker ex*:

29. Innere Ansicht der Kirche Maria Einsiedeln in der Schweiz.
H. 14", Br. 9" 4'"?

Oben lesen wir: ΙΧΝΟΓΡΑΦΙΑ SIVE SPECIES ET TEMPLI INT. ET SACELLI B. M. V. COELITVS CONSECRATI – – – *Einsidlen, sub Reg. S. Bened.* S.P.CLARVERE. Perspectivische Innenansicht. Eine Procession von Mönchen bewegt sich gegen hinten in der Richtung des Altars, der einen tabernakelartigen Aufsatz trägt. Zuschauende Männer stehen zur Linken, Frauen knieen zur Rechten. Unten links und rechts sind zwei Lorbeerkränze mit dem Wappen und dem Marienbild, dazwischen steht im Unterrand eine lateinische Dedication an Abt Augustin, unterzeichnet: *Henricus Stacker Libens Merito, Dedicat Confecratq.* Oben über der Wölbung sind Brustbilder verschiedener Heiligen an einer Art Stammbaum angebracht. Unten links an einer Säule das Zeichen.

30. Die Ansicht der Stadt Lucern.
H. 19" 4'", Br. 38".

Dieses seltene und schöne Bild besteht aus drei, je durch eine Linie von einander getrennten Abtheilungen übereinander und drei Blättern nebeneinander:

Obere Abtheilung: Höhe 15 Zoll. Oben steht auf einem Band, das auf beiden Seiten von je einer beflügelten, weiblichen Figur gehalten wird:

Eigentliche vnd kandtlich abcunderfachtur der lobrichen ſtatt lucernn, anno 15.96. Mit vielen Inschriften und Zahlen. Rechts unten in der Ecke in einem Viereck die deutsche und lateinische Widmung: *Den Hochgachten Edlen Geſtrengen Notueſten fürſichtigen Erſamen wyßn Herren Herren ſchultheißen Clein vnd großen Rhätten der Loblichen vnd wit Berümpten ſtatt Lucern In der Eydgnoßſchafft ſeynen hocheerendten gädigen Herren vnd Obern, dediciert vnd verert Martinus Martinj Goldſchmidt Ir gehorſamer dyener vnd Burger In aller vnderthenigkeit diß werck welchs Er denſelbigen auch gemeiner ſtatt vnd Burgerſchafft zu Eeren vff Geſtochen vnd vollendet Anno:* 15.97.

Illustribus Magnificis et Potent: D. D. Praetoribus et minori, maioriq̄ Consilio In clytae urbis Lucernae in heluetiae Dn̄i suis clementiss. hanc Ipsius urbis nouam et. Accuratam delineationem Martinus Martinj avrifaber huimilis Ciuis ipsis et Communj Ciuitati in obseruantiae et reuerentiae suae testimonium honoris ergo sculpsit et dedicauit Anno 1597. Darunter:

„*Bei dem Ölberg Zum Anfang denen Obgemelten wyſſen gnädig mein Herrn Herrn Beiden ſchultheißen wappen vnd auff Jedes ſyden der obgemelthen gnadiḡe Herrn der kleinen Rhätten wappen, hernach volget, die zu diſſer zit Regierend.*" Links von diesem Viereck: „*der ſtatt Lucern ſampt der vnderthänigen Landtſchafft vnd vogttyen wapen.*" Weiter gegen die Mitte in einer viereckigen Cartouche, die in zwei Felder getheilt ist: „*Der Stattpatronen Marterung.*" Linkes

Feld: „*S. Leodigari*", rechtes Feld: „*S. Mauritz.*"
In der Mitte unten in einem Halbkreis: Christus
am Oelberg. Links unten in der Ecke ein Mann
mit nacktem Oberkörper, dessen Beine durch ein
vierfelderiges Wappen verdeckt sind. Ueber denselben ein Band mit der Inschrift: „*Martinusmarti:
Infentor fecit & excutitt Lucernensi. anno. 1.5.9.6.*"
*Marti Martin hats dis confifiert geftochen vnd gethruckt
Lucern.*"

Mittlere Abtheilung: Höhe 1¹|₂ Zoll. Diese
enthält die Wappen der damals regierenden Schultheissen und Räthe mit Ueberschriften in Majuskeln.
Von links nach rechts: 1. Rhenwart Cissat: Ritter
vn Stat: Schri. 2. Bernhard Meyer. 3. Heinrich
Cloos. 4. Leodigarri Pfeiffer. 5. Bat. Jacob Feer,
Riter. 6. Jost Eckhart. 7. Laurenz Wirtz. 8. Kaspar
Pfeiffer. 9. Balthasar Pfeiffer. 10. Leodigari Meyer.
11. Hans von Metenwil. 12. Hieronimus von Hertenstein, Rit. 13. Christoffel Sunenberg. 14. Niclaus
Schumacher. 15. Leopold Feer, Panerherr. 16. Jost
Holdenmeier, Segelmeist. 17. Wendel Pfeiffer. 18. Albrecht Segisser, Riter. 19. Jost Krepfinge, Riter,
Schultheis, der Stadt Venderich. 20. Jost Pfeiffer,
Schultheis, Riter. 21. Christoffel Cloos. 22. Peter
Feer. 23. Christian Bircher. 24. Kaspar Kundig,
der Stat. Vende. 25. Leodigari Grim. 26. Ludwig
Schärff, Rit. 27. Wallthart am Rin. 28. Niclaus
Pfeiffer, Riter. Panerher. 29. Niclaus von Hertenstein. 30. Hanns Pfeiffer. 31. Bat. an Rin, Riter.

32. Wilhelm Ballthasar. 33. Hanns Helmini.
34. Gill Fleckhinstein. 35. Niclaus Ratzenhoffer.
36. Melchior Hug. 37. Baschian Schindler.
38. Wilhelm Keisser. 39. Niclaus Krus. Vederschreiber.

Untere Abtheilung: Höhe 1 Zoll 4 Lin. Links ein Wappen mit der Ueberschrift: „*Martinus Geillinger, der zit Groß Waibel*," rechts ein anderes: „*Remwart Cyſat, der jünger, Ratsſubſtitut*". Zwischen beiden: „*Regiſter der Loblichen ſtatt Lucern, die fürnemſten gebeuw der Gottſellige kirchen vnd kloſtern vnd auch thurn und thor auch örthern der marckten gaßen vnd platzen vnd andern nachfolgenden der orthern namen mit der Ziffezal an zeigt was zu diſer zit war*" in 11 hintereinanderfolgenden Columnen von 1—96.

31. Ansicht von Freiburg im Uechtland sammt ihrer Gelegenheit.

Grosse Ansicht auf 8 Platten, vom Jahre 1606.
Ich habe das Blatt nicht gesehen.

INHALT
des Werkes des M. Martini.

Peter Wegerich. Nr. 1
Bruder Claus von Unterwalden. . . . . „ 2
Thomas von Rheinfels. . . . . „ 3
Die Geburt Christi. . . . . „ 4
Ein Marienbild. . . . . „ 4ᵃ
St. Margaretha. . . . . „ 5
St. Anna. . . . . „ 6
Die entseelte St. Cäcilia. . . . . „ 7
Dieselbe Heilige . . . . „ 8
Der Sterbenden Trost. . . . . „ 9
Speculum Poenitentiae Mariae Magdalenae. 19 Bl. . . „ 10—25
Innenansicht der Kirche Maria Einsiedeln. . . . . . „ 29
Ansicht von Lucern. . . . . „ 30
Ansicht von Freiburg. . . . . „ 31

HANS ROGEL.

Zeichner, Formschneider und Modelleur zu Augsburg, wo er 1532 geboren ward und 1592 sein Leben beschloss. Er wird als kunsterfahrener Meister gerühmt, und dass er bei seinen Mitbürgern in Gunst und Ansehen gestanden, erhellt daher, dass er das Amt eines Stadt-Gerichtswaibels bekleidete. Er gab ein zierliches Capital- und Versal-Buch allerhand grosser und kleiner Alphabete heraus; er fertigte 1563 ein Modell der Stadt Augsburg in Holz, drei Fuss lang und zwei Fuss breit, in welchem sich alle Häuser, Gassen, Plätze Höhen und Tiefen bemerken lassen, „ein sehr artiges und richtig proportionirtes Werk", das sich früher auf der Stadtbibliothek befand. Seine hinterlassenen Holzschnitte sind nicht zahlreich, falls nicht die Mehrheit zu Grunde gegangen ist; es sind zum Theil sogenannte historische oder fliegende Blätter mit interessanten Ereignissen aus der Zeit, die freilich mehr culturhistorischen als künstlerischen

Werth haben. — Man hat Rogel auch früher ein durch Papierabdrücke bekanntes Metall-Epitaphium in der St. Ulrichs-Kirche in Augsburg zugeschrieben: Christus am Kreuz zwischen St. Afra, St. Johannes und Ulrich in der oberen, fünf in einem Kreuzgange knieende männliche und drei weibliche Figuren in der unteren Abtheilung. Wie aus der Inschrift hervorgeht, fällt dieses Epitaphium in eine frühere Zeit. Rogel's Monogramm scheint erst später, am Ende des 17. Jahrhunderts, als Abdrücke von dieser gravirten Metallplatte genommen wurden, trügerischer Weise eingesetzt worden zu sein. Rogel signirte seine Blätter mit obigem Zeichen. Seine Holzschnitte dürfen nicht mit denjenigen eines ähnlich signirenden, unbekannten Formschneiders der Strassburger Schule verwechselt werden, der nach T. Stimmer arbeitete. Rogel scheint einen Sohn gleichen Namens hinterlassen zu haben. Wir kennen aus dem Jahre 1602 die Abbildung der Hinrichtung eines reichen Bauern, Bernh. Kuntz in Itzenhausen, der seine eigenen Söhne ermordet hatte. Das Blatt trägt die Adresse: *„Zu Augsburg bei Hans Rogel Brieffmaler vnd Formfchneider.*

DAS WERK DES H. ROGEL.

Holzschnitte.

1. Der Meister selbst.
H. 4" 8"', Br. 3" 10"'.

Man sieht auf diesem Blatt einen Mann mit kurzen, über den Ohren sich etwas ausbreitenden Haaren und mit einem dichten Bart, der Schnurrbart bedeckt die Oberlippe und lässt nur wenig von der Unterlippe wahrnehmen. Der Abgebildete, im Brustbild, steht hinter einem Tische, er ist fast von vorn vorgestellt, etwas nach rechts gewendet. In seiner Rechten hält er ein Schneidemesser, in der Linken einen Holzstock mit der Inschrift: ANNO. 1558 AETATIS SVE. LVI. HR. Oben links ein Wappen, in dessen oberem Theile ein Kopf mit einem Kranze, dessen Bänder flattern, auf dem Helm eine halbe Figur mit ähnlichem Kopfputz, welche in ihrer ausgestreckten linken Hand ein Schneidemesser hält.

2. Der Plan von Augsburg.
H. 13" 10"', Br. 18" 10"'.

Grosses Blatt von zwei Stöcken, nicht blos Plan, sondern auch Aufriss der Stadt, da die Gebäude vollständig vorgestellt sind. Links oben der Reichsadler in einem Lorbeerkranz, rechts gegenüber das Wappen der Stadt, in der Mitte ein fliegender Zettel mit der Inschrift: *Des Hailigen Römifchen Reichs Statt Augspurg.* Darunter in zwei Zeilen: AVGVSTAE VINDELICOR. Eine unten links befindliche Tafel enthält die Namen der mit 133 Zahlen bezeichneten Strassen, Thore und Gebäude, in einer zweiten Tafel rechts unten liest man: *Gründliche Form vn aigentliche anzeigung, der — — — Reichsftatt Augspurg, Wie fij ijetziger Zeit — — — geftallt. — — — Welches Ich Hannfs Rogel, Formfchneider, mit fonderm fleis, vn vilhabender mühe, vmb willen meine Vatterlandts, Demfelben zu ehren guwillig geftell, vn in Truck verfertliget hab. Mit Ro: Kay: M: Freyheit nit nachzutrücken.*

3. Die Ansicht von Kempten.
H. 11″, Br. 16″ 10‴.

Nach Joh. Abelin 1569. „*Warhaffte Abconterfeyung deß Hailigen Reichs Statt Kempten.*"

Ich kenne das Blatt nicht aus eigener Anschauung. Heller führt es in seinem Handbuch für Kupferstichsammler auf.

4. Karte der Insel Cypern.
H. 9″ 6‴, Br. 14″ 1‴.

Ueber der Karte lesen wir in Typendruck: *Cypern die Innfel vnnd Künigreich der Herrfchaffi zu Venedig gehörig, Wie die Anno* 1570 *vom Türcken vberfallen, Aigendlich beschriben vnnd Contrafet.* Die Insel, in Vogelperspective gezeichnet, erstreckt sich durch die Mitte des Blattes. Figuren sind keine auf ihr angebracht. Unten im Meer sieben venetianische Schiffe. Oben im Meer der Name INSOLA CIPERN. Unten ist eine zweispaltige Erklärung in Typen angeklebt: *DIfe Infel Cipern, ift mit die kleineft vnder den groffen Infulen* etc., am Schluss: *In Augfpurg bey Hans Rogel, Formfchneyder.*

5. Die Seeschlacht bei Lepanto.

Die Schiffe, mit ihrem Namen, sind in Schlachtordnung aufgefahren. Die Aufschrift, in Typendruck, lautet: *Aigentliche Contrafactur der gewaltigen Niderlag deß Türcken Armada, fo außer des Mörhafens Lepoto – – – auß Göttlicher hilf erlegt wordē dē* 7. *October Ao.* 1571. Am Ende: *In Augfpurg bey Hans Rogel Formfchneider.* fol.

<small>Anzeiger des germanischen Museums 1860 p. 250.</small>

6. Dieselbe Schlacht.

Titelholzschnitt, Vignette eines kleinen aus 6 Bl. bestehenden Octavbüchleins. In der Mitte fünf feuernde Schiffe in einem Kreis oder Kranz anderer Schiffe. Ueber dem 1" 1''' hohen und 2" 1''' breiten Holzschnitt der Titel in fünf Zeilen: *Warhafftige Befchreibung deß glickliche freidenreichen Waffer*

Sigs, fo die Chriftèheit erlang hat .In dem Türkifche Erbfeind den 7 tag Octobris A 1571., unten: *In Augfpurg Bey Hans Rogel Formfchneider.*

7. Der Komet 1580.
H. 8" 2''', Br. 12" 6'''.

Am Himmel die Sternbilder, durch welche der Komet geht. Im Grund Augsburg. Vorn vier zuschauende Figuren, unter welchen eine Frau. Ueber der Darstellung in Typen: *Von dem Cometen, welcher im October difes LXXX Jars, erfllich erfchinen vnd noch am Himmel zu fehen ift. Autore Georgio Henischio.* Unten angeklebte dreispaltige Beschreibung ebenfals in Typen: *ES hat Gott der Allmechtig* etc. *Gedruckt zu Augfpurg durch Hans Rogel Formfchneider.*

8. Calendarium Aureum.
H. 16" 3''', Br. 12" 1'''.

CALENDARIVM AVREVM. Ein guldener Calennder. Darjnnen kürtzlich alle Iar, Zue yeder Zeit der Regierenden Planetten ftund, auf vnnd niderganng der Sonnen, tag vnnd nachtlenge, nach gemeiner vhr zu finden − − − zu nutz extrahirt vnnd befchriben 1564. Diese Titelaufschrift steht in der Mitte oben zwischen einem Wappenschild mit einem gekrönten Adler und der Helmzier dieses Wappens, die in den Ecken angebracht sind. Unten in der Mitte liest man: AVGVSTAE VINDELICORVM PER AVGVST: VOGEL. Alle Inschriften sind in den Stock geschnitten, die Namen der Monate kalligraphisch reich verziert in der Art der Rogel'schen Schreibvorschriften. Man bemerkt Rogel's Zeichen mit dem Schneidemesser rechts unten.

9. Die Schreibvorschriften.

Capital vnnd Verfalbuch allerhand groſſer vnnd kleiner Alphabet zu den Haubtſchrifften vnnd Büchern, desgleichen in Cantzleyen vnd gemein zu gebrauchen ganz zierlich geordinieret durch Hans Rogel Formſchneyder Burger zu Augſpurg. Bey Johann Ulrich Schönigks sel. Erben. Anno 1568. fol.

10 Blätter. Die meist reich verzierten Buchstaben sind vertieft eingeschnitten, zeigen sich also auf schwarzem Grund. Ein rechts unten mit 2 beziffertes Blatt enthält ein ganzes Alphabet und in den Zwischenräumen die Abbreviaturen V D M I Æ (*verbum Dei manet in aeternum*) A. VIRTVS VIN CIT VIM V. ANNO MDLXVIII. CHRISTI. Ein grösseres Alphabet nimmt vier Blatt ein, das letzte dieser vier Blätter ist unten rechts mit 3 numerirt. Vier verschiedene grosse W finden sich auf einem mit 4 numerirten Blatt, ein noch grösseres W und acht kleinere desgleichen auf Bl. Nr. 5. Ein links mit 6 numerirtes Blatt enthält den Buchstaben J in zwölf verschiedenen Grössen und Gestaltungen. Unbeziffert ist ein Blatt mit drei Alphabeten. Die Rückseite der Blätter ist unbedruckt. Auf sämmtlichen Blättern

ist die Bezeichnung A. V. (Augusta Vindelicorum) wahrzunehmen.

Das Titelblatt ist uns nicht zu Gesicht gekommen und können wir für die Richtigkeit der Orthographie wie sie oben angegeben, nicht bürgen.

ANHANG.

1. Titeleinfassung mit der Gerechtigkeit und dem Frieden.

H. 12" 9''', Br. 8" 1'''.

Nach A. Mair. Architektonischer verzierter Rahmen, in welchem oben in einer Cartouche ein Ring, auf ein Kissen gestellt, mit der Beischrift: VBIQVE SIBI SIMILIS. Diese Cartouche wird von zwei Göttinnen des Rufes gehalten. Neben, links die Gerechtigkeit, rechts der Friede. Unten halten zwei Seegottheiten ein Oval, in welchem die Vorstellung eines Schiffes auf stürmischem Meer mit der Beischrift: *Fato prudentia minor.* Zu Füssen der Gerechtigkeit A. Mair's Zeichen, zu Füssen des Friedens das Monogramm ₣R. Dieses Blatt bildet das Titelblatt der Schrift: *Index rerum ac verborum quae in toto consiliorum Augustini Beroi opere continentur .... Ex officina Praetoriana MDCI.* Die Arbeit zeugt von viel technischer Fertigkeit.

Da das Buch erst 1601 erschien, Rogel bereits 1592 starb so ist es zweifelhaft, ob er der Verfertiger des Holzschnittes ist. Vielleicht ist das Blatt von dem jüngern Hans Rogel.

INHALT
des Werkes des H. Rogel.

Der Meister selbst. . . . . Nr. 1
Der Plan von Augsburg. . . . . „ 2
Die Ansicht von Kempten. . . . . „ 3
Karte der Insel Cypern. . . . . „ 4
Die Seeschlacht bei Lepanto. . . . . „ 5
Dieselbe Schlacht. „ 6
Der Komet 1580. . . . . „ 7
Calendarium Aureum. . . . . „ 8
Die Schreibvorschriften. 10 Bl. . . . . „ 9

Anhang.
Titeleinfassung mit der Gerechtigkeit und dem Frieden. . „ 1

HANS CONRAD WÖRLE.

Goldschmied und Kupferstecher, der um 1610 in Nördlingen thätig war, nach seinen Lebensverhältnissen aber nicht weiter bekannt ist. Ein Maler Hans Wörlin lebte 1589 in München. Unser Künstler war von Fach nicht Maler, sondern Goldschmied, dafür spricht die bei seinem Monogramm befindliche Löthbüchse. Wörle ist der Träger des bei Brulliot II. Nr. 1171 abgebildeten Monogramms HCWG und wird irrig in Nagler's Künstlerlexikon H. C. Weck genannt, welcher Irrthum jedoch in dessen neuem Monogrammenlexikon III. Nr. 802 wieder gehoben ist. Wir kennen von Wörle vier Blätter, die etwas unbeholfen in der Ausführung sind und eben keine hohen Erwartungen von seiner Kunst erwecken. Passavant hat ihn im Peintre-Graveur IV. p. 154 unter die unerklärten Monogrammisten aufgenommen, aber ihn irrig ein volles Jahrhundert zu früh, anstatt um 1600, um 1500, gesetzt und zudem nur ein einziges Blatt, die grosse Ansicht von Nördlingen, beschrieben. .

DAS WERK DES H. C. WÖRLE.

1. Friedrich Frank.
H. 7''', Br. 5'' 2'''.

Superintendent in Nördlingen, Brustbild, en face, mit einem Buch in beiden Händen, in architektonischer, mit den Figuren des Moses und siegreichen Heilands geschmückter Einfassung, an welcher oben das von zwei Engeln gehaltene Wappen des Abgebildeten angebracht ist. Unter dem Bildniss liest man in Majuskelschrift: „*M. Fridericus Francus Pastor et Svperintendens Nordlingensis Aetatis LIIII* 1612 *Ministerii XXIX.*" Darauf an einer Tafel eine sechszeilige Inschrift: „*Christe tibi .... tulere mihi.*" Unten in den Verzierungen der Schrifttafel Wörle's Name HANNS ConraD WÖRLE und rechts ausserhalb der Tafel die Jahreszahl 1612.

2. Das Wappen des Casp. Ostertag.
H. 5'' 7''', Br. 4'' 3'''.

Im Schild sieht man zwei aus Wolken hervorragende Arme, von deren gefalteten Händen eine Schreibfeder gehalten wird, unter denselben zwei gekreuzte Schwerter mit Flügeln. Auf dem offenen gekrönten Helm steht ein aufgerichteter gekrönter Greif mit geschwungenem Schwert. Zu beiden

Seiten einer über dem Wappen angebrachten Schnörkelverzierung steht je ein Fechter in kämpfender Haltung, beide sind mit zweihändigen Schwertern bewaffnet. Links und rechts vom Wappen stehen auf verzierten Kragsteinen zwei grössere Fechterfiguren, der eine hält eine mit Kränzen geschmückte Stange und ein Trinkgefäss, der andere eine Stange. Unten, wo ein gepflasterter, von einem Geländer begrenzter Fechtboden die Plattenbreite einnimmt, geht ein Fechter-Paar mit Hellebarden aufeinander los, Schwerter etc. liegen am Boden. In der Mitte zwischen diesen letzteren Figuren ist eine verzierte, dem Wappen zum Ruhepunkt dienende Rundung mit dem Lamm Gottes angebracht. Oben in der Mitte zwischen den beiden Schwertfechtern liest man an einem Täfelchen: CVM GRATIA | ET PRIVILEGIO RVDOLPHI II | ROM. IMPERAT: | zu beiden Seiten des Greifes 1.6. 10., links unten: CASPARVS OSTERTAG, rechts kleiner: HCW IN NoRDLINGEN.

3. Der Grabstein des Wolfg. Grav.
H. 8" 1''', Br. 7" d. Pl.

Aus vier, auf den Seiten durch kleine Säulen eingefassten Abtheilungen bestehend, die obere und untere, auch mit einer Säule in der Mitte, enthalten jede zwei Wappen; die zweite von oben eine neunzeilige, verkehrt gestochene Grabschrift: CLARISSIMVS ET DOCTISSIMVS DOMINVS WOLFGANGVS

GRAVIVS IMP. D.I.V. CAMERA. ET CIVITATIS NÖRLINGA
ADVOCATVS etc.

4. Die Ansicht von Nördlingen.
H. 14" 6'", Br. 20" 9'".

Die Stadt ist von einer Mauer mit Thürmen umschlossen; im Mittelgrund auf ihrer hintern Seite ragt die St. Georgskirche mit hohem Thurm hervor. Rechts auf einer bewachsenen Anhöhe liegt die St. Heinrichskirche. Vorne auf einer Wiese ist ein Scheibenschiessen vorgestellt. Die Hauptgebäude sind durch Zahlen und Buchstaben ausgezeichnet, welche rechts unten auf einer langen die halbe Breite des Blattes einnehmenden Tafel erklärt sind. Oben halten vier Genien ein langes flatterndes Band mit der Inschrift: DES HEILIGEN RÖM. REICHS STAT NÖRDLINGEN. Unten links lesen wir auf einer Tafel: EXCVLTRIX FIDEI MERITO NÖRLINGA VOCARIS etc. Rechts von dieser Tafel liegt in der Nähe von zwei beieinanderstehenden, im Gespräch begriffenen Männern ein Stein mit Wörle's Zeichen, einem Schneidemesser und einer Boraxbüchse.

In alten Abdrücken sehr selten, in neuen ziemlich häufig.

INHALT
des Werkes des H. C. Wörle.

Friedrich Frank. . . . . Nr. 1
Das Wappen des C. Ostertag. . . . . „ 2
Der Grabstein des W. Grav. . . . . „ 3
Die Ansicht von Nördlingen. . . . . „ 4

H. W. M. W.
HANS UND MARTIN WEYGEL.

Zeichner und Formschneider zu Nürnberg, deren Leistungen bereits in den Kreis der handwerksmässigen Briefmalerarbeiten übergehen. Beide waren wahrscheinlich Brüder; ihr Verhältniss zu einem dritten Formschneider dieses Namens, Paul Weygel, der ebenfalls in Nürnberg seine Kunst übte, ist nicht klar. Ihre Wirkungszeit beginnt mit 1550 und endet um 1590, in welchem Jahre Hans Weygel gestorben sein soll. Letzterer stammte aus Amberg und hatte in Nürnberg das Bürgerrecht erworben. — Martin war, wie es scheint, mehr Zeichner als Formschneider. Er hatte Norddeutschland bereist, denn von ihm sind die Zeichnungen zu den Abbildungen der Städte Wismar, Köln, Bremen. Er scheint in Köln selbst ansässig gewesen zu sein, da es auf dem Prospect von Köln heisst:

Darin ich auch ein Bürger fey
Vnd leb nach guter Polizey.

Hans Weygel's Name haftet besonders an seinem bekannten Trachtenbuch. Seine übrigen Arbeiten sind nicht zahlreich, vielleicht ist ein grosser Theil derselben zu Grunde gegangen. Ihr Kunstwerth ist gering. — Der Formschneider Hans Wurm von Nürnberg, von dem wir einen grossen Plan von Nürnberg haben, signirte seine Blätter ähnlich unserm Künstler. — Dass H. Weygel auch auf Kupfer radirt hat, wie manche Autoren annehmen wollen, ist nicht erwiesen, das Wappen der Grabener, das Dr. Nagler und Passavant ihm beilegen, ist nicht von ihm, sondern von Hans Wether. Passavant's Verzeichniss ist sehr lückenhaft. — Einen Theil der unten beschriebenen Blätter habe ich dem Aufsatz J. A. Börners: Werke der Nürnbergischen Briefmaler, in Naumann's Archiv für die zeichnenden Künste, Jahrg. 1863, entlehnt. Ich habe damals diesen Aufsatz aus Börner's hinterlassenen Aufzeichnungen für den Druck hergerichtet.

DAS WERK
DES HANS UND MARTIN WEYGEL.

Holzschnitte.

1. Johann Friedrich Herzog von Sachsen.
H. 10" 6''', Br. 9" 6'''.

Er reitet im Schritt nach links, das Pferd ist im Profil vorgestellt, der Oberleib und Kopf des Reiters aber mehr in dreiviertel Ansicht. Die linke den Zügel haltende Hand ist mit dem Handschuh bekleidet, den andern Handschuh hält der Reiter in der blossen Hand. Rechts oben der Sächsische Wappenschild. Oben beigedruckt: *Von Gottes gnaden Johans Friderich | Hertzog zu Sachssen.* Unten: *Gedruckt zu Nürnberg durch Hans Weygel Formſchneyder.*

2. Sultan Amurat III.
H. 7" 2''', Br. 5" 10'''.

Brustbild, von vorn gesehen, in geblümtem Rock und grossem Turban vorgestellt. Ueber seinem Kopfe steht: AMVRATES. III. TVRCAR: IMP. XIIII, unten: SVLTAN MVRAT CHAN. Oben über dem Holzschnitt lesen wir in Typen: *Eygentliche vnd Warhaffte Contrafactur, Suldani Murat deß Namens der dritte*

— — — *der gantzen Chriſtenheit* etc., unten ein Gedicht: *Hic ſiheſt du eygentlich abgemalt* etc. und die Adresse: *Gedruckt zu Nürnberg durch Chriſtoff Lochner*. Rechts zur Seite des Portraits ist ein langer Bericht beigedruckt. 1595. Ohne Zeichen.

3. Iwan Wassiliwitsch.
H. 14''', Br. 10'' 10'''.

Grossfürst der Russen. Etwas nach links gewendetes Brustbild unter einem Bogen, mit grossem Bart, in geblümtem Gewand vorgestellt, über welchem eine goldene Kette liegt, er hält in der nicht sichtbaren Linken den Scepter und trägt auf dem Kopf eine konische Pelzmütze mit eiserner Zackenkrone. Zu beiden Seiten seines Kopfes sein Name. *Die Bildnus Jwan Waſiliewitz des jetzigen Großfürſten in Rewſen ůn der Moſchkaw* und ein Gedicht: *SChaw Menſch hie haſt in der Figur* etc., rechts unter diesem Gedicht: *Gedruckt zu Nürnberg, durch Hans Weygel Formſchneider*.

4. Hans Sachs.
H. 7'' 8''', Br. 5'' 10'''.

Von vorn geschenes, nach rechts blickendes Brustbild, hinter einem Tisch, bärtig und mit Calotte auf dem Kopf; er schreibt in ein vor ihm auf dem Tisch liegendes Buch, in welchem man die Worte: 5876. *Gedicht Alt* 68 *Jar* liest. Im Zimmer erblickt man rechts ein kleines Repositorium mit

einigen Büchern. Auf den Seiten ein Vorhang.
Ueber dem Bildniss steht in Typen: *Des Hans
Sachsen Bildtnuß*, unten ein zweispaltiges Gedicht
von J. Betz: *DIſe Abconſaction — — — Darumb
bleibt ſein Lob auffs gewiſiſt.*, darunter: *In Nürenberg, bey Hans Weygel Formſchneider.*

5. Ali Bassa.
H. 15″, Br. 10″ 6‴.

*Wahre Conterfactur des Türken Oberſten Aly
Baſſa genandt, hie abgemalt Dem ſein Kopff iſt abgeſchlagen worden.* — Dieser mit Typen gedruckte
Titel steht über dem Bild und unten ist weiterer
Text. Ganze von vorn gesehene Figur mit einem
Stab in der Rechten. Er steht auf dem Ufer der
See, deren Wellen hoch gehen und hinter ihm ist
eine Galere. In dieser steckt links ein Spiess und
darauf der Kopf des Enthaupteten. Unten rechts
lesen wir: *Gedruckt zu Nürmberg, durch Martin
Weigel Formſchneider vnd Reyſer, Bey dem Sonnebad.*

6. Der Prophet Jonas.
H. 6″ 5‴, Br. 9″ 3‴.

Im Holzschnitte sieht man rechts den Propheten,
welcher aus dem Schiffe in das Meer geworfen, den
Kopf des ihn verschlingenden Fisches, links sieht
man den Fisch wiederum, welcher den Verschlungenen an das Land speit.

Ueber dem Holzschnitt steht in Typendruck: *Das
Gebett des Propheten Jona, Wie am andern Capittel*

befchrieben wird. Unter demselben links eine Columne von 22 Zeilen, worin das Abenteuer des Propheten beschrieben wird: *JOna der Prophet zeyget . . . . wie er felber faget,* rechts eine zweite Columne von 21 Zeilen überschrieben: *Vnd Jona betet zu dem Herren feinem | Gott, im leibe des Fifches, vnd fprach.* Unter beiden Textcolumnen die Adresse: *Gedruckt zu Nürmberg, durch Hanns Weygel Formfchneyder.*

7. Christus am Kreuz zwischen den Schächern.
H. 6" 1'", Br. 13". (?)

Rechts vorn am Fuss des Kreuzes sieht man die ohnmächtig niedergesunkene heilige Jungfrau von Johannes und einer der heiligen Frauen unterstützt, sowie zwei Kriegsknechte, welche beim Würfeln in Streit gerathen sind und deren einer mit dem Schwert nach dem andern haut. Rechts beim Kreuz steht der Hauptmann, links ein Kriegsknecht. Unter dem rechten Fuss dieses Letztern erblicken wir das Zeichen $\overline{A}$, an einem Kreuze bei dem linken Fuss des eben erwähnten Kriegers Weygels Zeichen.

8. Das Schiff des christlichen Glaubens.

Es schwimmt auf stürmischer See. Christus mit den Marterwerkzeugen, umgeben von den Sakramenten der Taufe und des Abendmahls und vier Engeln, steht in der Mitte. Die Evangelisten und Apostel leiten das Schiff, das von den Feinden der Kirche umsonst angefochten wird. Unten sind deutsche Verse und am Schluss steht H. Weygels Adresse. qu. fol.

9. Fama oder das Gerücht.
H. 8" 8''', Br. 4" 8'''.

Oben in Typen: *Fama. Das Gerücht mit seiner wunderlichen Eygenschafft, nach beschreibung Virgilii des Poeten.* — Geflügelte weibliche Gestalt in einer Landschaft, mit Federn und Augen bedeckt, mit langem, hinter den Rücken herabwallendem Haar. Rechts im Hintergrund der Landschaft sind vor Bergen Gebäude. Links zur Seite und unter dem Bild steht ein mit Lettern gedrucktes dreispaltiges Gedicht: *O Menfch, der du hie obgemaldt* etc. Am Schluss: *gedruckt zu Nürmberg, durch Hans Weygel Formfchneider*.

10. Das Gemälde des Apelles vom ungerechten Gerichte.
H. 7" 11''', Br. 26" 7'''.

Der aus 2 Bogen bestehende, nach einer Zeichnung des Erhard Schön gefertigte Holzschnitt gewährt die Einsicht in das Erdgeschoss eines Gebäudes, in welchem links ein Richter auf einem erhöhten Stuhle sitzt und ein Urtheil fällt. Zwei Frauen stehen neben ihm und wirken auf seinen Ausspruch ein. Diese sind durch Beischriften als „*Vnwiffenheit*" und „*Arkwan*" bezeichnet; das Wort „Richter" steht nicht bei dessen Figur, sondern mehr nach rechts, der Richter hat um seine Untüchtigkeit zu bezeichnen, Eselsohren.

Weiter rechts sieht man die Thür eines Gefängnisses, aus welchem der Verurtheilte an den Haaren durch ein Weib gezogen worden; er knieet, unter ihm am Boden das Wort „*Vnfchuldt*". Die Frau, welche den Knieenden mit ihrer Linken gepackt hat, hält in der Rechten eine Fackel, an der Wand steht sie als „*Verkleckung*" bezeichnet. Sie ist dem Richterstuhle zugewendet, zwischen ihr und diesem schreitet die „*Betrieglgkeyt*" herzu. Hinter dem Verurtheilten stehen 2 Frauen, den Beischriften zufolge, der „*Neyd*" und der „*Aufsatz*". Auf dem angefügten Bogen ist die Wand des Gefängnisses fortgesetzt, oben in der Decke ist eine runde Oeffnung angebracht, aus welcher Gott Vater herabsieht. Unten rechts tritt die „*Straff*" aus einer Thüre, sie hält Strang und Schwert in den Händen und nähert sich eilig einem Manne, dem „*Irrsal*" und einem Weibe der „*Eyll*", welche ihr winken. Die Vorstellung schliesst rechts mit einer Halle vor der offen stehenden Torturkammer. In dieser Vorhalle sieht man die „*Rew*", ein Weib, das mit den Händen im fliegenden Haar wühlt und dem die rechts eintretende „*Warheyt*" eine strahlende Sonne vorhält.

Der gut gezeichneten und gut geschnittenen Vorstellung, welche kein Namenszeichen aufweist — man schreibt sie Erhard Schön zu — ist oben und unten Text beigedruckt. Die Aufschrift lautet: *Ein erklerung der Tafel des Gerichts, so der köftlich Maler Apelles dem König Ptolomeo fürmalet.* Diesem folgt in 7 Columnen ein Gedicht von 28 Zeilen: *WEr vngehört nimbt in verdacht .... dann täglich ficht.* Die achte Columne enthält einen Spruch: *Wer feine Ohren verftopffet .... Proverbiorum xxj.* Unten befindet sich ein zweites, 8 Columnen einnehmendes Gedicht, es hat links die Aufschrift: *Es fol der Menfch kein Vrtheil geben,* rechts: *Er hab fich dann erfaren eben.* Das Gedicht beginnt: *Als Apelles der Maler war etc. etc.* Es treten nun die in der Abbildung angezeigten Figuren redend auf und zeigen die Bedeutung der Figuren an, jede dieser Erklärungen umfasst 4 Zeilen, und über derselben steht der Name der Sprechenden. Hierauf folgt in 20 Zeilen der Beschluss. Darunter die Adresse: *Gedruckt zu Nürmberg, bey Hans Weygel Formfchneider.*

Das zur Beschreibung dienende Exemplar ist mittelst Patronen illuminirt.

Neue Abdrücke findet man in „Hans Sachs im Gewande seiner Zeit." Gotha. Becker. 1821. Die Stöcke zeigen sich in demselben gut erhalten, einige ausgesprungene Stellen weist schon der alte Abdruck auf. Bei Vergleichung der Inschriften und des Textes finden sich Verschiedenheiten, da aber Becker im Vorwort zu seinem Hans Sachs sagt, dass er die Holzschnitte mit den dazu gehörigen Gedichten ganz in derselben Gestalt, wie sie zuerst erschienen sind, durch neue Abdrücke habe vervielfältigen lassen, so ergiebt sich hieraus, dass es zweierlei alte Editionen geben müsse. Bei Becker

lautet die Ueberschrift: *Erklerung der Tafel des Gerichts, so der köstlich Maler Apelles dem König Antiocho entwarff.* Das 28zeilige Gedicht und die Stelle aus den Sprüchen Salomonis fehlen gänzlich u. s. w. Der „Beschluss" ist auch nicht durch eine besondere Ueberschrift angedeutet und die letzte Zeile des Gedichts ist abgetheilt und geändert:
Recht richten ist recht, spricht
Hans Sachs.

11. Ansicht von Augsburg.
H. 9" 2"', Br. 39" 2"'.

Auf drei aneinander gereihten Bogen. Ueber der Ansicht lesen wir in Typen: *Warhaffige Contrafactur der alten Reichftat Augfpurg.* Die Stadt nimmt die ganze Breite ein. Oben links in der Luft ist ein Schild mit dem Reichsadler, oben rechts ein anderes mit dem Stadtwappen. Im dritten Blatt findet sich links von einem Thurm, welcher ausserhalb des Stadtgrabens gegen unten steht, das Zeichen *M. W.* Unten ist ein Gedicht in elf Columnen beigedruckt: *HJE ficht man in difer Figur — — — GOTT allein die Ehr.* Eine zwölfte Columne bildet die Adresse: *Gedruckt zu Nürnberg, bey Georg Lang, Formfchneider.*

12. Ansicht von Köln.
H. 9"' 4"', Br. 39" 8"'.

Der Prospect dieser Stadt, in Holz geschnitten, erstreckt sich über 3 aneinander gereihte Bogen, den unteren Theil der Bll. nimmt der Rheinstrom ein, in der Mitte sieht man einen Theil des durch den Fluss von Cöln geschiedenen Deutz. Ueber den Hauptgebäuden ersterer Stadt sind deren Benennungen eingeschnitten; es sind zu diesen Beischriften deutsche Lettern gewählt worden, nur über Deutz liest man den Ortsnamen in lateinischer Schrift TVTSCH. Links in der Luft ist ein Bauer mit einem Dreschflegel angebracht, er hält einen Wappenschild mit dem Doppeladler; rechts gegenüber sieht man eine das Cölnische Wappen haltende Frau.

Es finden sich auf diesem Prospect zwei Namenszeichen, das eine, ein gothisches A mit dem Schneidemesser, auf einem an der Stadtmauer lehnenden Mühlsteine, das andere M W, an dem vordersten einiger Mühlsteine, welche gleichfalls an die Stadtmauer gelehnt sind.

Ueber dem Prospecte ist mit Buchdruckertypen beigedruckt: *Warhafftige Contrafactur der Hochgelobten Statt Cölln am Rein.* Unten ist ein Lobgedicht auf die abgebildete Stadt in 12 Columnen beigedruckt, an dessen Schluss die Adresse steht: *Bey Hanns Weigel Formfchneider.*

Fast hat es den Anschein, dass der Verfasser und der Zeichner des Prospectes ein und dieselbe Person gewesen seien.

Im Lobgedicht heisst es:

ᛉ. ᛉ. ᛉ.
Das ich herbring in die Figur
Ist Cölln der Stadt Contrafactur

Wie fie erbawet leit am Rein
Vnd wird genannt der Bawren ein
Es kündt die jetzig arbeit mein
Von euch gefchetzet werden klein
Darumb das auch offtmal zufürn
Der Stadt gemält mit vieln Figürn
Von andern ist an tag gebracht
Vnd fie verbeffert nach vnd nach
So hab ich doch nach mein vergnügen
Mit Fleiß wöllen die Stat verhügen
Darin ich auch ein Bürger fey
Vnd leb nach guter Polizey
Die lieb zu meinem Vatterland
Hat mich zu diefem Fleiß ermant
So ift fie auch doch wirdig zwar
Mit fölchen Figuren offenbar
Verehrt sol werden vnd verkaufft
Auf allen orten, u. s. w.

Wenn schon zwei Namensandeutungen auf diesem Prospecte vorkommen, welche als, die eine dem Zeichner, die andere dem Formschneider angehörend betrachtet werden können, so ist doch auch die Möglichkeit vorhanden, dass zwei Formschneider sich in die Arbeit theilten, um das Erscheinen des Blattes zu fördern und dass beide ihre Namensinitialen anbrachten.

13. Ansicht von Nürnberg.
H. 9" 7"', Br. 54" 6"'.

Die Ansicht erstreckt sich von dem links befindlichen Hochgerichte an bis zur Vorstadt Wöhrd.

Ueberschriften benennen die Hauptgebäude. Die erste Ueberschrift ist: GALGENHOF: die letzte über einem Hause der Vorstadt Wöhrd: BADSTVBEN: Im zweiten der 4 Bogen, über welche sich die Ansicht erstreckt, sind in der Luft drei Stadtwappen zwischen zwei auf Wolken stehenden Engelchen angebracht. Ueber dem zweiten und dritten Blatt befindet sich die gedruckte Inschrift: *Warhaffte Contrafactur der Löblichen Reychſtat Nürmberg, gegen den Anfang der Sonnen* und unter dem vierten Blatt steht die Adresse: *Gedruckt zu Nürnberg bey Hanns Weigel Formſchneider.* Namensandeutungen des Zeichners und Formschneiders finden sich in diesem mittelmässigen Producte nicht.

Neben dem alten Abdrucke sah ich auch einen neueren, ohne gedruckte Aufschrift und Adresse, nur zu Ende des dritten Bogens sieht man oben: *Ao* 1580. und zu Anfang des vierten: *Statt Nüremberg.*

14. Ansicht von München.
H. 8" 9''', Br. 26".

Warhafftige Contrafactur der Fürſtlichen Stat München im Bayerland. Dies ist die Ueberschrift eines aus zwei Bogen zusammengesetzten Holzschnitts, in welchem eine wohl wenig getreue, handwerksmässig gezeichnete Ansicht von München gegeben ist, in welcher weder ein Namenszeichen des Zeichners noch des Formschneiders sich findet.

In der Luft sind links und rechts die Pfalz-Bayerischen Wappen angebracht.

Unten ist „Ein Lobspruch der fürstlichen Stadt München" in acht Columnen beigedruckt. Unter der achten Columne dieses Gedichts findet sich die Adresse: *Gedruckt zu Nürmberg, bey • Hans Weigel Formfchneider.* 1571.

Dieser Holzschnitt ist in verkleinertem Maasstabe und eben nicht streng, von A. Brambilla copirt worden. Dieser bediente sich zu seiner Copie jedoch nicht des Schneidemessers, sondern der Aetznadel, welche er sehr flüchtig handhabte. Seine geringe Arbeit ist 9" 10''' breit und 5" 6—7''' hoch. Man sieht in derselben unten in der Mitte eine Betsäule, bei deren Fuss liegt eine Tafel, welche im Holzschnitt nicht zu finden ist. Sie ist beschattet, doch erkennt man in derselben die Buchstaben A B F. Ich habe noch anzumerken, dass die in der Luft angebrachten Wappen auch in der Copie wiedergegeben sind und das zwischen denselben: MONICHO steht.

15. Ansicht von Bremen.
H. 9" 6''', Br. 39" 9'''.

Die Stadt ist auf drei aneinander geklebten Querfoliobogen abgebildet; die Benennungen der Hauptgebäude sind denselben beigesetzt, z. B. links: S STEFFANS · DOR · Auf dem dritten Bogen findet man unten in der Mitte das Namenszeichen *M. W.* Oben ist mit Typendruck beigesetzt: *Warhafftige Abconter-*

fehung der alten Stat Bremen., und unter dem dritten Bogen: *Gedruckt zu Nürnberg bey Hanns Weigel Formfchneider.*

16. Ansicht von Wismar.
H. 9″ 3‴, Br. 39″ 6‴.

Die Stadt nimmt die drei Bogen, aus welchen der Holzschnitt zusammengesetzt ist, fast in der ganzen Breite ein. Ueber den Hauptgebäuden stehen deren Benennungen. S.NICOLAUS....MECKELE-BORGER.TOR. Rechts oben ist das Stadtwappen angebracht. Links unten sieht man kleinere und grössere Schiffe, rechts unten (übergrosse) Schwäne im Wasser und am Ende des Randes eine kleine Insel mit den Buchstaben *M. W.* Ueber dem mittleren Blatt ist beigedruckt: *Warhaftige Abconterfeitung der Stat Wießmar.*

Der beschriebene, mittelst Patronen illuminirte Abdruck an der Einfassungslinie des Unterrands beschnitten, wies zwar keine Adresse auf, indessen darf ich diesen Prospect, der mit dem vorhergehenden sowohl was die Ausführung als den Ausführenden anbelangt, übereinkommt, in seiner Grösse demselben fast gleicht, wohl als einen H. Weigel'schen Verlagsartikel betrachten.

17. Der Elephant.
H. 15″?, Br. 10″ 10‴ mit der Schrift.

Oben in Typen: *Warhafftige Contrafactur eines Elephanten, welchen der jung Künig itzundt bey fich hat.* Das Thier ist nach links gekehrt, es trägt zwei Kasten, in derer jedem drei Krieger sitzen, ein siebenter reitet auf einem Sattel. Unten sind dreispaltige Verse: *Das groß ſtarck Thir der Elephant* etc. Und am Schluss steht H. Weygel's Adresse.

18. 19. 2 Bl. Anatomie eines Mannes und Weibes.

Anathomia oder abconterfectung eines Mans leib, wie er inwendig geſtaltet iſt, — — — eines Weibs leib, wie er inwendig geſtaltet iſt. Es sind genaue Copieen der beiden Vogtherrschen, die in Choulants Geschichte der anatomischen Abbildung, Leipzig 1852, genau beschrieben sind. Nackte sitzende Figuren, die vordere Wand des Rumpfes ist nach oben aufzuklappen und im Innern sieht man dann die Anatomie der einzelnen Organe. Text umgiebt die Figuren und in demselben sind kleinere Holzschnitte angebracht. — *Gedruckt zu Nürnberg, durch Hans Weygel Formſchneider*. 1556. *fol.*

20. Das Trachtenbuch.

Wir haben über dieses interessante und geschätzte Werk bereits in unserer Arbeit über Jost Amman gesprochen, ohne jedoch eine Specification der einzelnen Blätter gegeben zu haben. Wir holen hier das Versäumte nach. Jost Amman dürfte am Werk selbst keinen erheblichen Antheil gehabt haben, nur das Schlussblatt mit der Predigt des Johannes in der Wüste ist aus seiner Feder. Aus letzterem Grunde und nach dem Vorgange von Becker haben wir das Trachtenbuch in das Werk des Jost Amman eingereiht, dort aber auf eine Specification verzichtet.

Ueber die verschiedenen Ausgaben bitten wir nachzuschlagen, was wir dort bereits gesagt haben.

Das Werk selbst enthält 1 Titelblatt, 3 Blätter Dedication an Pfalzgraf Ludwig, 220 Trachtenabbildungen und 1 Schlussblatt. Die Holzschnitte, 8" 10"' hoch und 6" 1"' breit, tragen lateinische Ueberschriften, deutsche Unterschriften und Verse, über letzteren die Nummern. — Wir geben in Folgendem selbige an:

Titelblatt. HABITVS PRAECIPVORVM POPVLORVM, TAM VIRORVM QVAM *foeminarum Singulari arte depicti. Trachtenbuch: darin faſt allerley vnd der fürnembſten Nationen, die heutigstags bekandt ſein, Kleidungen — — — mit allem vleiß abgeriſſen ſein, ſehr luſtig vnd kurtzweilig zu ſehen. Gedruckt zu Nürmberg, bey Hans Weigel Formſchneider* — — — ANNO M.DLXXVII.

Dieser mit Typen gedruckte Titel steht in einer Holzschnitteinfassung, in der man oben in einer Cartouche den Sündenfall der ersten Menschen und ihre Vertreibung aus dem Paradiese sieht, unten in einer grössern Cartouche Eingeborene aus AEVROPA, ASIA, AMERICA, AFRICA.

I. ORNATVS IMPERATORIS ROMANORVM — *Alfo gehet die Römifche Kayferliche Maieftet in Jrem Habet vnd Ornat.* Der Kaiser in einem Thronsessel sitzend.

II. ORNATVS REGIS *Romanorum.* — *Königliche Würd vnd Ornat eins Römifchen Königs.*

III. ELECTORIS ECCLESIASTICI *habitus.* — *Ein Geiftlicher Churfürft.*

IV. ELECTORIS POLITICI *habitus.* — *Ein Weltlicher Churfürft.*

V. HABITVS PRINCIPIS GERMANICI. — *Ein Deutfcher Landtsfürft.*

VI. NOBILIS AVLICVS APVD *Germanicos Principes agens.* — *Ein Teutfcher Hoffman vom Adel, wie fie diefer Zeit — — — zu gehen pflegen.*

VII. SPONSVS PATRICIVS *Norimbergenfis.* — *Ein Breutigam vom Gefchlecht zu Nürmberg.*

VIII. SERVVS ET DVO PVERI SPONSVM *comitantes in vrbe Norimbergenfi.* — *Tracht wie man einen Gefchlechter Breutigam mit zweien Knaben fampt einem Diener führt in Nürmberg.*

IX. SPONSA PATRICIA NVRENBERGENSIS etc. *Ein Braut zu Nürmberg von Gefchlechtern, welche von zweien Jungen Ratherrn wird in die Kirche geführet.*

X. SPONSA PATRICIA *Normbergenfis.* — *Ein Nümbergerifche Gefchlechter Braut.*

XI. VIRGO SPONSAM COMITANS: *quarum duo funt.* — *Ein Deutfche Brautdienerin, oder Tifch Junckfraw.*

XII. SPONSAE PATRICIAE ORnatus, *quando ad choraeas ducuntur.* VIRGINIS ILLAM *comitatis ornatus. Ein Gefchlechters Braut, wie fie mit jhrer Tifch Jungfraw zum Tanz gehet.*

XIII. PATRICIARVM ORNATVS *in choraeis.* — *Zier der Gefchlechter Weiber, wenn man fie zum Tantz führet.*

XIV. AD NVPTIAS VESPERTINAS EVN*tis veftitus mulierum Norimbergenfium iuuentum.* — *Der Jungen Frawen tracht zu Nürmberg, wann fie auff den abendt zur Hochzeit gehen.*

XV. AD NVPTIAS EVNTIS PROuectioris *Matronae veftitus.* — *Der elteren Frawen tracht, wann fie zu der Hochzeit gehen.*

XVI. HABITVS PATRICIAE NORIMBER *genfis, vnà cum pediffequam nuptialis.* — *Ein Gefchlechterin zu Nürmberg, wann fie zu der Hochzeit, fambt einer Dienerin.*

XVII. VISITANTIVM PVERPERAS *veftitus. Die Frawen, wann fie in ein Kindtbett gehen.*

XVIII. PATRICIAE NORIMBERGENSES *euntes ad conuiuia.* — *Weiber von dem Gefchlecht, wann fie zu Gaft gehen.*

XIX. AD CONVIVIVM EVNTIS *ornatus.* — *Ein Fraw, wann fie zu Gaft gehet.*

XX. MERCATORIS VXOR DOMI *inter merces fuas, verfans.* — *Eines Kauffmans Weib.*

XXI. FOEMINA NORIMBERGENSIS, *in quotidiano ha-*

bitu. — *Ein Nürmbergerin in einer Stienhauben, vnd Scheyblin.*

XXII. MEDIOCRIS CONDITIONIS SPONSA *cum duabus virginibus, ipsam comitantibus in templum.* — *Ein gemaine Braut, fambt jren Tifch-Junckfrawen.*

XXIII. VIRGO NORIMBERGENSIS *plebeia in vefte nuptiali.* — *Eins gemainen Handtwerckmans Tochter, fo fie zum Tantze gehen.*

XXIV. ANCILLA DOMESTICA *Normbergenfis.* — *Ein Haußmagdt zu Nürmberg.*

XXV. HONESTA MATRONA *Auguftana in Sueuia.* — *Ein Erbare Fraw vom Gefchlecht zu Augfpurg.*

XXVI. PATRICIA AVGVSTANA *fecum ducens Filiam.* — *Wie die Gefchlechterin zu Augfpurg mit jren Töchtern in die Kirchen gehen.*

XXVII. VIRGO NOBILIS SIVE *patricia Auguftana in Sueuia.* — *Die Edlen Gefchlecht in Augfpurg.*

XXVIII. VIRGO PATRICIA *Auguftana in Sueuia.* — *Ein Tochter oder Jungfraw vom Gefchlecht in Augfpurg.*

XXIX. AVGVSTANA MVLIER *plebeia.* — *Ein Handwercks Frau von Augfpurg.*

XXX. ANCILLA SVEVICA *prodiens in forum.* — *Eins Burgers oder Gefchlechters Magdt, wann fie von Marckt gehen.*

XXXI. NOBILIS VEL AVLICVS *in Misna & Saxonia.* — *Der Edelleuth vnd Hoffleuth Kleidung vnd tracht in Sachfen vnd Meiffen.*

XXXII. MERCATOR VEL CIVIS *honeftus Mifnenfis.* —

Tracht der Erbarn Burger vnd Kauffleuth in Meiffen.

XXXIII. SENATOR LIPSENSIS VEL *alius autoritates praecipuae.* — *Tracht deren von Rath vnd Leuthen in Leiptzig.*

XXXIV. MVLIER NOBILIS MISNEN*fis in vefte lugubri.* — *Die Weiber vom Adel wann fie trawren in Meiffen.*

XXXV. MISNENSIS MATRONA *ex ciuibus.* — *Eins Burgers Weib in Meiffen.*

XXXVI. MATRONA MISNENSIS *in quotidian habitu.* — *Tracht der Erbaren Weiber, wann fie zu Marckt oder Kirchen gehen in Leiptzig.*

XXXVII. MVLIER HONESTA *in Mifnia.* — *Tracht der Erbarn Kauffleut Weiber, wann fie zu der Hochzeit gehen, in Meiffen.*

XXXVIII. VIRGO MISNENSIS QVANDO *ad nuptias ire folet.* — *Ein Jungfraw in Meiffen, wann fie zu der Hochzeit gehet.*

XXXIX. VIRGO MISNENSIS. *Ein Jungfraw in Meiffen.*

XL. NOBILIS FOEMINA *Mifnensis iuuenis.* — *Tracht der Weiber vom Adel in Meiffen.*

XLI. NOBILIS VIRGO MISNENSIS *vel Saxonica.* — *Tracht der Edlen Jungfrawen in Sachfen oder Meiffen.*

XLII. VIRGO LIPSENSIS NVPTIALIS. — *Tracht der Erbarn Jungfrawen, wann fie zur Hochzeit gehen in Leiptzig.*

IV.

XLIII. BOHEMVS SENEX. — *Ein alter Behm.*
XLIV. BOHEMVS PLEBEIVS. — *Ein gemainer Behm.*
XLV. MVLIER AETATIS PROVECTAE *in Bohemia. — Ein betagte Matron auß dem Königreich Behem.*
XLVI. MVLIER PLEBEIA IN BOHEMIA. — *Tracht der Weiber in Behmerland.*
XLVII. FOEMINA MEDIOCRIS CONditionis *in Silefia — Ein Handtwercksfraw in der Schlefien.*
XLVIII. SPONSA IN SILESIA QVANDO *in templum ire folet. — Ein Braut in der Schlefien.*
XLIX. VIRGO VRATISLAVIENSIS *in Silefia. — Ein Burgers Tochter zu Preßlaw in der Schlefien.*
L. LIVONICA FOEMINA. — *Ein Fraw in Eifland.*
LI. LIVONICA PRAECIPVA FOEMINA *vnà cum Filia. — Alfo gehen in Eifland die gewaltigen Frawen, fampt jren Töchtern.*
LII. LIVONICA MVLIER PLEBEIA. — *Ein gemeine Fraw in Eifland.*
LIII. NOBILIS FOEMINA SVECICA. — *Ein Edle Fraw in Schweden.*
LIV. MATRONA LVBECENSIS IN *Saxonia. — Ein Erbare Fraw von Lübeck in Sachfen.*
LV. MERCATOR DANTISCANVS. — *Ein Herr oder Kauffman zu Dantzig.*
LVI. FOEMINA MEDIOCRIS CONditionis *Dantifcana — Tracht der Handtwercks Weiber in der Stadt Dantzig.*
LVII. SPONSA DANTISCANA IN PRVSSIA. — *Ein Braut zu Dantzig in Preuffen.*

LVIII. VIRGO DANTISCANA. — *Ein Jungfraw zu Dantzig.*
LIX. ANCILLA DANTISCANA. — *Ein Dienſtmagdt zu Dantzig.*
LX. MVLIER TYROLENSIS *Oeniponti.* — *Ein Weib von Isbruck in Tyrol.*
LXI. CIVIS EX HONESTA FAMILIA *in Salinis Sueuicis.* — *Ein Erbar Man zu Schwäbiſchen Hall am Köcher.*
LXII. HONESTI CIVIS VXOR *Halenſis in Sueuia.* — *Eins Burgers Weib von Schwäbiſchen Hall am Köcher.*
LXIII. HONESTA FOEMINA ARGEN*toratenſis.* — *Ein Weib von Straßpurg.*
LXIV. HONESTA VIRGO ARGEN*toratenſis.* — *Ein Jungfraw zu Straßpurg.*
LXV. RVSTICA SIVE HORTVLANA *Argentoratenſis.* — *Ein Bäwrin oder Gärtnerin zu Straßpurg.*
LXVI. HELVETII ALICVIVS AVTORITAT*is quando in publicum prodit.* — *Schweitzer in jhrer Tracht.*
LXVII. HELVETICA MATRONA. — *Ein Erbare Matron im Schweitzerland.*
LXVIII. HELVETIA VIRGO AD *nuptias itura.* — *Ein Jungfraw auß der Eidtgnoßſchafft, wann ſie zur Hochzeit gehet.*
LXIX. NOBILIS FOEMINA IN ALSATIA. — *Ein Edle Fraw vom Adel in Elſaß.*
LXX. NOBILIS VIRGO IN ALSATIA. — *Ein Jungfraw vom Adel im Elſaß.*

LXXI. AVRIGA FLAMMERSPACHENSIS in Germania. — Ein Fuhrman von Flammerſpach oder Algeier.

LXXII. FOEMINA FRANCONIAE ORIENTALIS quando in forum it. — Ein Weib auß dem Francken-land.

LXXIII. FOEMINA HONESTA FRANCOfurtenſis ad Moenum nuptialis. — Tracht der Weiber von der Gemein, wann ſie auff die Hochzeit zum Mal gehen in Franckfurt am Mayn.

LXXIV. FOEMINA FRANCOFVRTENSIS ad Moenum. — Alſo gehen zu Franckfurt am Mayn, die Kauffmanns oder ſonſt die Reichen Weiber mit jren Mäyden einzukauffen.

LXXV NOBILIS MATRONA IN PALAtinatum ad Rhenum. — Ein Edle Fraw in der Pfaltz.

LXXVI. HONESTA FOEMINA HELdelbergenſis. — Ein Weib von Heydelberg.

LXXVII. MVLIER PLEBEIA MONASTErienſis in VVeſtphalia. — Alſo gehen die Weiber in gemein zu Münſter in Weſtphalen.

LXXVIII. FOEMINA AQVISGRANENSIS. — Alſo gehen die Weiber in der Reichſtadt Ach.

LXXIX. PATRICIVS SIVE SENATOR Colonienſis. — Ein Herr vom Geſchlecht oder Rath in Cölln am Rhein.

LXXX. PATRICIA VEL NOBILIS COLOnienſis ad Rhenum. — Ein Frau vom Geſchlecht oder Adel zu Cölln am Rhein.

LXXXI. MATRONA HONESTA *Colonienfis*. — *Ein Erbare Fraw von Cölln.*
LXXXII. FOEMINA MEDIOCRIS CONDI*tionis Colonienfis ad Rhenum.* — *Tracht der gemeinen Handtwercks Weiber zu Cölln am Rhein.*
LXXXIII. ANCILLA COLONIENSIS. — *Ein Haußmagdt von Cölln.*
LXXXIV. MVLIER FLANDRICA. — *Alfo gehen die Weiber in Flandern.*
LXXXV. MVLIER IVVENIS BRABANTICA. — *Ein Weib auß Brabandt.*
LXXXVI. HONESTA MVLIER BRABANTICA. — *Ein Weib auß Brabandt.*
LXXXVII. NAVTA, QVANDO AD TERRAM *appulit.* — *Ein Schiffman auß Seelandt.*
LXXXVIII. MITTELBVRGENSIS IN SELAN*dia ciuis.* — *Ein Mann auß Seelandt von Mittelburg.*
LXXXIX. CIVIS GRVNINGENSIS IN *Phrisia.* — *Ein Burger von Grüningen auß Frießland.*
XC. HOLLANDVS VEL BELGA — *Ein Holländer oder Niderländer.*
XCI. HONESTA FOEMINA HOLLANDA. — *Ein Weib, fampt jrer Maydt auß Hollandt.*
XCII. VESTITVS — — — DOCTOR IVRIS ET PRAESES *Parlamenti Parifienfis.* — *Mancherley Frantzöfifche Kleidung* — — — *Ein Doctor* — — — *im Parlament zu Parieß in Franckreich.*

XCIII. NOBILIS BVRGVNDVS. — *Ein Edelman auß Burgundia.*
XCIV. NOBILIS IVVENIS GALLVS. — *Ein Frantzöſiſcher Edelman.*
XCV. PRAECIPVAE NOBILITATIS *Foemina in Gallia. — Ein herrliche Edle Fraw in Franckreich.*
XCVI. NOBILIS VIRGO GALLICA. — *Ein Frantzöſiſche Edle Jungfraw.*
XCVII. FOEMINA HONESTA GENEVENSIS. — *Ein Weib von Genff.*
XCVIII. ALIVS HABITVS NOBILIS *Foeminae in Gallia. — Ein ander Tracht der Frantzöſiſchen Edlen Frawen.*
XCIX. MVLIER METENSIS *in Lotharingia. Ein Fraw von der Stadt Metz.*
C. GALLICA MVLIER. — *Die Franckreichiſchen Weiber mit den langen Beytelen.*
CI. NOBILIS VIRGO BVRGUNDA. — *Ein Burgundiſche Edle Jungfraw.*
CII. NOBILIS BVRGUNDA. — *Ein Edle Fraw auß Burgundia.*
CIII. IVVENIS GALLA NOBILIS. — *Ein Edle Fraw in Franckreich.*
CIV. NOBILIS VIRGO GALLICA. — *Ein Frantzöſiſche Edle Jungfraw.*
CV. RVSTICVS IN GALLIA. — *Ein Frantzöſiſcher Bawer.*
CVI. RVSTICA MVLIER GALLICA. — *Ein Bewrin in Franckreich.*

CVII. ANCILLA GALLICA SIVE *Flandrica.* — *Ein Haußmagdt auß Franckreich oder Flandern.*

CVIII. IVVENIS ANGLVS. — *Ein Junger Engellender.*

CIX. NOBILIS VIRGO EX ANGLIA. — *Ein Edle Jungfraw auß Engellandt.*

CX. NOBILIS ANGLVS. — *Ein Edelman auß Engelland.*

CXI. NOBILIS FOEMINA IN ANGLIA. — *Ein Edelfraw auß Engelland.*

CXII. VESTITVS ET HABITVS VARII *Italici, virorum et mulierum.* DVX GENVENSIS. — *Mancherley Welfche Trachten* etc. *Ein Hertzog zu Genua in Welfchland.*

CXIII. SENATOR GENVENSIS. — *Ein Edelman oder Rathsherr vom Gefchlecht zu Genua.*

CXIV. DVX VENETVS. — *Der Hertzog von Venedig.*

CXV. PATRICIVS VEL SENATOR *Venetus.* — *Ein Edelman oder Rathsherr zu Venedig.*

CXVI. MERCATOR VENETVS. — *Ein Venedifcher Kauffmann.*

CXVII. ITALVS AVLICVS. — *Ein Italienifcher HofJuncker.*

CXVIII. HABITVS DVCISSAE VENETAE. — *Ein Hertzogin zu Venedig.*

CXIX. FOEMINA EX PRAECIPVA NOBI*litate in vrbe Veneta.* — *Ein Weib auß dem fürnembften Adel zu Venedig.*

CXX. PRONA VENETA. — *Ein Braut zu Venedig.*

CXXI. VENETA MVLIER. — *Ein Venedigerin.*

CXXII. VENETA MVLIER. — *Alſo gehen die Weiber zu Venedig.*
CXXIII. NOBILIS FOEMINA GENVENSIS. — *Ein Edle Fraw von Genoa.*
CXXIV. NOBILIS FOEMINA FERRA*rienſis*. — *Ein Edle Fraw zu Ferrar in Italien.*
CXXV. NOBILIS FOEMINA PARMENSIS *in Italia*. — *Ein Edle Fraw von Parma.*
CXXVI. NOBILIS FOEMINA MEDIO*lanenſis*. — *Ein Edle Fraw zu Maylandt.*
CXXVII. VIRGO NOBILIS MEDIO*lanenſis*. — *Ein Edle Jungfraw zu Maylandt. .*
CXXVIII. VIDVA LVGENS IN ITALIA. — *Alſo gehen in Italien die Witfrawen wann ſie trawren.*
CXXIX. MVLIER VERONENSIS. — *Ein Weib von Veron oder Dietterichbern.*
CXXX. PATAVINA MVLIER IN ITALIA. — *Ein Weib zu Padaw in Welſchland.*
CXXXI. NOBILIS PATAVINA *in Italia*. — *Ein Edle Fraw von Padua in Italien.*
CXXXII. NOBILIS FOEMINA RAVENNAS *in Italia*. *Ein Edel Weib von Rauenna in Italia.*
CXXXIII. HONESTA MVLIER FAVENTINA *in Italia*. — *Alſo gehen die Frawen zu Faenza in Welſchland.*
CXXXIV. FOEMINA BONONIENSIS *in Italia*. — *Alſo gehen die Edlen Weiber zu Bononia in Welſchland.*
CXXXV. NOBILIS PISANA IN *Hetruria*. — *Alſo gehen die Edlen Weiber zu Piſa in Italien.*
CXXXVI. NOBILIS FLORENTINA IN *Hetruria*. — *Ein Edle Fraw von Florentz.*

CXXXVII. NOBILIS FOEMINA SENENSIS *in Hetruria.* — *Ein Edle Fraw von Siena.*
CXXXVIII. VIRGO SENENSIS IN *Hetruria.* — *Ein Jungfraw von Siena.*
CXXXIX. VIDVA SENENSIS IN HETRVRIA. — *Alfo gehen die Witfrawen zu Siena in Tofcana.*
CXL. FOEMINA PERVSINA *in Italia.* — *Tracht der Weiber zu Perufia in Welfchland.*
CXLI. CVRTISANA SIVE MERETRIX *Romana.* — *Alfo gehen die Curtifanen zu Rom.*
CXLII. ROMANA FOEMINA HONESTA. — *Alfo gehen die Erbaren Frawen zu Rom.*
CXLIII. ROMANA VIRGO NOBILIS. — *Alfo gehen die Edlen Jungfrawen zu Rom.*
CXLIV. MVLIER CAIETENSIS IN *Italia.* — *Alfo gehen die Frawen zu Caieta.*
CXLV. NOBILIS FOEMINA NEAPOLI*tana in Italia.* — *Alfo gehen die Edlen Frawen in Italia zu Neaples.*
CXLVI. VIRGO NEAPOLITANA *in Italia.* — *Alfo gehen die Jungfrawen zu Neaples.*
CXLVII. FOEMINA EX INSVLA ISCHIA. — *Alfo gehen die Weiber in der Infel Ifchia.*
CXLVIII. NOBILIS NEAPOLITANA *in Italia.* — *Alfo gehen die Frawen zu Neaples.*
CXLIX. FOEMINA NOBILIS NEAPOLITANA. — *Ein Edle Fraw von Neapols in Apulien.*
CL. HISPANICI VESTITVS etc. HISPANVS. — *Spanifche Trachten* etc. *Ein Spanier.*

CLI. HISPANVS PRAEFECTVS VEL *minifter Regis Hifpaniae.* — *Ein Spanier vnd Verwalter des Königs in Hifpanien.*
CLII. MVLIER HISPANICA. — *Ein Weib auß Hifpanien.*
CLIII. HISPANVS PLEBEIVS IN *quotidiano habitu.* — *Alfo gehet der gemeine Mann in Hifpanien.*
CLIV. HISPANVS SACERDOS. — *Alfo gehen die Priefter in Hifpanien.*
CLV. IVVENIS ET VIRGO BISCAIENSIS *fiue Cantabrica.* — *Ein Junckfraw vnd Junger Gefell auß Pifchcaia.*
CLVI. RVSTICVS PISCAIENSIS etc. — *Ein Bawer in Pifchcaien.*
CLVII. HISPANA RVSTICA. — *Ein Hifpanifche Bäwrin.*
CLVIII. MVLIER PISCAIENSIS SIVE *Cantabra.* — *Ein Weib in Pifchcaien.*
CLIX. HISPANA MVLIER PLEBEIA. — *Alfo gehen die gemeinen Weiber in Hifpanien.*
CLX. SACERDOTIS HISPANICI *concubinae veftitus.* — *Alfo gehen die Hifpanifchen Priefters Weiber geklaidt.*
CLXI. MVLIER HISPANA IN FORVM *progrediens.* — *Alfo gehen fie gen Marckt in Hifpanien.*
CLXII. RVSTICA MVLIER HISPANICA. — *Ein Spanifche Bäwrin.*
CLXIII. MAVRITANA IN BETICA SIVE *Granatenfi regno.* — *Ein Möhrin im Königreich Granata in jrer Tracht.*

CLXIV. MAVRITANA IN DOMESTICO *veſtitu* etc. — *Ein Möhrin auß Granata.*
CLXV. HABITVS ET VESTITVS PLVRIVM *nationum & populorum exterorum.* VNGARICVS EQVES. — *Trachten vnd kleidung* etc. *Ein Vnger zu Roß.*
CLXVI. RVSTICA VNGARICA. — *Ein Vngriſche Bäwrin.*
CLXVII. MERCATOR IN RVSSIA. — *Alſo pflegen die Handelßleuth in Reuſſen bekleidt zu gehen.*
CLXVIII. MERCATORIS HABITVS IN *Ruſsia, Moſcouia & Polonia.* — *Alſo gehet ein gemeiner Handelßman im Land zu Poln* etc.
CLXIX. FOEMINA NOBILIS POLONICA. — *Alſo gehen die Edlen Frawen in Polen durchauß.*
CLXX. MVLIER POSNANIENSIS *in Polonia.* — *Tracht der Burgers Weiber zu Poſen in Poln.*
CLXXI. EQVES MOSCOVITICVS. — *Ein Moſcowitter zu Roß.*
CLXXII. MOSCOBITA SIVE MOSCVS *militaris.* — *Ein Moſcowiter.*
CLXXIII. SATRAPA EX PERSIA. — *Ein Perſier Herr.*
CLXXIV. TARTARICVS MILES. — *Alſo gehen die Tattern in jrer Tracht vnd Rüſtung.*
CLXXV. MVLIER TARTARA. — *Ein Tatterin.*
CLXXVI. MAVRITANVS EX ARABIA. — *Ein Mohr auß Arabien.*
CLXXVII. VIRGO AFRA. — *Ein Junckfraw in Afra.*
CLXXVIII. MVLIER VIDVA AFRA. — *Ein Witfraw in Afra.*
CLXXIX. ZINGARO VVLGO DICTA. — *Diß iſt ein Ziegeunerin.*

CLXXX. AETHIOPIS VXOR. — *Alſo gehen ſie in oder zu Aetiopia.*

CLXXXI. BRASILIENSIVM VEL HOMINVM *in Peru habitus.* — *Die Wilden Leuth auß Braſilien, oder von den newen Inſulen.*

CLXXXII. BRASILIANI EX AMERICA *armati habitus.* — *Ein Mann auß Braſilien in America.*

CLXXXIII. ORNATVS FOEMINAE IN INDIA etc. — *Ein Indianiſche Fraw in jrer Klaidung.*

CLXXXIV. ARABS SIVE AETHIOPS *ex Barbaria.* — *Ein Araber oder ein Mohr auß Barbaria.*

CLXXXV. PATRIARCHA CHRISTIANORVM *Graecorum Conſtantinopolitani.* — *Der Chriſten Patriarchen.*

CLXXXVI. GRAECVS SACERDOS. — *Ein Griechiſcher Prieſter.*

CLXXXVII. — — — *Der Kayſer zu Roß.*

CLXXXVIII. IMPERATOR SIVE SVLTANVS *Turcarum.* — *Der Türkiſche Kayſer.*

CLXXXIX. PONTIFEX MAXIMVS *Turcarum.* — *Der Türckiſch Hoheprieſter.*

CXC. PRAEFECTVS TYRONVM IN AVLA *Turcia* etc. *Der Zuchtmeiſter.*

CXCI. CVRSORES TVRCICI. — *Lakeien.*

CXCII. CVSTODES CORPORIS SAGITTArij, *Turcici Imperatoris.* — *Trabanten zu Fuß.*

CXCIII. MILES PRAETORIANVS *ſiue Janizarus.* — *Der Chriſten Kinder Kriegßknecht.*

CXCIV. CVSTOS SIVE VIGIL *palatij Turcici.* — *Der Hüter des Kayſers Palaſts.*

CXCV. SERVVLI PRAECORSORES PRIN*cipum virorum in Aula Turcica.* — *Die Trabanten der groſſen Fürſten.*

CXCVI. TYRONVM EX CHRISTIA*no ſanguine natorum quando in armis exercentur.* — *Wie der Chriſten Kinder kriegen lernen.*

CXCVII. ALIVD GENVS AVDA*ciſsimorum militum.* — *Gantz verwegen Landtsknecht.*

CXCVIII. ARMA VESTITVS AVDA*ciſsimorum militum in exercitu Turcico.* — *Vnuerzagte trewe Kriegsknecht.*

CIC. PRAEFECTVS TORMENTORVM. — *Der Büchſenmeiſter.*

CC. MILES TVRCICVS *claſsiarius.* — *Kriegsleuth auff dem Meer.*

CCI. STABVLI TVRCICI MINISTER. — *Ein Stallknecht.*

CCII. HOC PACTO DOMVM DEDV*citur à Turcis Sponſa.* — *So führt man die Breut heim.*

CCIII. TVRCICI IMPERATORIS VXOR. — *Die Türckiſche Kayſerin.*

CCIV. TVRCICAE DIVITIS FOEMINAE VNA *cum liberis ſuis - - - pictura.* — *Tracht der reichen Türckiſchen Weiber, ſampt jren Kindern.*

CCV. TVRCICAE FOEMINAE PLEBEIAE *vna cum puero habitus.* — *Ein ſchlechte Türckin hinderwertz.*

CCVI. FOEMINA EX CARAMANNIA. — *Die Frawen auß Caramanien.*

CCVII. ITA SVPER TAPETAS DOMI ORNATI *fedent ditiores foeminae.* — *Alfo fitzen die Reichen Weiber.*

CCVIII. PLEBEIA FOEMINA TVRCICA. — *Ein fchlechte Fraw.*

CCIX. TVRCICA MVLIER IN BALNEIS. — *Tracht der Türckifchen Weiber wann fie baden.*

CCX. AETHIOPICAE MVLIERIS HABITVS *quando Conftantinopoli in Balneum frequentant.* — *Tracht der Mörin – – – wann fie in das Badt gehen.*

CCXI. MVLIER GRAECA CONSTAN*tinopolitanen.* — *Die Griechifchen Weiber.*

CCXII. TVRCICVM SCORTVM. — *Ein gemeine Türckifche Dirn.*

CCXIII. AETHIOPICAE OPVLENTAE *Mulieris equitantis figura.* — *Wie die Reichen Mörifchen Weiber in der Türckey reiten.*

CCXIV. FOEMINA CHRISTIANA *in Vrbe Pera* etc. — *Der Chriften Weiber.*

CCXV. SIC TVRCAE DISCVMBVNT IN SOLO *fuper ftratas tapetes, quando cibum fumunt.* — *Wie die Türcken effen.*

CCXVI. MVLIER EPYROTICA. — *Alfo gehen die Weiber in Epyro.*

CCXVII. CIVIS VEL INCOLA VRBIS *Alcairi in Aegypto.* — *Ein Einwoner auß Egypten in der Stadt Alcair.*

CCXVIII. FOEMINA EX AEGYPTO *in vrbe Alcairi.* — *Ein Fraw auß Egypten in der Stadt Alcair.*

CCXIX. NOBILIS FOEMINA IN AFRICA *ex Regno Fetz.* *Ein Edle Frawe in Africa auß dem Königreich Fetz.*

CCXX. Schlussblatt. NON NOBIS DOMINE NON NOBIS, *sed nomini tuo du gloriam.* St. Johannes der Täufer predigt zum Volk. In einer Cartouche mit vier Genien in den Ecken, von welchen die beiden oberen das kaiserliche und nürnbergische Wappen, die beiden untern dagegen Fruchthörner halten: Von *Jost Amman.*

Ueber die verschiedenen Ausgaben bitten wir im Artikel des Jost Amman, Band I, pag. 390 nachzuschlagen.

ANHANG.

Folgende Blätter haben wir nicht gesehen und können mithin über ihre Echtheit nichts bestimmen.

Simson, David, Salomon, wie sie von den Weibern bethört werden. fol.

Von Murr H. Weygel zugeschrieben.

Ein nackend Weib, schlafend, nach H. S. Beham. fol.

Ebenfalls von Murr aufgeführt.

Die Geschichte Jesu bis zu seinem Leiden in Jerusalem.

Grosser Holzschnitt in drei Blättern. Nagler ist im Monogrammen-Lexikon geneigt, die Arbeit H. Wurm zuzuschreiben.

Die Karte des Herzogthums Würtemberg 1555. Wir kennen das Blatt. Von Weygel ist es entschieden nicht.

Zwei wilde Pferde. Unten rechts beim Hunde mit H W bezeichnet.

Neue Abdrücke sind in Derschau's Holzschnittwerk.

INHALT
des Werkes des Hans und Mart. Weygel.

Johann Friedrich Herzog von Sachsen . . . . Nr.	1
Sultan Amurat III. . . . . „	2
Iwan Wassiliwitsch. . . . . „	3
Hans Sachs. . . . . „	4
Ali Bassa. „	5
Der Prophet Jonas. . . . . „	6
Christus am Kreuz. . . . . „	7
Das Schiff des christlichen Glaubens. . . . . „	8
Fama. . . . . „	9
Das Gemälde des Apelles vom ungerechten Gericht. „	10
Ansicht von Augsburg. . . . . „	11
Ansicht von Köln. . . . . „	12
Ansicht von Nürnberg. . . . . „	13
Ansicht von München. . . . . „	14
Ansicht von Bremen. . . . . „	15
Ansicht von Wismar. . . . . „	16
Der Elephant. . . . . „	17
Anatomie des Mannes und Weibes. 2 Bl. . . . . . „	18. 19
Das Trachtenbuch. . . . . „	20

HEINRICH STACKER.

Die Lebensverhältnisse dieses bayerischen Künstlers, der sich auch Staker und Stackher schrieb, sind dunkel. Er lebte in München im letzten Decennium des 16. und im Beginn des 17. Jahrhunderts und hatte dort einen Kunsthandel, den er mehr gepflegt zu haben scheint, als die Ausübung der Kunst selbst, da fast alle unter seinem Namen herausgekommenen Blätter nur seine Adresse tragen. Nur die Ansicht der gnadenreichen Kapelle zu Maria Einsiedeln ist mit „Staker sculpsit" bezeichnet. — Mit der Schweiz und den Künstlern derselben scheint er eine besonders nahe Verbindung unterhalten zu haben; er gab mehrere Ansichten der weltberühmten Kapelle zu Maria-Einsiedeln heraus, liess in Constanz am Bodensee drucken und verlegte den Bussspiegel Mariä Magdalenä des Luzerner Goldschmidts *Mart. Martini.* Vielleicht war die Schweiz sein Heimatsland.

In seiner Eigenschaft als Verleger gab er ein Clairobscur des *Andrea Andreani:* eine Madonna mit dem Kinde, nach Ligozzi, heraus und fügte seine Adresse bei.

DAS WERK DES H. STACKER.

1—24. Das Leben und die Thaten des hl. Benedict von Nursia.

THEATRVM IN QVO RES GESTAE BEATISSIMI PATRIS *Ac Monachorum Patriarchae Benedicti Velut in fcena fpectante* — — — R^{mo} IN CHRO *Patri* IOANNI IVDOCO CAENOBY MVRENSIS APVD HELVETIOS ABBATI — — — *dicatum Henricus ftacker Dedicavit & Excudit Monachÿ Boyorum.* 4.

24 unten rechts numerirte Blätter mit Scenen aus dem Leben des hl. Benedict mit gestochenen Erklärungen unter den Darstellungen. Wir geben den Anfang der Unterschriften an.

1) Titelblatt.
2) *Benedictus a Nurfinis parentibus nafcitur* etc.
3) *Capifterium lapsu Comminutum* etc.
4) *Prefbiter diuino hortatu* etc.
5) *Solicitatur a fratrum monachorum* etc.
6) *Puerum qui daemonem ne pfallentium* etc.
7) *Viro fancto a florentio* etc.
8) *Ruina monaftery diuinitus* etc.
9) *Pius Pater incendium Daemonis* etc.
10) *Fratres extra limites monastery* etc.
11) *Abfentia et prope pofita praefcit vates* etc.
12) *Immentem Diuinitus vrbi vrbium* etc.

13) *Falernum in aenophoro a uirolento* etc.
14) *Ducentos farinae modis preecibus* etc.
15) *Siſtit in tumulo moniales aedem facram* etc.
16) *Monachum Defertorem Draconis* etc.
17) *Virum pauperem grauiter* etc.
18) *Communicato pauperi oliuo dolioque* etc.
19) *Agricula pauper in poteſtatem Zallae* etc.
20) *Puellum morte Raptum, Lugenti* etc.
21) *Tempeſtate precibus S. fororis fcolasticae* etc.
22) *Videt animam germani epifcopi* etc.
23) *Caeleſti pane fumpto* etc.
24) *Beatiſsimus pater Beneditus rua cum forore* etc.

25. Die Kapelle zu Maria Einsiedeln in der Schweiz.

H. 6″, Br. 10″ 10‴ des Stiches.

Das berühmte Gotteshaus liegt im rechten, das Städtchen im linken Vorgrund. Der Hintergrund ist durch einen Berg geschlossen. Links oben ist das Wappen. Der Stich, als fliegendes Blatt herausgegeben, ist von Typentext begleitet, oben: CELEBERRIMI ET ILLVSTRIS MONASTERII EINSIDLENSIS AD HELVETIOS CVM PAGO — — — *vera Contrafactur;* unten die Erklärung: *Brevis ac perspicua aedificiorum* etc. *Heinricus Stacker Excufit Monachÿ. Cum licentia fuperiorum.*

26. Andere Ansicht desselben Gotteshauses.

H. 5″ 11‴, Br. 9″.

Die ausgedehnten Klosteranlagen liegen in halber Höhe des Blattes. Die Namen der einzelnen Gebäude stehen auf den Dächern oder in den Höfen. Oben ist waldiges Bergland mit einer kleinen Kapelle in der Mitte, unten rechts etwas Wald, links vereinzelte Gebäude, unter diesen *„das rathus"*. Oben links und rechts in den Winkeln des Blattes befinden sich zwei verschlungene Bänder mit den Wappen und der Inschrift: *Abcontrafactur des gottshus Einsidlen* 1.5.93. Unten links das Zeichen, in der Mitte: *Heinrich Stacker excudit Monachi.*

Das Blatt scheint nicht von Stacker's eigener Hand radirt zu sein.

27. Dritte Ansicht dieser Kapelle.

H. 6" 4''', Br. 8" 3'''.

Ueber der Ansicht liest man in Typensatz: *Das Lobgefany der aufferwehlten Mutter Gottes vnd allzeit gebenedeyten Jungfrawen Maria, Salue Regina, in Teutfche Ryhtmos verfaffet vnd zufammengetragen.* In der Mitte thront über einer thurmlosen Kapelle in Wolken die bekrönte und strahlende heilige Jungfrau mit dem Kinde und einem Scepter in der Hand. Links stehen übereinander *S. Meginradus* und *S. Sigifmundus*, rechts *S. Mauritius* und *S. Juftus*. Unten auf dem Boden vor der Kapelle lesen wir: *H. Wegman Invètor p. ftacker fcalpfit* und an einer Tafel: *Vetuftate, relligione* etc. *Die H. von Gott geweihet Capell zu den Einsidel.* Unter der Ansicht ein dreispaltiges Gedicht in Typen. Am Schluss:

Getruckt zu Coftantz am Bodenfee, bey Leonhart Strauben Wittib, Anno 1604.

28—38. 11 Bl. Das Thierbüchlein.

H. 1" 11'''—2", Br. 2" 9—10'''.

Querovale Blätter mit ausgefüllten Ecken. Verschiedene Thiere in Landschaften, zum Theil Copieen nach Jost Amman oder M. Pleginck.

<small>Die späteren Abdrücke tragen auf dem Titelblatt die Adresse J. C. Schmidhamer exc. und die Verlagsnummer 43; sie sind unten rechts numerirt.</small>

28. **Titelblatt.** *Thierbüchlein Henrich Staker exeut: Monac:* Dieser Titel steht in einer durch einen liegenden Ziegenbock und Widder gestützten Cartouche. (1)

29. Ein sitzender **Affe** mit einem Apfel links, ein **Hirsch** rechts, ein zweiter **Affe**, mit einem Rock bekleidet und einem Stock über der Schulter, in der Mitte. Oben ein Dachs und eine Maus. (2)

30. Siebenzehn Thiere. Unten ein rechtshin laufender, von einem Hund verfolgter Hase, in zweiter Reihe über diesen ein **Löwe**, **Bär** und **Einhorn**. Oben links ein mit den Hinterbeinen ausschlagendes Pferd. In den Ecken der Platte Früchte. (3)

31. Unten ein nach rechts gekehrtes **Krokodil**, in der Mitte oder in halber Höhe **zwei fabelhafte Thiere**, das eine löwenähnlich mit menschlichem Kopf, oben eine **Schildkröte**. In den Ecken Früchte. (Ohne Nummer.)

32. Ein **Schwein**, ein **Bär**, ein **Esel** mit einem Sack auf dem Rücken, letzterer oben und linkshin schreitend. In den Ecken Blumen und Früchte. (5)

33. Ein liegender **Stier** links, ein **Hirsch** rechts, eine **Gemse** in der Mitte oben, ein **Luchs** der Gemse gegenüber. In den Ecken Früchte. (6)
34. Ein **Elephant** links, ein **Nashorn** rechts, ein **Drache** oben. In den Ecken Früchte. (7)
35. **Zwei Löwen**, der rechts liegend, ein **Panther** und ein **Hund**. In den Ecken Insecten. (8)
36. Eine **Katze**, eine todte **Maus**, ein **Hase**, ein **Igel**, letzterer links oben. (9)
37. Ein **Einhorn** rechts, eine **Ziege** links, ein **Fuchs** links oberhalb der Ziege. In den Ecken Insecten. (10)
38. **Fünf Thiere**, alle in laufender Bewegung, unten ein **Hase** und **Wiesel**, in der Mitte ein **Pferd** und **Stier**, oben ein **Fuchs**. In den Ecken ein Krebs, eine Fledermaus, ein Frosch und eine Heuschrecke. (11)

39—46. 8 Bl. Das Blumenbüchlein.
H. 3″. Br. 4″.

Querovale Blätter mit doppelten Einfassungslinien und mit kaum bemerkbaren lateinischen Nummern unten zwischen den Einfassungslinien.

39. **Titel.** *BLUMENbüchlin Henrich Stacker excutit Mon*,,. Dieser Titel steht innerhalb eines aus Blumen und Früchten gebildeten Kranzes. Oben in der Mitte auf dem Kranze sitzt eine Grille und ein anderes Insect.
40. Verschiedene **Früchte**, **Blumen** und **Insecten**. In der Mitte ein Weinstengel, rechts daneben eine angeschnittene Frucht, über dieser ein Mohnkopf, unter ihr eine Raupe, weiter rechts eine Tulpe und Spinne.
41. **Früchte, Knollengewächse und Käfer.** Unten eine Birne und Zwiebel, oben ein Wurzelgewächs, Rettig und zwei welsche Nüsse.

42. **Schmetterling, Kreuzspinne, Biene, Frosch, Scorpion, Larve, Nachtfalter und zwei Blumenstengel.**
43. **Blumen, Käfer und Insecten.** In der Mitte eine Nelke, rechts über ihr ein Vergissmeinnicht und eine gefüllte Rose.
44. **Blumen, Früchte, Käfer und Insecten.** Unten eine einfache Nelke und ein Erdbeerenstengel mit drei Früchten.
45. **Käfer, Insecten und vier Blumenstengel.** Unten eine Grille, ein vom Rücken gesehener Käfer und ein kleiner Käfer mit drei dunkeln Punkten auf dem Rücken.
46. **Blumen, Käfer, Schmetterling, Raupe, Schnecke** und andere Insecten. Die Schnecke befindet sich gegen unten in der Mitte innerhalb einer Rosenknospe.

ANHANG.

1. Venus und der Satyr.

H. 5″ 4‴, Br. 3″ 6‴.

Venus, nackt, in der Mitte vor einem Baum, ist im Begriff ihren Fuss an einer Quelle zu waschen, sie wird durch einen Satyr überrascht, der links, mit einer Rohrpfeife in der Hand, hinter dem Baum hervorschleicht. Rechts in der Nähe der Venus sieht man Amor mit dem Pfeil. Am Stein, auf welchen Venus ihren Fuss gesetzt hat, die Adresse: *H Stackher ex:* 15 93. Unten rechts in der Ecke ein unbekanntes aus PM bestehendes Monogramm.

Die Radirung scheint weder eine Erfindung noch Arbeit des H. Stacker zu sein.

INHALT
des Werkes des H. Stacker.

Das Leben und die Thaten des heil. Benedict 24 Bl. No. 1—24
Die Kapelle zu Maria Einsiedeln . . . . „ 25
Andere Ansicht dieses Gotteshauses . . . . „ 26
Dritte Ansicht dieses Gotteshauses . . . . „ 27
Das Thierbüchlein. 11 Bl. . . . . „ 28—38
Das Blumenbüchlein. 8 Bl. . . . . „ 39—46

Anhang.
Venus und der Satyr . . . . No. 1

WOLFGANG MEYERPECK.

Prüft man die ziemlich verworrenen Nachrichten über diesen Künstler, so gelangt man zu dem Resultat, dass zwei Künstler dieses Namens zu unterscheiden sind. Der eine, der ältere, vielleicht der Vater, war Buchdrucker und Formschneider. Er kam 1550 von Zwickau nach Freiberg, wo er eine Druckerei anlegte, „dazu der Rath guten Vorschub gethan, wie auch folgends 1570 als ein Churfürstlicher Befehl von den Buchführern und Druckern auf den Universitäten ausbracht worden, dass Nichts im ganzen Land zu drucken als auf den Akademien sollte gestattet werden, wohlerwähnter Rath neben dem Gottseligen hochberühmten Mann Dr. Hieronymus Wellern sich dieser Druckerei sonderlich angenommen und die Sache durch Intercession Schreiben bei Churfürst August so weit bracht, dass ernennten Wolf Meyerbecken gnädiglich zugelassen worden, seine Kunst wie zuvor, dem gemeinen Nutz zum Besten zu üben. Sie lag erst in der

Burg- dann in der Fischergasse, dann hinter dem Kaufhaus." Meyerpeck starb den 8. Mai 1578. Georg Hoffmann kaufte nach seinem Tode seine Druckerei und stand derselben über 50 Jahre vor (starb den 29. Sept. 1630). So berichtet Möller in seiner Freiberger Chronik. Dieser ältere Meyerpeck ist wahrscheinlich jener Wolfgang Mairbeck aus Meissen, der mit G. Liberale an den schönen Pflanzen-Abbildungen des berühmten Matthiolischen Kräuterbuchs arbeitete. Manche nehmen an, dass der jüngere Meyerpeck diese Pflanzenabbildungen gefertigt habe, aber alle beglaubigten Producte seiner Hand lassen einen höchst mittelmässigen Zeichner erkennen, der nicht zu solchen Leistungen befähigt war.

Der jüngere Meyerpeck tritt zuerst in den sechziger Jahren des 16. Jahrhunderts auf. Sein Name wird verschieden geschrieben: Meyerpeck, Meierbeck, Mairbeck, Mayrpeck, Meyerspeck, Mauerperch. Er war Maler, Kupferätzer, Formschneider. Um das Jahr 1565 treffen wir ihn in Wien, wo er in Gemeinschaft mit H. Mayr von Leipzig und Joach. Sorg von Augsburg das Leichenbegängniss Kaisers Ferdinand I. zeichnete und radirte. 1569 tritt er als Kupferstecher und Kunstverleger in Leipzig auf, wie eine Landkarte von Palästina bezeugt. Von hier kam er um 1571 nach Berlin in die Offizin des bekannten Leonh. Thurneisser. Dr. Fincelius hatte ihn als guten

Maler und Formschneider empfohlen und ein gewisser Peter Zeidler aus Leipzig das Zeugniss ausgestellt, dass er auch Kenntniss vom Kupferstechen habe. Wie lange er sich in Berlin aufgehalten, kann ich nicht sagen, Thurneisser klagt über ihn, dass er faul und nachlässig sei. Die letzte Spur von ihm finden wir 1593 in Prag, und 1594 in Wien, wo er eine Ansicht der Belagerung von Villeck und Raab herausgab. Wir kennen von Meyerpeck eine Reihe Kupferstiche, deren künstlerischer Werth nicht hoch anzuschlagen ist. Holzschnitte aus der biblischen Geschichte, mit dem Zeichen ⚝ ⚝ signirt, sind uns ebenfalls vorgekommen. Sie scheinen eine grosse Folge biblischer Bilder zu bilden. Leider kennen wir nicht die ganze Folge und können nicht bestimmen, ob sie von ihm, oder vom ältern Meyerpeck oder einem andern Künstler herrühren. Ihr künstlerischer Werth ist gering und reizt nicht zum Nachforschen. — Das Portrait des Joh. Coler, Holzschnitt in 8., das gewöhnlich unserm Meyerpeck zugeschrieben wird, ist spätern Ursprungs und wahrscheinlich vom Maler und Zeichner M. Walther in Wittenberg.

DAS WERK DES W. MEYERPECK.

1. Martin Luther.
H. 10" 3''', Br. 8".

In verzierter Einfassung. Halbfigur nach links gewendet, in den Händen ein Buch haltend. Umschrift am ovalen Rahmen: *D. Martinj Lutherj* PESTIS ERAM VIVVS MORIENS ERO MORS TVA PAPA. Oben links sitzt der Glaube, rechts die betende Hoffnung; auf Bändern bei ihnen liest man: *Gratia estis faluati per* FIDEM *non ex Vobis* etc. *In filentio* SPE *erit fortitudo* etc. In der Mitte gewahren wir die göttliche Dreieinigkeit — Christus am Kreuz — mit der Beischrift: *Deus* CHARITAS, *est & qui manet* etc.

Unter dem Bildnisse sieht man in einer Cartouche den Papst vor dem von rechts herkommenden Mönch Luther umsinken, das Gefolge des Papstes nach links fliehen, zu beiden Seiten der Cartouche Kirchväter, rechts *Scotus* und *Thomas* deren Namen auf zwei Büchern stehen. Meyerpecks Monogramm befindet sich oben an der Einfassung der Cartouche.

2. Philipp Melanchthon.
H. 10" 6''', Br. 7" 11'''.?

Halbe Figur in ovalem Rahmen, etwas nach links gewendet; er hat unten auf einer Brüstung ein aufgeschlagenes Buch vor sich, auf welches er die eine Hand gelegt hat. Ringsum am Rahmen liest man: *D. Philippj Melanthonis* SI DEVS PRO NOBIS QVIS CONTRA NOS. *Rom:* 8. Der Rahmen ist mit Fruchtwerk und oben mit allegorischen Figuren geziert: links sitzt hier DIALECTICA in redender Haltung, rechts RHETORICA mit dem Schlangenstab des Merkur, in der Mitte GRAMMATICA Knaben unterrichtend. Unter dem Bildniss sieht man in einer Cartouche Melanchthon als Docent im Hörsaal, zu den Seiten der Cartouche die musicirenden Musen. Meyerpecks Monogramm befindet sich an der Einfassung der Cartouche; unterhalb derselben lesen wir noch: *Lipfiae Excudebat Wolff: Meyerpeck.*

3. Prinz Wilhelm von Oranien.
H. 6" 2''', Br. 4" 7'''.?

Fast Kniestück nach rechts gewendet, in Rüstung; er stützt die Linke auf einen Tisch mit seinem Helm und mit der Rechten seinen Commandostab gegen die Hüfte. Rechts oben sein Wappen, über seinem Kopfe sein Name: *Wilhelm Printz zu Vranien*, im Unterrand: *Wilhelm von*

Gottes gnaden Printz zu Vranien u. s. w. rechts hierunter: *W. Meierpeck excud. Lipsiae.*
 Es giebt Abdrücke, wo die Adresse gelöscht ist.

4. Johann Georg, Markgraf zu Brandenburg.
H. 9″ 3‴, Br. 6″ 5‴.

Kniestück in Rüstung mit Federhut, mit der Rechten das Scepter haltend. Auf dem Tisch liegt ein Handschuh und der Helm mit Federn. Zu beiden Seiten des Kopfes Wappen, ein drittes in der Mitte des Unterrandes, zu beiden Seiten desselben die Schrift: JOANNES GEORgius *Dei Gratia Marchio Brandeburgensis, Sacri Rom: Impery Archicamerarius et Elector. Dux Prussiae* etc. Rechts unten: *Berlini faciebat Wolff Meyerpeck.* Ausserdem in der Darstellung links unten das Monogramm.

5. Christian, Fürst von Anhalt.
Oval. H. 8″ 10‴, Br. 6″ 10‴.

Etwas nach rechts gewendetes Brustbild, in Wams und metallenem, mit zwei kämpfenden Meergöttern verziertem Halskoller, auf welchem der gestickte Kragen liegt. Er fasst mit der Rechten den Griff seines Schwertes. Rechts von seinem Kopf ist das anhaltische Wappen. Unten an der Brüstung: ILLVSTRISSIMVS FORTISSIMVSQ DŃS *Dominus* CHRISTIANVS D. G. *Princeps Anhaltinus, Comes Ascaniae. Dns Seruestae & Bernburgi* etc. Ohne Zeichen.

6. Hinrichtung der Grafen Horn und Egmont.
H. 8" 6''', Br. 12" 5'''.

Fünf verschiedene Darstellungen auf einem Blatt, oben zwei, die Hinrichtungen der Genannten, unten drei, das Schaffot mit den beiden Särgen und die Bildnisse beider Grafen, Brustbilder in Harnischen und runden Helmen, unterschrieben: PRINCEPS GAVE*rus Egmondanus Comes*. — PHILIPPVS D. G. COMES *Horniae*. Rechts im Unterrand Meyerpecks Zeichen mit dem Zusatz *faciebat Lipsiae*. Ueber der Darstellung vier Zeilen Schrift in Typendruck: *Enthauptung der Edlen vnd Wolgebornen beider Graffen, Graffen von Egmondt* u. s. w. Geringes Blatt von roher Arbeit, nur durch den Inhalt interessant.

Im Katalog Amman von Schafhausen wird dieses Blatt irrig dem viel späteren Kupferstecher Mentzel zugeschrieben.

7. Der Leichenzug Kaisers Ferdinand I. zu Wien 1565.

Ueber diesen, von Meyerpeck in Gemeinschaft mit Sorg herausgegebenen Zug findet sich nach Schlager, Archiv f. Kunde österr. Geschichts-Quellen 1850, in dem kais. Hofstatus Folgendes verzeichnet: *Hans Mayr von Leipzig, Joach. Starch (Sorg) von Augsburg und Wolfgang Mauerperch (Meyerpeck) von St. Annaberg, welche Weyllendt der gewesten Rom. Khayf. Majeftet Ferdinand hochlüblichifter und feeligifter Gedächtniß begegnuß gemalt*

und abgeriſſen haben, erhielten den 19. *Juli* 1566
6 *Pf.* 6 *Schill.* 17 *Dr. Joachim Sorg, Maler, erhielt*
1566 *vmb das er weillend K. Ferdinand Exequias in
Truckh ausgeen laſſen* 200 *fl.*

Der Titel lautet: PARENTALIA DIVO FERDINANDO CAESARI AVGVSTO PATRI PATRIAE etc. A MAXIMILIANO IMPERATORE &c. FERDINANDO &c. *Carolo Sereniſſimis. Archiducibus Austriae Fratribus ſingulari pietate persoluta Viennae: Anno Domini M.D.LXV. VIII. Idus Auguſti.* CVM GRATIA ET PRIVILEGIO IMPERIALI AA ANNOS OCTO. *Excudebant Auguſtae Vindelicorum Wolffgangus Meyerpeck & Joachimus Sorg.* ANNO M.D.LXVI.

Dieser mit Typen gedruckte Titel steht in einer reichen radirten Cartouche von viereckiger Form. Oben in der Mitte sieht man den doppelköpfigen Reichsadler mit dem vom goldnen Vliess umschlungenen österreichischen Wappenschild, auf den Seiten stehen zwei klagende weibliche Figuren, jede eine Schweifcartouche mit einem Wappen neben sich haltend. H. 10″ 6‴, Br. 15″ 4‴. Der Zug erstreckt sich friesartig durch mehr als 30 Blätter und bewegt sich von der Rechten nach der Linken. Die Blätter sind unten numerirt, wir zählten in dem uns vorgelegenen, aber wie es scheint nicht vollständigen Exemplar 31 Blätter.

Wir geben zur Unterscheidung die beigedruckten Hauptschriften an der Luft der Blätter an.

1. TVBDCINES (Tubicines).
2. CAESAREI.

3. GORICIA.
4. ALSATIA HABSBVRGVM TIROLIS.
5. LVSAETIA SVPERIOR ET INFERIOR.
6. CARNIOLA.
7. SILESIA.
8. CARINTHIA.
9. MORAVIA.
10. STIRIA.
11. BVRGVNDIA.
12. AVSTRIA SVPRA ANISVM.
13. VETVS ET NOVA AVSTRIA.
14. SERVIA BONNA VALACHIA BVLGARIA.
15. SCLAVONIA.
16. CROACIA.
17. DALMACIA.
18. HISPANIA.
19. BOHEMIA.
20. HVNGARIA.
21. VEXILLVM IMPERIALE CVRSORIVM.
22. VEXILLVM MAJVS IMPERIALE.
23. LVGVBRIS EQVES.
24. REGNI BOHEMIAE CLINODIA.
25. REGNI HVNGARIAE CLINODIA.
26. CLINODIA CAESAREA PROPRIA.
27. IMPERII ROMANI CLINODIA.
28. PHERETRVM.
29. Ohne Aufschrift.
30. Ebenso.
31. Ebenso Hellebardiere, geführt von P. W. v. Zelking.

Hans Mayr scheint den Zug gemalt, Meyerpeck ihn radirt, J. Sorg den Druck besorgt zu haben. Die Radir-Arbeit ist besser als wir von Meyerpeck gewohnt sind, vielleicht nahm er alle seine künstlerische Energie zusammen, um ein würdiges Werk zu schaffen, schon der Inhalt nöthigte ihn sorgfältig und achtsam zu Werke zu gehen.

8. Aufzug mit den bei Gran eroberten türkischen Fahnen in Prag 1595.
H. 5" 1—2"'. Br. 37" 6"'.

Von zwei Platten. Achtzehn Fahnenträger tragen die Beute. Der Zug bewegt sich nach links. Den Schluss bilden zwei gefangene, durch drei kaiserliche Soldaten escortirte Türken. Unter der Abbildung ist die Erklärung in Typenschrift angebracht: *Verzeichniß der XVIII Turckifchen Fahnen, fo den IIII. Augufti Anno Lxxxv bey Gran erobert vnd den 12. eiufdem Ihr Mt. präfentirt worden, nach Auffag der zwen gefangnen Turcken fo neben obbenemten Fahnen ihr Rom: Kay: Mt: zugefchickt.* Am Schluss: *Gedruckt zu Prag, In Hans Schumans Druckerey Im jar* 1595. Ohne Bezeichnung, aber in der Weise der Leichenfeierlichkeit Kaisers Ferdinand radirt und vielleicht von Meyerpeck.

9. Die Schlacht zwischen Prinz Wilhelm von Oranien und den Spaniern 1568.

H. 6" 6''', Br. 12" 4'''.

Im Oberrand liest man: *Eigentliche Contra-factur vnd verzaichnuß der Schlacht ſo zwiſchen dem Durchlauchten Hochgebornen Fürſten vnnd Herrn Herrn Wilhelm Printzen zu Vranien vnd Graffen zu Naſſaw — — — geſchehen im Hennegaw den* 12. *Nouembriß deß* 1568 *Jareß.* Die Aufstellungen der Truppen sind durch Inschriften auf fliegenden Zetteln angedeutet, links gegen unten liest man auf einem solchen: *Vraniſche Schützen;* rechts: *Deß Printzen von Vranien Laager.* Ganz unten in der Mitte die Dächer zweier Zelte, an deren einem Meyerpeck's Zeichen angebracht ist. Rechts oben der Name der Stadt *Queſnoy*.

10. Die Schlacht bei Sixo 1588.

H. 9" 5''', Br. 3" 2'''.

Denkwürdiger Kampf, in welchem 1700 Christen 11000 Türken schlugen. Man sieht links oben eine brennende Stadt, Sixo. Das türkische Fussvolk, auf der rechten Seite, ist im Halbkreis aufgestellt. Der Angriff der Christen auf die türkische Reiterei erfolgt links. Unten ein Fluss und der Markt Wadas. Namen sind den Figuren und Orten nicht beigestochen, wohl aber Buchstaben, die unten auf einem gedruckten angeklebten Beiblatt erklärt sind. Dieses Beiblatt trägt die Ueberschrift: *Warhaffter kurtzer Bericht, wie es sich in der Schlacht, so im obern Kraiß hungern, das Teutsch vnd Hungerische Kriegßvolck — — — mit dem Erbfeindt Christliches Namens, dem Türcken — — — vor Sixo gehalten, begeben vnd zugetragen hat. Geschehen den 8. tag Octobris, Anno* 1588. Folgt die Beschreibung, dann die Erklärung der Buchstaben und rechts darunter: *Gedruckt zu Prag, in der kleinern Statt, bey Michael Peterle, an der Schloßstiegen.* Ohne Meyerpeck's Namen, aber ganz in seiner Manier.

11. Die Schlacht bei Siseck in Ungarn 1593.
H. 18" 7''', Br. 23" 6''' d. Pl.

Grosse Darstellung auf zwei aneinandergesetzten Blättern. Links der Saufluss und an dessen Vereinigung mit dem Kulpfluss die Festung Siseck. Die Türken, von den Christen geworfen, fliehen in der Richtung der Sau, der Festung und einer über den Kulpfluss geschlagenen Brücke. Unten rechts des „*Grafen von Montecuculi Archibusier.*" Links unten in einer von Türken gestützten Cartouche, auf welcher der Kriegsgott Mars, mit Lorbeerkranz und Reichsbanner, sitzt, lesen wir: *Cum Gratia & Priuilegio Imperiali ad annos Quatuor* 1593., und darunter an einer Bandrolle: *Prage excud: Wolffg: Meyerpeck.* Ein Rahmen schliesst

das Ganze ein. — Das uns vorliegende Exemplar
ist ohne beigedruckten erklärenden Text, der bei
vollständigen Exemplaren kaum fehlen dürfte.

12. Die Eroberung von Villeck 1593.
H. 11" 1'" (?), Br. 27" 3'".

Auf zwei aneinanderzusetzenden Blättern. Die
von den Türken besetzte Stadt mit Schloss wird
von den Kaiserlichen von vorne und von der
rechten Seite mit Kanonen angegriffen, auf letzterer
Seite eilt zugleich Fussvolk unter der Schusslinie
zur Erstürmung herbei. Links strömt die Donau,
ein auf ihrem linken Ufer liegender, befestigter
Ort steht in Flammen. Links oben im Winkel
sieht man in Wolken den Heiland mit der Siegesfahne, oberhalb der Donau eine weibliche Figur
mit einem Wappenschild auf dem fliegenden Kaiserlichen Adler; letzterer Figur entspricht gegen
rechts an der Luft eine zweite, die in eine Trompete stösst und einen Wappenschild hält. Oben
in der Mitte liest man an einem fliegenden Band:
*StrIgonIo, AVstrIaCa VIrtVte heC gLorIa, Capto:
ALtera SepteMbrIs LVX Iteae IVnCta tIbI.* Unten
in der Mitte an einer verzierten Tafel: AVGVSTISS:[mo]
ATQVE INVICTISS:[mo] PRINCIPI DOMINO. *Domino Ru-
dolpho II: Electo Rom: Imp: Germ: Hung: Bohe:*
etc. *Comiti Tirolis Dño suo ClementiIs: humillime dedicat, Humillim. cliens VuolfIg: Meyerpeck Sculpt:
operis;* links vorne auf der Donau: *Cum Gratia*

& *Priuilegio Imperialj per annos quatuor. Excudebat Pragae W. Meyerpek* 1595. Das Blatt ist mit vielen Inschriften bedeckt. Fliegendes Blatt, oder wie Dlabacz sagt, „mit den Zeitungen erschienen." Es hat den Titel: *Eigentliche verzeichniß, welcher geſtalt die Veſtung Fillek inn ober Hungern belegert, geſtürmbt, erobert und die Türcken darauß abgezogen* 1593.

13. Die Landkarte von Palästina.
H. 7" 10''', Br. 15" 3'''' d. Pl.

Oben sieht man das mittelländische Meer, an welches rechts GALILAEA SVPERIOR grenzt; gegen unten auf dieser Seite das Hermongebirge, an welchem ein Kompass angebracht ist. Der Jordan fliesst in der Mitte des Plans und ergiesst sich in den, gegen links unten befindlichen todten See. Oben liest man an einem langen Band folgende Ueberschrift: PALESTINAE TERRAE A BEERSABEA AD DAN VRBEM SVB REGNO ISRAEL, TYPVS DESRCRIPTV. PAGELLA VNA, QVAE CONGRVAT AD BIBLIORVM VOLVMINA: *in Gratiam Ornatiſs: Vir: Dom: Paulj Rhöling, & Collegij Juratorum Reipublicae metallicae, ac aliorū lectionis ſacrae Studiosorum* etc. *à M. Alberto Lyttichio Joachimio* 1569. *Lypsiae Excudebat Aeneis Typis Wolff: Meyerpeck*. Rechts unten sieht man einen viertheiligen Meilenanzeiger. Die Grade sind rings um die Karte angegeben. Unterhalb ist mit Typenschrift ein langes Gedicht in 5 Co-

lumnen gedruckt, mit der Ueberschrift: *Von ver-
enderung des gelobten Landes*, welches so beginnt:
Canaan das gelobte Landt
Iſt aus heiliger Schrifft bekandt etc.

14. Karte des mittelländischen Meeres.
H. 8" 2''', Br. 14" 11'''.

Mit der Reiseroute des Apostels Paulus, dessen
Schiff auf der Reise von Malta (Melita) unterhalb
des Peloponnes Schiffbruch leidet. Links oben
ist Italien, in dessen Nähe im mittelländischen
Meer das herzoglich bayerische Wappen abgebildet
ist. Die Karte ist ringsum mit der Anzeige der
Grade versehen und oben liest man: *Illuſtriſsi-
mo Principi & Domino Domino* LVDOVICO *Comiti Pa-
latinae Rhenj et Bauariae Ducj* etc. *Dño ſuo cle-
mentiſsimo*. HODOEPORICON D: PAVLI APOSTOLI SCRIP-
TVM BREVI CARMINE, CVM TABELLA TOPOGRAPHICA
QVAE ITA CONTRACTA EST VT BIBLIOR. CODICI RECTE
COAPTARI POSSIT *à M. Alberto Lytticho Joachimio.
Lipsiae Excudebat AEneis Typis Wolffgang Meyerpeck.*
Unter der Karte ist ein lateinisches Gedicht abgedruckt, welches eine kurze, nach den Jahren
geordnete Beschreibung der Reise Pauli vorführt.
Es bildet 4 Columnen und beginnt: *SI iuuat,
errores Ithaci, uel Iasonis actam* etc.

15. Der Comet.
H. 12" 9''', Br. 9" 3'''.

Unten steht Christus links, die Rechte erhebend; aus seinem Munde geht eine Bandrolle mit den Worten: *Nun hebet eure heupter auf* etc. Vor ihm knieen die zwölf Apostel; über ihren Häuptern steht auf einer zweiten Bandrolle: *Ach herr wenn wird folches alles geschehen* etc. Links, im Rücken Christi eine Tafel mit der Inschrift: *Visuntur hec scripte Berlini in aedibus diue Virginis Mari Anno dni* 1573. Darüber eine grosse dreitheilige Inschrift in 22 Zeilen, welche beginnt: 70 *Ferraria tremet* etc. Darüber in der Mitte ein fünfeckiger Stern, darin steht: *Comet*; rechts und links der Name Gottes im Strahlenkranz in hebräischer, griechischer, lateinischer und deutscher Sprache. Unter der grossen Aufschrift steht im Tüfelchen das Monogramm B. I. wohl des Steinmetzen, der die Inschrift gemeisselt hat. Links davon 1574. Das Monogramm des Radirers steht unten in der Mitte nahe am Rande.

INHALT

des Werkes des W. Meyerpeck.

Martin Luther.	Nr.	1
Phil. Melanchthon.	„	2
Wilhelm, Prinz von Oranien.	„	3
Johann Georg, Markgraf zu Brandenburg.	„	4
Christian, Fürst von Anhalt.	„	5
Hinrichtung der Grafen Horn und Egmont.	„	6
Leichenzug Kaisers Ferdinand I. zu Wien 31 Bl.	„	7
Aufzug mit den bei Gran eroberten türkischen Fahnen in Prag 1595.	„	8
Schlacht zwischen Prinz Wilhelm von Oranien und den Spaniern 1568.	„	9
Die Schlacht bei Sixo 1558.	„	10
Die Schlacht bei Siseck 1593.	„	11
Die Eroberung von Villeck 1593.	„	12
Landkarte von Palästina.	„	13
Karte des mittelländischen Meeres mit der Reiseroute des Apostels Paulus.	„	14
Der Comet.	„	15

G. P.

GEORG PECHAM.

Dieser Münchener Historienmaler war ein Schüler des aus Salzburg stammenden M. Bocksberger und machte 1593 sein Meisterstück. Herzog Wilhelm V. ernannte ihn zu seinem Hofmaler, in welcher Eigenschaft er jedoch nicht durch Herzogs Wilhelm Nachfolger Maximilian bestätigt worden zu sein scheint. Er starb in jungen Jahren schon 1604; Pecham dürfte sich übrigens auch eine Zeit lang in Augsburg aufgehalten haben, auf einem von Chr. Fr. Boëtius nach einer alten Hand-Zeichnung radirten Blatt mit augsburgischen Künstlerbildnissen kommt auch sein Portrait vor.

Pecham — der auch Peham, Pöhm, Beham und Beheim geschrieben wird — ist weniger durch Gemälde, als durch eine Anzahl seltener Radirungen bekannt, welche mit einer breiten kräftigen Nadel ausgeführt sind. Sie werden öfters mit den Nadelarbeiten eines unbekannten italienischen Meisters G. P. (Bartsch XIX. p. 185.) verwechselt, letztere sind freier, leichter und geistreicher vorgetragen als Pechams Erzeugnisse; wir nennen von diesen öfters in Pecham's Werk aufgeführten Blättern: Hercules und Antaeus, Venus und der von Amor bezwungene Satyr, Apollo und Marsyas, Orpheus unter den Thieren u. A. — C. de Passe stach nach ihm 2 Blätter: Diana und Actäon, Callisto und Diana; Bart. Reiter Neptun auf einem Seepferd, Venus und Amor 1610; Smischek ferner Christus am Kreuz und die Kreuztragung Christi.

DAS WERK DES G. PECHAM.

1. Abraham bewirthet die Engel.
H. 2''', Br. 3'''.

Er steht rechts in weitem Mantel mit übereinander gelegten Armen nach links gegen die himmlischen Gäste gewendet. Hinter den letzteren reichen Bäume bis in den oberen Plattenrand und links steht Sara unter der Thür des Hauses. Zu den Füssen des Patriarchen bemerkt man eine Flasche in der Kufe und über der Hausthür die Jahreszahl 1595.

<small>Das Blatt ist uns nicht zu Gesicht gekommen, nach Nagler aber ist es entschieden echt.</small>

2. Susanna im Bade.
Oval. H. 3'' 5''', Br. 2'' 6'''.

Von den beiden Alten überrascht. Man sieht sie bis auf die Knie, ihre Lenden sind mit einem Tuch bedeckt. Der eine der beiden Alten, von rechts herkommend, fasst sie am Arm, während der andere seinen Arm um ihren Rücken schlingt. Vorne auf dem Boden bemerkt man ein Waschbecken und einen Schwamm. Links an einem steinernen Tisch die Buchstaben G. P.

3. Dieselbe Darstellung anders.
H. 4" 10''', Br. 7" 2'''.

Susanna sitzt rechts in einem runden Bassin, in welchem eine Fontaine in antikem Geschmack steht. Die beiden Alten lauschen links zwischen zwei Bäumen, der eine von ihnen steckt, um seine Lüsternheit auszudrücken, seinen Finger in den Mund. Im Mittelgrund sieht man eine Gartenanlage und dahinter den untern Theil eines Pallastes. Ohne Zeichen.

4. Die Vermählung der heil. Katharina.
H. 4" 10''', Br. 3" 11'''.

Maria, als Kniestück vorgestellt, sitzt rechts unter einem Baum vor einem Gebäude, sie hält mit beiden Händen auf ihrem Schooss das nackte Jesuskind, dessen Haupt ein Heiligenschein umgiebt. Das Kind steckt mit der einen Hand den Ring an den Finger der heil. Katharina und fasst mit der anderen das Kinn seiner Verlobten. Letztere, links, in halber Figur und nach rechts gekehrt vorgestellt, trägt im Haar eine kleine Krone. In der Mitte zwischen ihr und den Beinen der heil. Jungfrau sieht man ein Stück ihres Rades. Unten lesen wir an einer Tafel: „*G. Pecham Fecit. et. Monachi Anno* 1604."

5. Neptun im Muschelwagen.
H. 8" 1''', Br. 6" 10'''.

Neptun fährt auf einer mit vier muthigen Seepferden bespannten Muschel gegen vorne, er hat sich auf das eine Knie niedergelassen, hält seinen Dreizack in der Rechten, den Zügel des Viergespanns in der Linken. Seitwärts begleiten ihn links ein Delphin, rechts ein Triton, welcher in ein muschelförmiges Horn stösst. Im Hintergrunde bemerkt man Fahrzeuge auf der See, links einen Fels, hinter welchem die Sonne aufgeht. Rechts vorne im Winkel der Name „*Geory peham* 1594."

<small>Die Zeichnung zu diesem Blatt, mit der Feder und in Bister ausgeführt, befand sich im Cabinet Paignon-Dijonval in Paris.</small>

6. Neptun auf dem Seepferd.
H. 4" 9''', Br. 6" 6'''.

Der Gott sitzt auf einem Seepferd, dessen Mähne auf dem Kopf seine Linke fasst, während seine Rechte den Dreizack schwingt. Links ein auf einer Muschel blasender Seegott. Oben rechts die Jahreszahl 1592. Der Unterrand ist ohne Schrift.

Bart. Reiter hat denselben Gegenstand 1610 nach Pecham's Erfindung von der Gegenseite radirt.

7. Die Ansicht von Grätz, nebst dem Leichenzug eines österreichischen Erzherzogs.
H. 15''', Br. 27'''.

Auf zwei Platten. Die Stadt, von einer Mauer eingeschlossen, erstreckt sich durch den Mittelgrund und rechts, auf einem Berg, liegt das befestigte Schloss. Waldige Höhen begrenzen den linken Hintergrund, über welchem die Sonne in vollem Strahlenglanz aufgeht. Im Vorgrund ist ein Leichenzug vorgestellt, der sich gegen rechts bewegt, und nach dem Wappen am Leichenwagen, welcher von acht gänzlich verhüllten Pferden gezogen wird, zu urtheilen ein Glied des kaiserlichen Hauses zu Grabe zu geleiten scheint. Die Luft ist stark wolkig wie der aufsteigende Dampf von Kanonen. Oben in der Mitte sind zwei Wappen in einem Lorbeerkranz angebracht, darüber ein langes, seitwärts flatterndes Band mit der Inschrift: „15. *Ware abcontrafactur der fürstlichen Haubt Statt Grätz in Steyr. 94.*" Links ist die Erklärungstafel der Zahlen in der Ansicht. Rechts unten, wo zwei Männer, der eine mit einer Sense, der andere mit einem Beil sitzen, steht an einem Stein der Name: „*georg: peham F.*"

An diese Ansicht schliesst sich ein langer Leichenzug eines zu Grätz verstorbenen Erzherzogs auf 43 unten numerirten Blättern, die aneinandergesetzt einen viele Fuss langen Fries bilden. Derselbe ist in freier Weise kräftig radirt, trägt keine Künstlerbezeichnung, auch keinen Titel und kommt gewöhnlich getrennt von der oben beschriebenen Ansicht vor. Vollständig haben wir diesen Fries, freilich ohne die Ansicht von Grätz, nur in Coburg gefunden.

8—12. 5. Bl. Die kleinen Landschaften.
H. 3″ 3—4‴, Br. 4″ 2—3‴.

Folge von fünf sehr tief und kräftig in P. Brill's Manier geätzten Landschaften, alle mit dem Zeichen und der Jahreszahl 1593.

Ich kenne Abdrücke ohne das Zeichen und die Jahreszahl und besitze zwei dergleichen, wo das Monogramm mit Tinte eingeschrieben ist.

8. **Die steinerne Brücke.** Eine aus Quadern erbaute, auf zwei Bogen ruhende Brücke nimmt fast die ganze Breite des Blatts ein, und führt über einen Fluss, der links vorne einen Wasserfall bildet. Auf ihr bewegen sich links zwei Figuren; zwei andere rechts, wo auf dem hügelichten Ufer vor der Brücke sich zwei Bäume erheben, schreiten von einem Hunde begleitet zur Brücke hinan, über deren Hauptbogen drei andere mit einem, mit einem Sack beladenen Esel vorüberschreiten, zwei von diesen tragen Bündel an einem Stock hinter dem Rücken. Durch den Hauptbogen gewahren wir im Mittelgrund eine Mühle am Fuss eines Höhenzuges. Links unten das Zeichen und die Jahreszahl.

9. **Die hölzerne Brücke.** Eine niedrige, aus Bohlen gebildete, geländerlose Brücke verbindet links vorne die Ufer eines kleinen sich aus dem Mittelgrund hervorwindenden Flusses. Bei ihrem rechten Ende erhebt sich eine Gruppe von einem dicken und drei dünnen Bäumen und rechts am Bildrand eine Bauernhütte. Ein Reiter, von einem Fussgänger begleitet, entfernt sich links auf dem etwas erhöhten Ufer gegen den Mittelgrund und über einen Hügel derselben Seite schreiten zwischen zwei Bäumen zwei andere Figuren hinweg. Der Hintergrund ist bergig. Unten rechts: 15 G P 93.

10. **Die Wassermühle.** Sie liegt links vorne im Blatt; rechts gegenüber sieht man einen Pfahlzaun mit einem Uebersteigverschlag, zwischen dem Zaun und der Mühle einen Baum. Die Landschaft gewährt eine Fernsicht mit zwei kleinen Baumgruppen rechts im Mittelgrund. Ueber dem Dach der Mühle fliegen drei Vögel. Unten das Zeichen und die Jahreszahl.

11. **Der Weg durch altes Gemäuer.** Ein Weg führt auf dem Ufer eines links befindlichen Flusses rechts unter altes, gewölbtes Gemäuer hinweg in der Richtung des Hintergrundes, wo man eine Stadt zu erkennen glaubt. Rechts vorne an dem Wege sitzen drei Männer, deren einer einen Krug zum Munde führt. Unten in der Mitte 15 G P 93.

12. **Die hölzerne Brücke mit Geländer;** über einen Fluss führend, an dessen linkem Ufer ein Haus hinter dem Bretterzaun zu sehen ist. Im Grunde Gebirge; auf dem Flusse vier Personen auf einen Kahn. Ohne Zeichen.

ANHANG.

1. Kampf eines Greifes mit einem Löwen.

Mit dem Zeichen G. P. qu. 8. Ich weiss von diesem Blatte nur nach Rud. Weigels Kunstkatalog Nr. 22184, kann mithin für seine Echtheit nicht einstehen.

INHALT
des Werkes des G. Pecham.

Abraham bewirthet die Engel.	Nr. 1
Susanna im Bade.	„ 2
Dieselbe Darstellung anders.	„ 3
Vermählung der heil. Katharina.	„ 4
Neptun im Muschelwagen.	„ 5
Neptun auf dem Seepferd.	„ 6
Die Ansicht von Grätz.	„ 7
Die kleinen Landschaften. 5 Bl.	„ 8—12

Anhang.

Kampf eines Greifes mit einem Löwen.	„ 1

D. fc: D Fac.

DANIEL LINDEMEIR.

Dieser Meister ist nicht, wie es Heller und Passavant gethan haben, mit dem Schweizer Glasmaler Daniel Lindemeyer zu verwechseln, den wir im III. Bande behandelt haben. Seine Lebensverhältnisse sind uns unbekannt. Er war Zeichner und Kupferstecher und arbeitete in den ersten Decennien des 17. Jahrhunderts, wie es scheint in Goslar, da er eine Ansicht dieser Stadt nach der Zeichnung eines gewissen Zacharias Koch stach. Auch scheint er in Halberstadt sich aufgehalten zu haben, wenigstens war er für den Hof des Bischofs Herzog Heinrich Julius von Braunschweig thätig. Nagler nennt ihn in den Monogrammisten II. Nr. 1193 irrig Lindeiner.

DAS WERK DES D. LINDEMEIR.

1. Heinrich Julius Bischof von Halberstadt.
H. 9" 2''', Br. 6" 3'''.

Nach rechts gewendetes geharnischtes Brustbild mit grosser spitzengarnirter Halskrause, den Kopf eines Hundes mit der Linken erfassend; in einem ovalen, an Architektur angebrachten Rahmen mit der Umschrift: HENRICVS IVLIVS. D. G. POSTVLATVS EPISCOPVS HALBERSTADENSIS DVX BRVNSVICENSIS: ET LVNEBVRGENSIS. Oben in den Ecken sitzen zu Seiten des Wappens zwei Genien, der linke auf einem Salamander in Feuer, der rechte mit einem Herz und Salamander auf den Händen. Zwei andere Genien sitzen unten in den Ecken, der eine, rechts, hält eine Blume und ein Fruchtfüllhorn, der andere, der den Arm auf eine fliessende Wasserurne stützt, eine Muschel. In der Mitte unten der Name: *daniel lindemeir sculp. et excud.*

Heller, Passavant und Nagler schreiben dieses Blatt irrig dem Schweizer Glasmaler D. Lindemeyer zu.

Es giebt spätere Abdrücke der ziemlich abgenützten Platte.

2. Derselbe Fürst.
H. 5" 4'" (?) Br. 4" 2'".

Brustbild, etwas nach links gewendet, in Harnisch mit Schärpe über der Schulter und einem Kragen um den Hals. Er hält mit der Rechten den Commandostab und stützt die Linke gegen die Seite. In einem Oval mit der Umschrift: HENRICVS IVLIVS POSTVLATVS EPISCOP. HALBERST. DVX BRVNSVICENSIS ET LVNAEBVRGENSIS etc. In den Ecken Verzierungen: Laubwerk und eine kleine Säule.

Mein Exemplar ist ohne Bezeichnung, aber es ist beschnitten.

3. Th. Mancinus.
H. 8" 9'", Br. 5" 8'".

Musiker. Nach rechts gewendetes Brustbild in geflammtem Wams, umgeklapptem Spitzenkragen und mit einem Hut auf dem Kopfe vorgestellt. An einem Brustband hängt ein Medaillon, in der Linken hält er die Handschuhe. Ueber seinen Schultern die Worte:

    Vivo   Spiro
      Aetatis   Sue LI.

Im Oberrand: *Plena in coelo felicitas.* Unten an grosser Tafel: THOMAS MANCINVS *Reuerendifsimi et illuftrifsimi Brunfuicenfis,et Lunaeburgenfis Ducis d.* HENRICI IVLII etc. *chori Musici Magifter.* Auf dem obern Rande dieser Tafel: *Daniel Lindemeier Inuen. et fculpsit Anno* 1602. Die Platte hat im Oberrand ein Loch, um irgendwo befestigt zu werden.

4. Allegorische Darstellung auf das Haus Braunschweig.

H. 14" 5''', Br. 12" 1'''.

Mit Bezug auf den Braunschweiger Hof und nach einer Erfindung des Herzogs Heinrich Julius. Vorn ist viel Volk: Männer, Frauen, Kinder aus allen Ständen versammelt, seine Aufmerksamkeit ist gerichtet auf einen Vorgang, der sich in halber Blatthöhe auf einem in der Mitte vereinzelt dastehenden Bergkegel ereignet. Auf diesem Berge steht, die Vorderfüsse etwas erhoben und nach rechts gewendet, ein Pferd, das braunschweigische Ross, ein schwebender Adler hält eine Turnierlanze, ein Löwe mit Narrenkappe auf dem Kopf stürzt vom Berg herab in der Richtung der rechts unten versammelten Zuschauer, woher ihm ein Pfeil entgegengesandt wird, ein Engel in Gewölk hält einen Lorbeerkranz über dem Kopf des Pferdes und oberhalb des Engels sieht man das strahlende Sonnenantlitz hinter einem Wolkenstreif. Links im Hintergrund ein Schloss (Wolffenbüttel?), rechts eine Stadt, auf welche vom Himmel Feuerflammen und Schnuppen herabregnen. Links unten an einem Stein: *Illuſt. Inuenit Anno* 1601. (Herzog Heinrich Julius, der auch malte und zeichnete), rechts: *Daniel lindemeir ſculpsit*.

5. Der Hochzeitswagen des Herzogs Friedrich Ulrich von Braunschweig.

Ein mit sechs Pferden, die von Tugenden geleitet werden, bespannter Triumphwagen, auf dem Friedrich Ulrich und dessen Gemahlin Sophia Markgräfin von Brandenburg sitzen. Hinter dem Wagen folgen die Grazien und Pallas. Ein Löwe schreitet vorn neben dem Wagen, unter diesem steht: PARCO SVBIECTIS. Rechts im Vorgrund etliche Steine, auf deren einem Lindemeirs Zeichen. Ueber dem erlauchten Paar ein Adler mit einer Bandrolle: SVB ALIS TVIS. Ueber den zunächst am Wagen gespannten Pferden eine Fama mit zwei Posaunen, über der einen: FAMA, unter der andern: EX VIRTVTE PARANDA. Ueber dem Stiche liest man in Typenschrift: *Currus Nuptialis* IN HONOREM ET GRATVLATIONEM NVPTIARVM etc. und dreispaltige lateinische Verse und die Adresse: *Excufus Goslariae, Anno* CIƆIƆCXIV. *Calendis Septembris.*

6. Die Ansicht von Goslar und St. Andreasberg.

H. 8" 6''', Br. 11" 11'''.

In der untern Hälfte des Blattes sieht man die Stadt Goslar sammt dem Rammelsberg und dem Hohenkegel, in der obern Hälfte laut Aufschrift: „*S. Andreas Bergk*", die im Harz liegende

Bergstadt. In den bergigen Theilen beider Prospecte sind durch Linien die verschiedenen, behufs der Gewinnung des Erzes getriebenen Stollen angedeutet, die Benennungen derselben nebst Jahreszahlen sind beigesetzt. In der untern Abtheilung, worin links auf einem flatternden Band *Reichsstadt Goßlar* zu lesen ist, sind auch die Namen der vier Goslarischen Stadtthore angegeben. Rechts unten das aus Z K bestehende Monogramm des Zeichners Zach. Koch und Linmeirs Zeichen. 1606.

7. Die Ansicht der zwischen Zellerfeld und Lautenthal am Harz liegenden Bergwerke.
H. 8" 6''', Br. 36" 8'''.

Grosser Stich von drei Platten, der mir bis jetzt nicht zu Gesicht gekommen ist.

8. Die Belagerung von Braunschweig 1605.
H. 10" 5''', Br. 8" 4'''.

Im Unterrand lesen wir: *Belagerung der Stad Braunschweig Angefangen den* 16. *Octobris Anno* 1605. Die Stadt, in der Mitte gegen oben gelegen, wird ringsum von den aufgeworfenen Schanzen der Belagerer beschossen, die Richtungslinien sind angegeben. Oben rechts die Erklärungstafel, unten rechts das Brustbild des Herzogs Julius Ernst in einem ovalen Lorbeerkranz, links das FVRSTLICH. HOFLAGER ZV WVLFENBVTEL dieses Herzogs laut Inschrift an einem Band. Ohne Zeichen, aber in Lindemeirs Manier.

INHALT
des Werkes des D. Lindemeir.

Heinrich Julius Bischof von Halberstadt . . . . Nr.	1
Derselbe Fürst . . . . „	2
Thom. Mancinus . . . . „	3
Allegorische Darstellung auf das Haus Braunschweig . . . „	4
Der Hochzeitswagen des Herzogs Friedrich Ulrich von Braunschweig . . . . „	5
Die Ansicht von Goslar und St. Andreasberg . . . . . . „	6
Ansicht der zwischen Zellerfeld und Lautenthal am Harz liegenden Bergwerke . . . . „	7
Die Belagerung von Braunschweig . . . . „	6

DAVID BRENTEL.

Die Stadt Laugingen in Schwaben entfaltete gegen Schluss des 16. Jahrhunderts eine für ihre Verhältnisse ziemlich bedeutende Thätigkeit im Kunstfach; Maler und Radirer, Formschneider und Illuministen, Buchdrucker und Verleger waren dort mehrfach beschäftigt. Unter ihnen war es jedoch eine Familie, deren Ruf in weitere Kreise drang, die Malerfamilie der Brentel, die durch einen David, Georg und Friedrich vertreten ist.

Ueber Davids Lebensverhältnisse wissen wir Nichts zu sagen, doch ist wahrscheinlich, dass er entweder der Grossvater oder der Vaterbruder des berühmten Friedrich Brentel war, seine Thätigkeit fällt um das Jahr 1584, mithin in die Zeit, wo Friedrich das Licht der Welt erblickte. — Er ist uns bekannt geworden durch eine grosse Radirung, einen Stammbaum der Hainzel und Neithard, der nicht ungeschickt verfertigt ist und den Lehrmeister des Friedrich erkennen lässt. Nagler, Die Monogrammisten II. 969, kennt diese Radirung nicht, wohl aber denselben Stammbaum von Brentels Hand in Wasserfarben gemalt. Nagler vermuthet, dass mehrere grosse radirte Copien nach Dürers Passion, die mit D. B. 1592 und 1593 bezeichnet sind, von Brentels Hand sein könnten. Wir wagen hier kein Urtheil, da uns diese Blätter nicht bekannt sind und es eine misliche Sache ist, nur nach der Aehnlichkeit der Monogramme zu urtheilen. Diese fraglichen Copien stehen im Cat. Sternberg-Manderscheid II. 198 verzeichnet.

DAS WERK DES DAV. BRENTEL.

1. Der Stammbaum der Hainzel und Neithard.
H. 14" 5''', Br. 19" 7'''.

Das Blatt stellt einen Pfau vor mit grossem, ausgebreitetem, kreisrundem Gefieder; am Gefieder sind die Wappenschilde und Namen der Familienglieder in sechs Kreisen angebracht. Das Thier, einen Wappenschild vor der Brust tragend, steht vorn in einer hügeligen, im Hintergrund bergigen, mit einigen Figuren belebten Landschaft. Rechts auf einem Fels ist ein Schloss, links liegt in der Ebene ein anderes Schloss, umgeben von einem Wassergraben. Oben sind zwei Lorbeerkränze mit lateinischen Widmungen an die beiden Familien: VIRTVTI S. HAINZELLIORVM GENTI etc. HONORIS NEITHARDORVM GENTI etc. Unten rechts im Boden: *David Brentel M. In Lauging.*, links das Zeichen und die Jahreszahl 1584. Im Unterrand: *Aeternitati reginae junoni — — — conjugum affinum ex voto DD.* Seltenes und interessantes Blatt, in der Weise des Fried. Brentel radirt.

INHALT
des Werkes des Dav. Brentel.

Der Stammbaum dor Hainzel und Neithard. . . . . Nr. 1

GEORG HAYER, (HAUER.)

Die Lebensverhältnisse dieses Breslauer Malers, der sich auch Hauer, Haüer schrieb, sind nicht näher bekannt, er übte seine Kunst zwischen den Jahren 1590 und 1614 und bekleidete nebenbei das städtische Amt eines Zeugschreibers. Nach seinen uns erhaltenen Radirungen zu schliessen scheint er kein ungeschickter Künstler gewesen zu sein.

DAS WERK DES G. HAYER.

1. Abraham Jenckwitz.
H. 10" 11''', Br. 7" 1'''.

Nach links gewendetes Brustbild, in einem oben gerundeten, auf einem Sockel stehenden Zierrahmen, mit kurzem Haar, starkem Bart, und einem pelzbesetzten Ueberkleid über dem gemusterten Wams; er erhebt die Linke vor die Brust. Auf den Seiten sind zwei Obelisken und anderes Zierwerk angebracht. Oben an einer reich verzierten Tafel, vor welcher die Fortuna angebracht ist, stehen die Anfangsbuchstaben des Namens I. A. und darüber sind zwei astronomische Medaillons von einem Löwen mit einem Ring im Maul gehalten. Unten in der Mitte in einem runden Lorbeerkranz das Wappen, zu Seiten desselben an einer Tafel der Name ABRAHĀ IENCKWITZ CAPITANE WRATIS: Frei und leicht behandeltes Blatt in der Manier des Jost Amman, jedoch ohne Bezeichnung. Von Becker fälschlich dem J. Amman zugeschrieben.

2. Katafalk Kaisers Rudolph II.

Zu Ehren Rudolphs von Kaiser Mathias zu Prag in der Schlosskirche 1612 aufgerichtet, und von Hayer nach einer Zeichnung des kaiserlichen Architekten Joh. Maria Phil. de Desindo radirt. Oben in der Platte steht: CASTRVM DOLORIS RV-DOLPHI II. IMP:, rechts gegen unten: G. Haüer.

Wratsl:
Ueber der Darstellung ist in Typenschrift zu lesen: *Wahre Abcontrafactur* CASTRI DOLORIS, *So der Allerdurchlauchtigste* etc. fol.

3. Die grosse Ansicht von Breslau.
H. 12" 10''', Br. 17" 5'''.

Oben an einer Tafel lesen wir: MISSA SILESIO-RVM SEDES EPISCOPALIS. Plan der aus Vogelperspective aufgenommenen Stadt. Oben links schwebt ein Engel mit dem bischöflichen Wappen, rechts ist ein anderes Wappen mit drei Lilien im Felde. Unten rechts steht die Erklärungstafel, links: *Der gantzen stad und befestigen geordneten Lineament* nebst zwei Wappen. Unten in diesem Lineament ist eine Tafel mit der Inschrift: *Bartholomeus a Jerin — — — et Georg Haenichau a lilij* (?) *affines effictum* f. f. Links in der Ecke: *Georg Haijer pictor Wratisl: Effi: sculp: et excud.*

4. Die kleine Ansicht von Breslau.
Achteck. H. 4" 7''', Br. 6" 9'''.

Für Nic. Henelius Buch: „Breslographia" etc. 1613 radirt. In der obern Hälfte des Achtecks die Inschrift: *Da pacem Domine in diebus nostris quia non est alius qui pugnet pro nobis nisi tu Deus noster.* Darunter in der Mitte der Name: *Wratiſslavia* und das Stadtwappen. Verschiedene Punkte des Bildes selbst haben Nummern, die bis zu 23 gehen, in einer Tafel unter dem Bild befindet sich die Erklärung und in dieser Tafel steht rechts unten der Name des Künstlers: *G. Hauer pictor Wratiſs. sculpsit.*

5. Ein Wasserkrug von der Hochzeit zu Cana.
H. 11" 3''', Br. 7" 3'''.

Der Krug wurde zu Famagosta in der Marienkirche aufbewahrt, aber bei Eroberung der Stadt durch die Türken 1571 nach Konstantinopel geschleppt. Der rundbauchige, an Hals und Fuss eingezogene Krug ist mit Arabesken und orientalischen Inschriften verziert. Er steht in einer Nische. Oben liest man an einer Bandrolle: VNA EX LAPIDEIS HYDRIIS IN CANA GALILAEAE NVPTIIS AQVA AD SVMMVM *impletis* etc., auf den Seiten an länglichen, vermittelst Bänder an Ringen hängenden Tafeln links: IOH. II. CAP. *Erant lapideae hy-*

driae sex etc., rechts: *Hydriae istius exactam effigiem* etc. *Wratisl. Anno* 1598 *curavit* LAVRENTIVS SCHOLZIVS a *Rosenau Med. D. Georg Haijer Pict. Vratisl.*

6. 37 Bl. Die Kleinode der Breslauer Schützenbruderschaft.

BRESLISCHE SCHVTZEN KLEI*noth Welche die Schutzennkönige beider Bruderschafften Bogens vnd Rohrgezeuges Ihnen zu Ehren an Pfingsten aus vnd ein tragen vnd mit Ihrenn Schildlen zuuerbefsern pflegen* ZV EHREN DER GANTZEN *Burgerschaft in beiden Bruderschaften — — — Mit besonderm Vleis contrafeiet durch Georgium Hauern, Malern vnnd beftalten Zeugschreiber.* Ein seltenes und culturhistorisch sehr interessantes und merkwürdiges Werk.

1) Titelblatt. Der obige gestochene Titel steht an der Wand eines Zeltes zwischen zwei mit allerlei Waffen und Rüstungen behangenen Pyramiden. Unten stehen drei Soldaten, der vordere mit einem Speer über der Schulter, zwischen zwei Kanonen und anderm Kriegsgeräth. H. 9″, Br. 6″.
2) DAS VHRALTE VND EYSER (?) KONIGE KLEINOTH. *so uon dem abgewichenem Seculo A° 1491 von den Schutzen der Stad Brefslaw — — — am Pfingstschifsen die das königliche Gluck betroffen den Scutzen zu Ehren aus vnd eingetragen vnd nach derselbn Zeithbrauch mit Guldenen Schildlein verbeffert* etc. Ein gekrönter Vogel, in Profil nach links gekehrt, mit einer zweiten Krone um den Hals und

einem Ring im Schnabel. Hinter dem Halse am Rücken steckt der Schaft einer Fahne und vor der Brust hängt ein Schild mit der Büste eines Heiligen. Im Gefieder stecken eine Anzahl kleiner Ringe zum Behufe der Befestigung der Kleinode. Mit 17 Zeilen ausführlicher gestochener Erklärung. In der Mitte des Unterrandes die Zahl 1. H. 8" 10''', Br. 9" 6'''.

3) ART VND MONIER DER KETTEN AN WELCHEN AVS VND *eintragen der Fogell gehenckft wirtt. Item Weil der Kettenglieder zwantzig alle einerlei artt, vnd vnnoth alle abzubilden, sinderhalben nur derselben Schiltlein so darauff sint alleine angedeutt.* Diese Titelaufschrift steht in einer aus Ketten gebildeten viereckigen Einfassung, an den Ketten hängen Bogen und Schilde und unterhalb der Schrift sind 10 weitere Schilde 11—20. In der Mitte des Unterrandes die Zahl 2. H. 9", Br. 5" 9'''.

4) *Nachfolgende Schilde hangen am Fogell.* 22 Schilde mit den Jahreszahlen und zum Theil auch mit den Namenszeichen der Schützen. Bei einigen stehen die Namen: „Hans Roth", „Dominicus Knispell", „Niclas von Schreibersdörff" etc. Die Schilde hängen an Bändern. In der Mitte des Unterrandes die Zahl 3. H. 8" 11''', Br. 5" 8'''.

5) Andere Schilde, von ähnlicher Anordnung, 19 an der Zahl. „Ofwald Roth", „Hieronim Michell", „Fabian Heufeler" etc. Unten in den Ecken sitzen zwei Steinböcke auf Gestein. Im Unterrand die Zahl 4. H. 9", Br. 5" 9'''.

6) Andere Schilde, 18 an der Zahl „Frideric Bencker." Unten in den Ecken stehen zwei Schützen, der eine mit der Armbrust, der andere mit einem Feuergewehr. Im Unterrand die Zahl 5. H. 8" 10''', Br. 5" 9'''.

7) Andere Schilde, 9 an der Zahl. Unten rechts sitzt ein Bogenschütze, der nach der links stehenden Scheibe zielt, hinter

welcher der Zieler steht. Im Unterrand die Zahl 6. Ohne Einfassungslinien. H. 9" 3''', Br. 6".

8) FERNER WEIL DAN VIEL KLEINOT BEIDERSEIDS ZV SEHEN SEIN *feind nachfolgende folche hindertheill auch Contrafeiheth, und nach Ziffernn Caractern vnd andern gemercken gedeutet das diefelben gar leichtlich zum förtertheil zu finden fein.* Oben hangen 3 Schilde, der mittlere kleinere an den Füssen eines Adlers. Unten steht die obige Schrift. Im Unterrand die Zahl 7. H. 9", Br. 5" 9'''.

9) *Folgen die hinder anfehenn.* Die Reverse der Schilde oder Kleinode, meist mit Inschriften bedeckt, 21 an der Zahl. Im Unterrand die Zahl 8. H. 9", Br. 5" 11'''.

10) Andere Schilde, 6 an der Zahl. Unten zwei auf Posaunen blasende FAMA. Im Unterrand die Zahl 9. H. 9" 1''', Br. 5" 11'''.

11) *Folgen der vornemen Brüderschaft im Zwinger Ihre Silberne vnd vergulte Trinckgefchir — — — an gröfse vnd forma, wie zu fehenn.* Zwei auf Kugeln ruhende Becher, „1509 von der brüderschaft erzeugett vnd die aufwendige zirahtt Ao 1579 aufwendig daraufgestochen." An dem einen Becher oben auf Guirlauden ein Bär und Eber, an dem andern ein Hund und Hase, unten an beiden zwei Genien und in der Mitte ein an einem Band hangender Genius. H. 5" 8''', Br. 8" 11'''.

12) Zwei Löffel und ein Becher. „*Diefer Löffel find 12 vnd Ao 1538 von der bruderfchaft erzeugeth wegen zusammen 3 Marck." „Dis Becherlein Verehret Herr Adam Lück, weils mit fchifsen gewunnen wiegeth ½ Marck Ao.* 1602. Der Becher steht unten. Die beiden Löffel hangen gekreuzt an Bandwerk. H. 8" 10''', Br. 5" 7"'.

13) *Diefen Becher haben Ihr: Röm: Kaifs: Maitt. RUDOLPHUS II. alfs sie Ao* 1577 *zu Breslau gewefen, der Brüderfchaft verehrenn laffen, wieget* 3½ *M. ift gantz vergult vnd alhir die*

rechte gröfse. Reicher Becher, dessen Deckel den gekrönten zweiköpfigen Reichsadler trägt. Die Platte ist auf 3 Stücke Papier gedruckt. H. 15" 9''', Br. 5" 9'''.

14) Anderer Becher. *Verehret der Ehrw: Achtbar — — Herr Johannes Heintz; des Stiftes vnd Hofpitaals zu S. Matthes Herr vnd Meifter; wiget 6 Marck. ist gantz vergult. vnd auch die rechte gröfse. Actum Ao* 1605. Reicher Becher; am Bauch ein Medaillon mit einem Bogenschützen, auf dem Deckel ein römischer Krieger mit Speer und Schild, der links oben zur Seite wegen Mangel an Raum auf der Platte radirt ist. Ebenfalls von 3 Stücken Papier. H. 18" 1''', Br. 5" 8'''.

15) *Diefe Laternne verehreth — — — Herr Johannes Heintz Ao* 1607 *des Stifts vnd Hofpitaals zu S. Matthes Herr vnd Meifter. Ist gantz vergult: wiegeth 2 Marck vnd ift rechte gröfse*. Die kuppelförmige Laterne, deren Griff rechts ist, hängt an einem Band. H. 8" 11''', Br. 5" 8'''.

16) Vier Schilde oder Kleinode, drei oben, einer unten, der mittlere mit dem Namen und Brustbild des Heinr. Schmid in Höfichen und Gruneic. H. 3" 7''', Br. 5" 8'''.

17) DER KÖNIGESMANN. ALS DAS ERSTE HAVPTKLEINOT, SAMPT DERSELBEN *zugehörender, eins teils angedeuteter, Ketten, von Silber vnd vergult vnd den daran hangenden gantz guldenen wapen etc.*
Ein Soldat in der Tracht der Landsknechte, mit einem Helm auf dem Kopf und seinem Gewehr auf der Schulter, vorn in einer Landschaft stehend, in welcher hinten Gebäude angedeutet sind. Auf den Seiten und hinter der Figur hängen Ketten. Unten die Zahl 1. H. 9" 1''', Br. 5" 8'''.

18) Zehn Schilde, denen die Namen der Besitzer beigestochen sind: HANS SCHILLING SCHEIDER DER ERSTE KÖNIG Ao 1566 VERERET DIESEN SCHILD etc. Im Unterrand die Zahl 2. H. 8" 10''', Br. 5" 7'''.

19) Fünf Schilde, drei grosse und zwei kleinere, letztere oben. CONRAD BECK PVLFERMACHER D. II. KONIG Ao 1576 etc. Im Unterrand die Zahl 3. H. 8" 11''', Br. 5" 7'''.

20) Fünf Schilde, der grössere oben. LUCAS QVT. EIN. TISCHLER. DER 16. KONIG A. 1581 etc. Im Unterrand die Zahl 4. H. 8" 10''', Br. 5" 7'''.

21) Fünf Schilde. HANS PAVSLOB SENCKLER D. 22. KO. 1587. etc. Ohne Nummer. H. 8" 10''', Br. 5" 8'''.

22) Sechs Schilde. BLASIEN LEMAN NEHENADLER. D. 27. K. Ao 1592 etc. Unten die Nummer 6. H. 8" 10''', Br. 5" 8'''.

23) Acht Schilde. HANS KELLER FLEISCHER D. 33. KO. etc. Im Unterrand die Zahl 7. H. 8" 10''', Br. 5" 6'''.

24) Acht Schilde. FRIDERICH ZWICKAVER BARETMACHER. D. 42. K. Ao 1607 etc. Unten die Zahl 8. H. 8" 10''', Br. 5" 8'''.

25) FOLGEN DER WERDER *Schützen Silberne trinckgefchir vnd Kleinoth fo fie zu Ehrenn gebrauchen.*
Ein Pokal. *Verehret Ihr Röm: Kay: Maitt.* RODOLPHUS *Ao* 1577 *als Ehr zu Brefslau gewesen wiget* 3 *M. etc.* Am Bauch ein Fähndrich, auf dem Deckel der Reichsadler und zwei Soldaten mit Luntenbüchsen. Unten rechts die Nummer 1. H. 9" 2''', Br. 5 ' 8'''.

26) Zwei Becher, der grössere, links, schlicht und ohne Deckel, verehret von Caspar Heseler 1567 und Quir. Schlaher 1577. Unten rechts die Nummer 2. H. 5" 9''', Br. 9".

27) Drei Becher, sämmtlich ohne Deckel, verehret von Christ. Sachs 1583, Adam Winst 1552 und Hans Gg. v. Rechenberg 1595. Unten rechts die Nummer 3 verkehrt. H. 5" 10''', Br. 9'''.

28) Ein Becher, mit einer Windmühle, zu welcher ein Müller hinaufsteigt, ein Geschenk des Joh. Heintz, Stift-Hospital-

meisters zu St. Matthes 1597. Ohne Nummer. H. 9''', Br. 5'' 9'''.

29) Zwei Becher, der eine zur Linken von der Gestalt eines in halber Figur dargestellten Mannes mit Geldbeutel und Notenbuch in den Händen, Geschenk des Herrn Christoph Monouitd, Ertzmarschall von Lithauen; der andere, mit Atlas auf dem Deckel, Geschenk des Handelsmannes Fried. Schäfer 1608. Ohne Nummer. H. 5'' 8''', Br. 9''.

30) Ein Becher, auf dem Deckel ein Soldat mit Luntenbüchse und Schild, verehrt von Bened. Scholtz 1607. Unten rechts die Nummer 6. H. 9'' 1''', Br. 5'' 9'''.

31) Ein Becher, in Gestalt eines Tannenzapfens, Geschenk von Markgraf Joh. Georg von Brandenburg 1608. Ohne Nummer. H. 9'' 1''', Br. 5'' 9'''.

32) Ein Krug und Becher, der erstere mit einem in Umrissen punktirten Schwan am Bauch, der andere mit einer Windmühle, zu welcher ein Müller hinansteigt, als Fuss, Geschenke des A. Sebisch und Hans Pusch. Ohne Nummer. H. 5'' 8''', Br. 9''.

33) Ein Becher, mit einem Blumenstrauss auf dem Deckel, der unten links besonders abgebildet ist, Geschenk von Adam Dobschütz 1613. Ohne Nummer. H. 9'' 1''', Br. 5'' 9'''.

34) *Folgen etzliche artt der Stirm vnd Pfingfimenner dar nach die Werder Schützen zu schifsen pflegen* etc. Drei Schirme oder Zielstände, oben ein Soldat in der Oeffnung eines Zeltes, unten zwei Hausfaçaden. Ohne Nummer. H. 9'', B. 5'' 9'''.

35—37) Andere Pfingstmenner, 35) drei Janitscharen, der mittlere ein Hauptmann zu Pferd; dann rechts ein Soldat mit Schwert und Schild in den Händen; 36) ein Türke, ein Luntenschütze, ein alter Germann mit Streitaxt, ein Bogenschütze; 37) vier Soldaten mit Gewehren über der Schulter und ein geharnischter Ritter mit Fahne. Ohne Nummer. H. 5'' 9''', Br. 9''.

INHALT
des Werkes des G. Hayer.

Abrah. Jenkwitz. . . . . Nr. 1
Katafalk Kaisers Rudolph II. . . . . „ 2
Die grosse Ansicht von Breslau. . . . . „ 3
Die kleine Ansicht dieser Stadt. . . . . „ 4
Ein Wasserkrug von der Hochzeit zu Cana. . . . . „ 5
Die Kleinode der Breslauer Schützenbruderschaft. 37 Bl. „ 6

F. B.

FRIEDRICH BRENTEL.

„Ware ein sehr emsiger und vernünftiger miniatur-Mahler, der viele saubere, mit grossem Fleiss und Arbeit gemahlte Werke hinterlassen. So gebühret ihm auch die Ehre dass Johann Wilhelm Bauer aus seiner Schule entsprossen." So berichtet Sandrart in seiner Akademie über diesen Künstler, ohne weitere Angaben über seine Lebensverhältnisse zu geben.

Die Familie der Brentel stammt aus Laugingen in Schwaben, wo sie ein volles Jahrhundert hindurch und noch länger der Ausübung der Kunst oblag. Schon im Jahre 1517 finden wir einen Maler „Brentele", welcher Fresken an das an den uralten Hofthurm anstossende Gebäude malte. Diese Fresken, welche 1615, 1685 und 1782 renovirt wurden, sind noch vorhanden. Das Gemälde am zweiten Stockwerk stellt einen Laugingen Bürger vor, der einen zu Boden geworfenen Riesen vollends tödtet. Im Hintergrund verleiht diesem der

Kaiser das für die Stadt erbetene Wappen. Darüber steht: „Riesenkampf Anno 1204."

Einen David Brentel haben wir bereits als Peintre-Graveur behandelt. Ein Georg Brentel, der als Bürger und Maler in Laugingen ansässig war, wird uns in der Folge beschäftigen.

Dieser Georg Brentel war nach der gewöhnlichen, aber wenig wahrscheinlichen Annahme der Vater unsers Friedrich, der im Jahre 1580 das Licht der Welt erblickte. Ueber Friedrichs Jugendbildung und Wanderjahre ist nichts bekannt. Im Jahre 1601 erwarb er in Strassburg das Bürgerrecht und gründete sich dort durch Heirat einen häuslichen Heerd. Nach Mariette's Abecedario starb Brentel am 18. Mai 1651, er erreichte mithin ein Alter von 71 Jahren.

Brentel's Name wird mit Ehren genannt, er zählt als Maler und Radirer zu den begabteren deutschen Meistern des 17. Jahrhunderts, und genoss zu seiner Zeit bei Künstlern, Kunstfreunden, und Fürsten hohes Ansehn. Dennoch sind seine Gemälde nicht zahlreich erhalten, es sind meistens kleine Miniaturen, die nur zu leicht dem Untergange ausgesetzt sind. Als sein Hauptwerk ist ein Buch mit Gemälden zu betrachten, das auf der kaiserlichen Bibliothek in Paris aufbewahrt wird, es besteht aus zwei Theilen und führt den Titel: „Officium beatae Mariae Virginis Pii v. Pont. Max. jussu editum" und „Orationes selectae et Officia quaedam particularia, ad usum Guilielmi Marchionis Badensis variis Autore F. Brentel, ornatae figuris anno MDCXLVII." Es sind meistens verkleinerte Copieen nach Bildern von Dürer, Rubens und andern grossen Meistern. — Zwei Bilder von Brentel bewahrt das Prehn'sche Cabinet in Frankfurt am Main: den Durchgang der Israeliten durch das rothe Meer und Diana und Actäon, beide auf Holz.

Brentel's Radirungen sind leicht, mit Geist und Geschmack vorgetragen. Sie sind ziemlich zahlreich und fallen in die ersten Decennien des 17. Jahrhunderts. Als sein Hauptwerk ist das zu Nancy erschienene Leichenbegängniss des Herzogs Carl III. von Lothringen und die Huldigung Heinrichs II. zu erachten. Er radirte dieses Prachtwerk nach den Zeichnungen des lothringischen Hofmalers Cl. de la Ruelle.

Brentel's Radirungen sind öfters, selbst noch in der Neuzeit, mit den Originalstichen des Franz Brun verwechselt worden. Wir meinen, dass der Unterschied zwischen beiden so gross und augenfällig sei, dass eine Verwechselung nicht gut möglich ist.

DAS WERK DES FR. BRENTEL.

1. Herzog Johann Friedr. v. Sachsen.
H. 15″ 10‴, Br. 13″ 5‴.

Ganze Figur in Feldrüstung, sein Schwert mit der Rechten haltend, er steht im Vorgrund einer Landschaft, in deren Mittelgrund man sein Lager und hinten Wittenberg sieht. Dornen umstricken seine Beine und allerlei thierische Unholde mit den Attributen geistlicher und weltlicher Macht suchen seinen Gang zu hemmen und durch ihr Geheul und Gebrüll ihn einzuschüchtern. Doch ficht ihn Nichts an. An den Seiten und oben bilden 14 Wappen eine Art Einfassung des Bildes. Unten links am Boden: 1609 F. Brentel... Oben liest man in 4 Zeilen in Typenschrift: *Abconterfettung / Deß Durchleuchtigsten / Hochgebornen Fürsten vnd Herrn / Herrn / Johann Friederichen / Hertzogen in Sachsen / – – – Wie Er in seinem Feldläger gangen ist,* unten im Rand ein Gedicht in 2 Columnen, ebenfalls in Typendruck.

2. Paul Jenisch.

H. 5" 1''', Br. 3" 3'''.

Bürger zu Augsburg. Brustbild in ovalem, mit Schweifwerk verziertem Rahmen, von vorne, ein wenig nach rechts gewendet, mit Wams und Halskrause bekleidet. Oben an einer mit dem Rahmen verbundenen Tafel liest man: *Christus ist mein Leben, Sterben ist mein gewin.* Unten an einer zweiten: PAVLVS IENISCH CIVIS AVGVSTANVS, NATVS ANTVERPIAE A°. D. 1558. 17 IVNII." Darüber am Rahmen Brentel's Zeichen: 16 F. B. 18.

3. Lucas Osiander.

H. 7" 2''', Br. 5" 6'''.

Theolog. Brustbild, en face, ein Buch mit beiden Händen haltend, bärtig, mit Priesterrock und Halskrause bekleidet, in einem ovalen, mit Engelköpfen, Schweifwerk und anderem Schmuck reichverziertem Rahmen. Oben rundum am weissen Grund liest man: „LVCAS OSIANDER S. THEOLOGIAE DOCTOR. A°. AET. 67." unten auf der Einfassung 16 01. Unterhalb des Bildnisses an einer mit dem Rahmen verbundenen Tafel: *Vil Jar zu Gottes Ehr vnnd preifs*, etc. Ohne Brentel's Zeichen.

4. Joh. Magir.

H. 7" 2''', Br. 5" 5'''.

Probst zu Stuttgart. Gegenstück zum vorigen Blatt, in ähnlicher Haltung und Einfassung; ebenso bekleidet, auch ein Buch in beiden Händen haltend, aber mit etwas längerem Bart. An der reichverzierten Einfassung des ovalen, das Bildniss umschliessenden Rahmens sieht man oben auf jeder Seite ein vasenartiges Gefäss, in der Mitte ein Engelsköpfchen, auf den Seiten zwei kleine Engel, welche das Bildniss halten. Unten auf der Einfassung gewahrt man die Jahreszahl 16 09. Oben am Grund des Bildnisses herum Magirs Namen: M. IOHANNES MAGIRVS PRAEPOSITVS STVTGARDIANVS. A? AET: 74. Unten an einer mit dem Rahmen verbundenen Tafel liest man den dreiceiligen Reim: „*Mit Lehr vnnd auch Exempel fein*," etc. Ohne Brentel's Namen.

In den späteren Abdrücken ist auf den Unterrand ein schmaler Papierstreifen mit Joh. Klockhers Adresse in Augsburg 1629 aufgeklebt.

5. Abraham bewirthet die Engel.
H. 2", Br. 3" 1'".

Er steht rechts vorn den drei Engeln gegenüber, die unter einem Baum an dem gedeckten Tisch sitzen. Sara horcht links in der Thür der Hütte. Eine Weinflasche steht bei Abrahams Fuss in einer Kühlschüssel. Links im Boden das Zeichen F. B.

6—9. 4 Bl. Die Folge der Cartouchen mit verschiedenen Darstellungen.

H. 6" 3"', Br. 7" 10"'.

Die Folge ist selten. Reiche Cartouchen von viereckiger Gestalt, mit verschlungenem Stabwerk, Früchten, Genien, Caryatiden, Blumentöpfen etc. schliessen die Darstellungen ein.

Die ersten Abdrücke sind vor den Nummern 40, 13, 31 u. 38 unten in den Cartoucherändern.

Nach Brulliot sollen auch Abdrücke ohne die Cartouchen vorkommen. Ausgeschnittene Exemplare haben wir mehrfach gesehen.

6. **Diana im Bade.** Mit Bäumen bewachsene Felsgrotten verschliessen die Fernsicht in den Hintergrund der Landschaft. Diana wird mit ihren Nymphen im Bade von Actäon überrascht. Dieser, mit einem Speer in der einen Hand, während er die andere verlangend nach der Göttin ausstreckt, steht links vorn auf dem Ufer des Wassers. Unten im Boden unterhalb des Hundes ist Brentel's Name.

7. **Die Reiterschlacht.** Reitercolonnen und Fussvolk sind im Mittelgrund der Landschaft, die von einem Castell beherrscht wird, im Kampf begriffen dargestellt. Andere Truppen stürzen sich von links vorn vor zwei Bäumen auf die fliehenden und erliegenden Feinde. Unten links im Winkel Brentel's Name und die Jahreszahl 1617.

8. **Die Hirschjagd.** Das Thier, von Reitern verfolgt, flieht rechtshin. Das Terrain ist hügelig und bewachsen. Rechts im Mittelgrund kommt in einem Hohlweg ein Reiter daher gesprengt. Unten rechts das Zeichen.

9. **Die Stadt am Meer mit dem Fischmarkt.** Ein Fluss mündet zur Rechten in das Meer, das den ganzen hintern Plan bedeckt und von kleinen Segeln belebt ist. Auf dem

linken Ufer sind einige Häuser einer Stadt mit einem
runden Thurm, auf welchem ein Wachthaus steht. Der
Vorgrund ist durch Figuren belebt, welche Fische herbei-
schaffen und um solche zu handeln scheinen. Ein Fischer
schleppt rechts vorn aus einem Kahn zwei grössere Fische
an das Ufer. Drei Kähne laufen unter vollen Segeln aus
dem Fluss in das Meer. Die Mündung des Flusses ist
rechts oben durch eine Verschanzung gedeckt. Unten in
der Mitte des weissen Randes der innern Darstellung die
Jahreszahl 1617.

10. Die Feierlichkeiten bei dem Leichenbegängniss Herzogs Carl III. und bei der Huldigung Heinrich II. von Lothringen zu Nancy
1608, 1610 und 1611.

*POMPE FUNEBRE DE Charles 3.⁰ du nom Duc
de Lorraine Faite à Nancy — L'AN 1608. Le tout
graué en plusieurs eſtampes par Frederic Brentel ſur
les deſſeins de Claude de la Ruël ET Recueilly par
le Sieur FOSSARD Ordinaire de la Muſique DV ROY.*

Dieses in Nancy bei Blaise André und Herm. de Loye erschienene
Prachtwerk, gleich trefflich in perspectivischem geistreichen Ar-
rangement der zahlreichen Figurengruppen und charakteristischen
Trachten der Figuren, besteht aus vier Abtheilungen, die bis auf
die dritte alle von Brentel nach Zeichnungen des lothringischen
Hofmalers Cl. de la Ruelle und des Staatssecretairs Jean la Hire
radirt sind.

Erste Abtheilung. *Das Leichenbegängniss Carls III.*
Sie umfasst ausser dem radirten Titel 10 Bl., davon das erste
und achte Blatt in zwei Abtheilungen. Dieselben haben gestochene lateinische und französische Ueberschriften, im Unterrand dagegen die Namen der Künstler, die Adresse und das

Privilegium. Der zu jeder Platte gehörige mit Typen gedruckte Text giebt die Beschreibung der Abbildungen in lateinischer und französischer Sprache und befindet sich zum Theil unter den Platten, zum Theil auf aparten Bll.

1) Titelblatt. Unten: MVNERA A DEO OPTIMO MAXIMO LOTHARINGIAE ET BARRI DVCATIBVS ELARGITA. Ein aus zwei Theilen bestehendes Denkmal mit der Inhaltsanzeige des Ganzen im oberen Feld und drei kriegerischen Vorstellungen im untern Theil zwischen Säulen. Auf demselben zwischen LOTHARINGIA und BARRVM ein Sarkophag, in einem Kranz die Büste des Herzogs. Ringsum auf Gewölk viele allegorische Figuren mit Beischriften. Unten links und rechts ein Knabe mit der Fahne und dem Wappen von Lothringen und Barr. H. 12" 3'", Br. 14" 2'".

2) *Typus funerej cubiculj — — Pourtraict de la Chambre du trespas de feue Son Altesse de Lorraine, Monseigneur le Duc Charles* 3me *de ce Nom*. Mit Einsegnung der verhüllten Leiche. Rechts an der Wand ein Teppich mit der Bekehrung des Saulus. Unter der Platte Text in Typen. H. 8" 9'", Br. 11" 7'" d. Pl.

3) *Sereniſſimi Lotharingiae Ducis — —. Pourtraict du Lict du trespas de feue Son Alteſſe de Lorraine — de ce Nom*. Der Herzog auf dem Todtenbett. Mit Ehrenwache und Messe lesenden Mönchen. Rechts an der Wand reiche Teppiche. H. 8" 10'", Br. 11" 7'" d. Pl.

4) *Typus Aulae honoriae — —. Pourtraict de la Sale d'honneur, preparée a Nancy en l' Hoſtel Ducal, pour le Corps de feue ſon Alteſſe de Lorraine — — — lors que le S. ſeruice y eſtoit faict en pompe funebre pour ſes obseques & que Meſſeigneurs les Princes ſes Enfans et autres du sang alloient à ladite ſale, pour aſſiſter audit. S. ſeruice*. Der Herzog auf einem Thronbett im Hintergrund eines grossen gewölbten Saales, in welchem ringsum viele Geistliche und

Mönche. Die Prinzen in langen Schleppkleidern schreiten zum Thronbett hin. 2 Platten. H. 15" 10''', Br. 23" 6''' d. Pl.

5) *Typus Epuli funebris* — — — *Pourtraict du feruice de table, fait à la Royale en la Sale d'honneur preparée à Nancy en l'Hoftel Ducal pour le Corps de feue Son Alteffe — lors de fes obfeques et funerailles.* Aehnliche Darstellung. Der Saal ist der nämliche, aber die Figuren sind andere und anders gruppirt. 2 Platten. Gleiche Grösse.

6) *Effigies quae Carolo III.* — — —. *Pourtraict de l'Effigie de feue Son Alteffe de Lorraine — et du Lict d'Honneur, fur lequel ladite Effigie eftoit couchée en la Sale-d'honneur — lors de fes obfeques & funerailles.* Der Herzog auf dem Paradebette in einem grossen Saal ohne Figuren. Wände und Fussboden mit reichen Teppichen geschmückt. 2 Pl. H. 15" 8''', Br. 23" 6''' d. Pl.

7) *Typus Aulae funebris* — — —. *Pourtraict de la Sale funebre preparée à Nancy en l'Hoftel Ducal, pour le corps de feue Son Alteffe — — lors de fes obfeques & funerailles.* Mit vielen Figuren. Rechts in besonderer Abbildung der vergrösserte Katafalk und der Thronhimmel. 2 Platten. H. 16" 11''', Br. 23" 3''' d. Pl.

8) *Typus funereae Panegyris* — — — *Pourtraict de l'affiette, faite en l'infigne Eglife de St George à Nancy tant es vigiles le 17me Juillet 1608 — — le Duc Charles 3e du Nom.* Perspectivische Ansicht des Innern der Kirche mit vielen Figuren. 2 Platten. H. 17" 8''', Br. 23" 9''' d. Pl.

9) *Typus funerationis* — — —. *Pourtraict de l'Enterrement du Corps de feue Son Alteffe de Lorraine — — en l'Eglife de S. François à Nancy.* Perspectivische Ansicht mit vielen Figuren und Geistlichen in verschiedenen gottesdienstlichen Handlungen. Links auf zwei Balkonen die Musikanten. 2 Platten. H. 18" 8''', Br. 23" 8''' d. Pl.

10) *Typus Ceroflammeae Aediculae — — —. Pourtraict de la Chapelle ardante dreſſée en l'inſigne Eglise Collegiate de S. George à Nancy — pour les obseques dicelle y faictz.* H. 18" 9"', Br. 8" 7"' d. Pl.

11) *Typus Aediculae flammalis structae — — —. Pourtraict de la Chapelle ardante, drefsée en l'Egliſe de S. François à Nancy tant pour la ſtation et l'enterrement du Corps —. dicelle y faictz."* H. 18" 6"', Br. 9" 10"' d. Pl.

12) *Stemmatica scuta — — —. Pourtraict des Armoires ou Banieres de Ligne Paternelles et Maternelles de feue Son Alteſſe de Lorraine — portées à la pompe funebre de ſes obſeques funerailles.* 27 Wappen auf 4 Platten mit Typendruck qu. roy. fol.

13) *Typi atque ornamenta Equorum — — —. Pourtraict des quatre Cheuaulx qui ont eſté menez à la pompe funebre des obſeques et funerailles — — le Duc Charles troiſieme de ce Nom.* Zwei Platten, je mit zwei nach links schreitenden Pferden. Oben und unten Typendruck. H. 9", Br. 12" 4"'.

14) *Pompa Auguſta — — —. Comme le Sereniſsime Prince Henry 2 du nom — —. Fut convoyé retournant le 19. Juillet 1608. de l'Egliſe de S. François en l'Hoſtel Ducal à Nancy après auoir eſté proclamé Duc Prince et Seigneur ſouuerain en ladite Egliſe — — de ſon Alteſſe.* Perspectivische Ansicht der Strasse mit feierlichem Aufzug und unzähligen Zuschauern. Rechts vorne das gothische Portal des Schlosses. 2 Platten. H. 17" 8"', Br. 23" 6"' d. Pl.

15) Zweite Abtheilung. Der Leichenzug. Auf 48 numerirten friesförmigen Blättern, mit französischen Inschriften und den Namen der Figuren oben. Fast jedes Blatt mit mehr als 30 Figuren. Der Zug bewegt sich nach links.

16) Dritte Abtheilung. Der Einzug Heinrichs II. in Nancy den 20. April 1612. 12 Bll. von M. Merian in Brentels Manier radirt. Die Bll., schmal gr. qu. fol., haben fran-

zösische Aufschriften, das erste: L'ORDRE TENV AV MARCHER PARMI LA VILLE DE NANCY· CAPITALE DE LORAINE A L'ENTREE· EN· ICELLE DV SERENISSIME PRINCE HENRY II. DV NOM. etc.

17) **Vierte Abtheilung.** Der solenne Zug Heinrichs II. zur Kirche. 4 Bll. von Brentel radirt. Mit französischen Inschriften der dargestellten Personen und der über alle 4 Bll. sich erstreckenden Unterschrift: *Comme Son Alte/se de Lorraine Mon/eigneur le Duc Henry /econ du Nom va à l'Egli/e, y convoyé tant par les Evesques et les Princes de son sang que par les Comtes, Barons, Seigneurs et Gentilzhommes, Ministers et Officiers de son Estat et Maison e/tans en Cour, et tous cey sans tenir rang. C. D. L. R. Inuentor Fridericus Brentel fecit. Herman de Loye excudit Nancy. In Majo* 1611.

18) Diesem schliesst sich ein grosser *Plan von Nancy* auf 4 Platten an. Oben: VRBIS NANCEI LOTHARINGIAE METROPOLIS SECVNDVM FORMAM QVAM HOC ANNO 1611 HABET EXACTISSIMA DELINEATIO. L'VILLE DE NANCY etc. Rechts oben das Wappen des Gouverneurs Eliseus de Haracouria. Die Stadt, in Vogelperspective, breitet sich über den mittleren Plan der Karte aus. Links unten zwei grosse Erklärungstafeln. Darunter: *Nancey cum priuilegio etc. Claudius de la Ruelle Author. Fridericus Brentel fecit. Hermannus de Loye excudit.*

Von diesem, auch einzeln im Handel vorkommenden Plan giebt es auch Abdrücke ohne Loye's Adresse.

11) Die Hoffeste bei der Taufe des Prinzen Ulrich von Würtemberg zu Stuttgart.

Das ganze Werk umfasst 92 Bll. in Querfolioformat, die, mit Ausschluss des Titels und letzten Blattes, welche keine Nummern tragen, unten durchweg in der Mitte numerirt sind und aneinander gereiht, einen langen Fries bilden würden. Es zerfällt in 15 Abtheilungen mit besonderen Titelblättern, von welchen die dritte nicht von Brentel, sondern von *M. Merian* radirt ist. Die Inschriften der Titelblätter sind auf besondere Platten gestochen und dann in die leeren Cartouchen eingedruckt. Die wenigsten Blätter tragen erklärende Inschriften oder Namen. Wir geben in der folgenden Beschreibung die verschiedenen Titel und Abtheilungen, und in Kürze den Inhalt der Blätter an. Die eingeschalteten Zahlen sind die Nummern der Blätter.

Das Titelblatt des Ganzen. *„Aigentliche Wahrhaffte Delineatiō vnnd Abbildung aller fürstlichen Auffzüg vnd Rütterspilen. Bey Deß Durchleüchtigen Hochgebornen Fürsten vnnd Herren, Herren Johann Friderichen Hertzogen zu Württemberg, vnnd Teckh u. s. w. Iro Fr: Ge: Jungen Printzen vnd Sohns Hertzog Ulrichen wohlangestellter fürstlichen Kindtauff: vnd dann bey Hochermelt Iro Fr: Ge: geliebten Herren Bruoders. Deß auch Durchleüchtigen Hochgebornen Fürsten vnd Herren, Herren Ludwigen Friderichen Hertzogen zu Württemberg etc: Mit u. s. w. Fürstin vnd Fräwlein Fraw Magdalene Elisabetha Landtgräffin auß Hessen etc. fürstlichen Beylager vnd Hochzeytlichem Frewdenfest Celebrirt vnd gehalten, In der fürstlichen Hauptstatt Stuetgartt.* Den 13. 14. 15. 16.

vnd 17. *July Anno* 1617. *Publicirt vnd verferttiget durch Efaiam von Hulsen.*"
Diese Aufschrift befindet sich an einem grossen gekrönten Herz; zu dessen Seiten vor Pfeilern, die oben mit Fruchtgehängen geziert sind, auf Sockeln, an welchen die Hochzeit zu Cana und Taufe Christi im Jordan abgebildet sind, links Merkur, rechts Minerva stehen, welche die Krone über dem Herz halten; unten sieht man die beiden württembergischen Wappenschilde. H. 9" 2"', Br. 12" 7"'.

I. Aufzug. Ohne separaten Titel. Bl. 1—12. Sechs dieser Blätter tragen sogenannte bewegliche Deck- oder Klappbilder mit Herzen, die mit Kronen oder Lorbeerkränzen gekrönt sind, einige derselben sind mit Augen und Ohren bedeckt, an andern sind zwei ein Herz umfassende Hände angebracht.

2) Ein Trommler, drei Trompeter zu Pferd, die sich, wie der ganze Zug, nach der Linken hin bewegen. (1) H. 6" 4"', Br. 10" 2"' d. Pl., wie die folg.

3) Sechs Trompeter zu Pferd. (2) H. 6" 3"', Br. 10" 1"'.

4) Drei Trompeter, drei Ritter mit Turnierlanzen, zu Pferd. (3) H. 6" 4"', Br. 10" 1"'.

5) Drei Ritter mit Turnierlanzen, zu Pferd. (4) H. 6" 3"', Br. 8" 1"'.

6) Sechs musicirende Frauen, paarweise schreitend. Mit drei Deckbildern. (5) H. 6" 3"', Br. 10" 2"'.

7) IOHANN FRIDERICH HERZOG ZV WÜRTEMBERG. — VICTORIA. CONSTANTIA. Zu Pferd. Mit 1 Deckbild. (6) H. 7" 4"', Br. 12" 3"'.

8) Zwei antik gerüstete Helden zu Fuss. LVDWIG FRIDERICH HERZOG ZV WÜRTEMBERG zu Pferd. Mit 2 Deckbildern. (7) H. 6" 3"', Br. 8" 2"'.

9) FORTITVDO. GLORIA. Zu Pferd. Zwei antik gerüstete Helden zu Fuss. Mit 1 Deckbild. (8) H. 6" 4''', Br. 8" 1'''.
10) IVLIVS FRIDERICH HERZOG ZV WÜRTEMBERG. FIDELITAS. TRANQVILITAS. Zu Pferd. Mit 1 Deckbild. (9) H. 6" 4''', Br. 10" 1'''.
11) Zwei antik gerüstete Krieger zu Fuss, zwei andere, ihre beiden gesattelten Pferde am Zügel führend. Mit 1 Deckbild. (10) H. 6" 3''', Br. 10" 2'''.
12) Drei andere zu Fuss, drei gesattelte Pferde am Zügel führend. (11) H. 6" 4''', Br. 10" 1'''.
13) Drei andere ebenso. (12) H. 6" 4''', Br. 10" 2'''.

II. Aufzug. Bl. 13—22.

14) Titelblatt: *Auffzug Defs Durchleüchtigen, Hochgebornen, Furften vnd Herren, Herren Ludwigen, Landtgrafen zu Heffen, Graven zu Catzenelenbogen, Dietz, Ziegenhain vnnd Nidda.* Reichverzierte Cartouche, auf deren Seiten links ein Knabe mit einem Stein, rechts ein anderer mit einer Säule, unten in der Mitte ein dritter mit Schale und Vase. Unterhalb des letzteren am Schweifwerk Brentel's Zeichen F. B. (13) H. 6" 4''', Br. 8" 1'''.
15) Sechs Trompeter zu Pferd. (14) H. 6" 3''', Br. 10" 1'''.
16) MERCVRIVS zu Pferd, ein Krieger mit dem Modell eines Schlosses auf seinem Schwert, eine Frau mit einer gefüllten Schaale, ein Mann mit einer Krone in den Händen, zu Pferd. (15) H. 6" 3''', Br. 10" 1'''.
17) Der Parnass mit Apollo und vier Musen, welche musiciren. Bei Apollo ein Springbrunnen. Rechts am Boden Brentel's Name. (16) H. 7" 5''', Br. 12" 2'''.
18) Ein Geistlicher und bekränzter Dichter zu Fuss. FIDES. PRVDENTIA, jede von einem Turnier-Ritter begleitet, zu Pferd. (17) H. 6" 4''', Br. 10" 2'''.
19) TEMPERANTIA. FORTITVDO. CONSTANTIA, ebenfalls von einem Turnier-Ritter begleitet, zu Pferd (18) H. 6" 3''', Br. 10" 1'''.

20) Saturn mit Sense und eine bekrönte Königin mit einem Blumentopf, in einem von zwei Pferden gezogenen Prachtwagen. Bei Saturn sitzt ein Seifenblasen hauchender Knabe. Rechts am Boden Brentel's Name. (19) H. 6" 3''', Br. 10" 1'''.
21) Vier Reitknechte mit hohen cylinderförmigen Hüten, vier gesattelte Pferde führend. (20) H. 6" 4''', Br. 10" 1'''.
22) Drei Krieger mit Gerten, drei gesattelte Pferde führend. (21) H. 6" 3''', Br. 10" 1'''.
23) Drei andere ebenso. (22) H. 6" 3''', Br. 10" 2'''.

III. Aufzug. Bl. 23—30. Von *Matth. Merian* radirt. Aufzug des Herzogs Friedrich Achilles von Würtemberg.

IV. Aufzug. Bl. 31—37.

32) Titel. *Auffzug Defs Durchleüchtigen, Hochgebornen, Fürften vnd Herren, Herren Magnus Friderichen Hertzog zu Würtemberg, vnd Teckh, Graven zu Montpelgart, Herren zu Haydenhaim etc.* Reiche Cartouche, auf den Seiten im Schweifwerk zwei Satyrn, Caryatidendienste leistend. Oben in den Ecken auf dem Schweifwerk ein liegender Hirsch und eine liegende Hirschkuh. (31) H. 6" 3''', Br. 8" 1'''.
33) Sieben Satyrn und wilde Männer, mit zwei Hirschkühen, musicirend und tanzend. (32 verkehrt) H. 6" 4''', Br. 10" 1'''.
34) Drei Satyrn, der eine auf den Händen stehend, der andere mit Reif und Stecken, der dritte mit Korb auf dem Rücken, in welchem zwei andere musicirende Satyrn; drei Turnierritter zu Pferd. (33) H. 6" 4''', Br. 10" 1'''.
35) Ein bewachsener Fels mit drei schlafenden, von vier Mönchen bewachten Rittern. (34) H. 9" 7''', Br. 11" 1'''.
36) Drei Krieger mit Lorbeerkränzen auf dem Kopf und Turnierlanzen, auf drei Hirschen reitend, ein wilder Mann ein Pferd führend. (35) H. 6" 3''', Br. 10" 1'''.
37) Vier wilde Männer, vier gesattelte Pferde führend. (36) H. 6" 4''', Br. 10" 2'''.
38) Drei andere ebenso. (37) H. 6" 3''', Br. 10" 2'''.

V. Aufzug. Bl. 38—42.

39) Titel. *Auffzug Defs Wohlgebornen Herren, Herren Philips Graven zu Leiningen vnd Kiexingen Herren zu Westerburg, Schaumburg vnd Fortbach. Defs H. Rom: Reichs Semperfreyen.* (38) Reiche Cartouche mit zwei Frauen auf jeder Seite, welche Blumenvasen auf den Köpfen tragen. Unten in der Mitte am Schweifwerk Brentel's Zeichen 1618. H. 6" 4''', Br. 8" 2'''.

40) Sechs bebrillte Männer, drei mit Fackeln, drei mit Laternen. (39) H. 6" 4''', Br. 10" 2'''.

41) Acht andere, drei die Laute spielend, drei mit Laternen, zwei mit Fackeln. (40) H. 6" 4''', Br. 10" 2'''.

42) Vier andere zu Pferd, der erste mit Stablaterne, die andern mit Turnierlanzen mit Wind- oder Ballonlichtern. (41) H. 6" 3''', Br. 10" 2'''.

43) Vier andere zu Fuss, vier gesattelte Pferde führend. (42) H. 6" 3''', Br. 10" 1'''.

VI. Aufzug. Bl. 43—47.

44) Titel. *Auffzug Defs Wohl Edlen Geftrengen vnd Vöften Ludwig Friderichen von Anweyll, Frl: Wrl: Stallmeifters.* (43) Die Cartouche wie bei dem vorigen Aufzug.

45) Der Parnass aus Felsstücken gebildet. Auf demselben Apollo mit einem Buch in jeder Hand, in einer Höhle vier musicirende Musen. Rechts zwei Frauen zu Pferd. (44) H. 7" 4''', Br. 12".

46) Sechs Frauen in Lappenkleidung, mit Trompeten und zu Fuss, drei Damen mit Buch, Schwert und Papierrolle in den Händen, zu Pferd. (45) H. 6" 4''', Br. 10" 1'''.

47) Drei Frauen in Lappenkleidung, drei gesattelte Pferde führend. (46) H. 6" 2''', Br. 10" 4'''.

48) Drei andere ebenso. Die vordere bückt sich nach der ihr entfallenen Gerte. (47) H. 6" 3''', Br. 10" 1'''.

VII. Aufzug. Bl. 48—53.

49) Titel. *Auffzug Defs Wohl Edlen Geftrengen vnd Väften Ludwigs von Weyller zu Küengen vnd auff Liechtenberg Hauptman.* Reiche Cartouche; oben in den Ecken auf dem Schweifwerk zwei Genien mit Schmetterlingsflügeln bei Fruchtfüllhörnern, Epheugewinde haltend. Unten in der Mitte über einem leeren Schild die Jahreszahl 1618, unterhalb Brentel's Zeichen. (48) H. 6" 4"', Br. 8" 2"'.

50) Drei Reiter mit Stäben, sechs Männer in enganliegender Kleidung mit umgehängten Tüchern, conischen Hüten auf dem Kopf, mit Glöckchen, Schlüssel, und Perlenbändern in den Händen, einer mit einer Fahne, an welcher ein Emblem mit der Umschrift: FIDES SIC SPECTANDA. (49) H. 6" 4"', Br. 10" 1"'.

51) Drei die Harfe spielende Männer mit Löwenköpfen vor dem Hintern und den Knieen, zwei Männer in enger gemusterter Kleidung, conischen Hüten mit Streitkolben, ein dritter zu Pferd mit Lanze. (50) H. 6" 4"', Br. 10" 2"'.

52) Auf einem oben flammenden Fels mit höllenartigen Ungethümen sitzt ein Bischof; ein die Messe lesender Priester, begleitet von einem Chorknaben mit Weihkessel, schreitet voraus. (51) H. 6" 6"', Br. 10" 1"'.

53) Die Religion mit Kreuz — SOLVM CREDE — und Papierrolle in den Händen, zwei Männer in enganliegender Kleidung und conischen Hüten, mit Streitäxten zu Fuss, zwei andere mit Lanzen, zu Pferd. (52) H. 5" 11"', Br. 10" 1"'.

54) Vier Männer mit Mützen, an welchen Federn, vier Pferde führend. (53) H. 6" 4"', Br. 10" 4"'.

VIII. Aufzug. Bl. 54—57.

55) Titel. *Auffzug Defs Wohlgebornen Herren, Herren Otto Heinrichs Fuggers, Freyherren zu Kürchberg vnnd Weyffen-*

horn. Reiche Cartouche, oben mit den Delphinen und zwei auf Muscheln blasenden Meermännern, auf den Seiten mit zwei Meerfrauen und unten mit zwei Meerknaben verziert. (54) H. 6" 3'", Br. 8" 1'".

56) Zwei Herren zu Pferde, sechs Trompetenbläser, mit Federn an den Hüten und Hermelinumhängen, zu Fuss. (55) H. 5" 11'", Br. 10" 1'".

57) Vier ähnliche Männer, zwei mit Hunden am Leitseil, zwei mit Hirtenstäben, zwischen letzteren und zwei anderen rechts, ein Herr zu Pferd. (56) H. 6" 4'", Br. 10" 4'".

58) Vier andere ähnlich gekleidete, ohne Hirtenstäbe, vier Pferde führend. (57) H. 6" 3'", Br. 10" 5'".

IX. Aufzug. 1 Bl.

59) Titel. *Auffzug Defs Wohl Edlen Geftrengen vnd Vöften Wilhelmen † Schätzl zu Metzhaufen, Fl. Heffifchen Ober Vorftmaifter zu Komradt.* Der Name Schätzl, ursprünglich vergessen und durch ein Kreuz in der Aufschrift angedeutet, steht ausserhalb der Cartouche, an welcher die Aufschrift angebracht ist. — Der Oberforstmeister allein zu Pferd, mit einem Hund am Leitseil, einer Rehkeule in der Rechten, von der Jagd zurückkehrend. (58) H. 6" 4'", Br. 10" 1'".

X. Aufzug. Bl. 59—65. Die Figuren dieses Aufzugs tragen fast alle Schilder und Tafeln mit kurzen Sinnsprüchen.

60) Titel. *Auffzug Defs Wohl Edlen geftrengen vnd Vöften Beniamin Burvinckhaufens von Walmerode Frl: Wrl: geheimen Raths.* Die Cartouche wie bei dem V. Aufzug. (59)

61) Drei wilde Männer in Schuppenkleidung, mit Schwänzen, auf gewundene Hörnern blasend, der edle Herr selbst vermummt, zu Pferde, eine Stange mit einer Tafel haltend, an welcher der Vers: Tugendt her, Tugendt her etc. und die Tugend zu Pferde, dessen Kopf und Schwanz mit reichem Blumenbouquet geschmückt ist, hinter sich herziehend.(60) H. 5" 9'", Br. 11" 3'".

62) Ein wilder Mann in Schuppentracht und geschwärzt, mit dem Spruch auf dem Rücken: Ich Gib vnd nimb; zieht zwei Ritter zu Pferd, deren Turnierlanzen mit den Spitzen am Boden schleifen, hinter sich her. (61) H. 6" 2''', Br. 10".

63) Aehnliche Scene; am Rücken des wilden Mannes der Spruch: Ich gleiss vnnd schwärtz. (62) H. 6" 3''', Br. 10".

64) Aehnliche Scene. Rechts folgen drei geflügelte allegorische Frauengestalten. (63) H. 6" 8''', Br. 12" 1'''.

65) Drei Harlekins mit conischen Schuppenhüten und runden Schilden mit Sprüchen am Arm, drei gesattelte Pferde führend. (64) H. 6" 3''', Br. 10" 1'''.

66) Vier andere ebenso. (65) H. 6" 3''', Br. 10" 1'''.

XI. Aufzug. Bl. 67—72. Eine Schlittenfahrt. Auf jedem Blatt ein mit einem Pferd bespannter Schlitten, mit einer Frau und einem auf der Trompete blasenden Narren, auf dem Bock ebenfalls eine Frau, welche die Zügel des Pferdes hält. Eine zweite antreibende Frau läuft links bei dem Pferde her. (67—72)

72) Titel. *Auffzug Defs Durchleüchtigen, Hochgebornen, Fürften vnd Herren, Herren Magnus Friderichen Hertzog zu Würtemberg, vnd Teckh, Graven zu Montpelgart, Herren zu Haidenhaim etz.* Die Cartouche wie bei dem IV. Aufzug.

XII. Aufzug. Bl. 73—76.

74) Titel. *Auffzug Der Wohl Edlen vnd Geftrengen Wolf Carls von Wellwart, Hanfs Eytel von Plieningen Hans Chriftoph von Franckemont. Georg Stefan Clofsner.* Reiche Cartouche mit zwei aufgespannten Tüchern in der Mitte oben und unten und zwei Satyrn in dem Schweifwerk oben links und rechts. An einem Schnörkel über dem unteren Tuch Brentel's Zeichen. (73) H. 6" 3''', Br. 8" 1'''.

75) Sechs Frauen mit geflügelten Sanduhren auf dem Kopf, zu Fuss, die vier ersten musicirend, die beiden andern eine

geflügelte, blumenstreuende Frau zu Pferde einschliessend, rechts eine siebente Figur zu Pferd das fackelnde Sonnantlitz auf einem Stabe tragend. (74) H. 7" 3''', Br. 12" 2'''.

76) Zwei ähnliche Frauen zu Fuss vor und hinter einem Mann zu Pferd mit einem Stern auf dem Pferd und einem zweiten Stern auf einem Stab, rechts eine vierte weibliche Figur zu Pferd, einen Knüppel mit kleinen Sternen und einer Fledermaus haltend. (75) H. 6" 4''', Br. 10" 1'''.

77) Vier ähnliche Frauen, vier gesattelte Pferde führend. (76) H. 6" 4''', Br. 10" 1'''.

XIII. Aufzug. Bl. 77—81.

78) Titel. *Auffzug Defs Hoch-Wohlgebornē Herren, Herren Ludwigen Eberhards Graven von Hohenloe, vnd Herren zu Zangenberg.* Die Cartouche wie bei dem XII. Aufzug. (77)

79) Ein Flötist und ein Dudelsackpfeifer zu Fuss, drei Herren mit Stäben zu Pferd, drei andere, deren einer mit Gerte in der Hand, ebenfalls zu Pferd. (78) H. 6" 4''', Br. 12" 7'''.

80) Sechs andere Herren zu Pferd, voll Besorgniss und Schrecken darüber, dass einer von ihnen eine Frau mit einem Eierkorb zu Boden gerannt hat, er ist abgestiegen und kniet bei der Frau. (79) H. 6" 4''', Br. 10".

81) Fünf Stallknechte mit Gerten, fünf gesattelte Pferde führend. (80) H. 6" 7''', Br. 12" 2'''.

82) Vier andere ohne Gerten ebenso. (81) H. 6" 3''', Br. 10".

XIV. Aufzug. Bl. 82—84. Die Figuren, mit Laubkränzen um den Kopf, sind in Thierfell-Röcke und -Hosen gekleidet.

83) Titel. *Auffzug Defs Wohl Edlen Geftrengen vnd Vöften Beniamin Buwinckhaufens von Walmerode Frl. Wrx:* geheimen Raths. Die Cartouche wie bei dem V. Aufzug. (82)

84) Drei Musikanten mit Flöten und Dudelsack, ein Mann zu Pferd mit zwei in eine Haut gewickelten Kindern hinter sich auf dem Pferd, ein Hüfthorn blasend, zwei Männer zu

Fuss, Körbe mit Weinlaub bewunden, in welchen ein Wickelkind, zwei Kochlöffel und zwei Pfannen, auf dem Rücken tragend. (83) H. 6" 2''', Br. 10" 3'''.

85) Ein Mann zu Pferd mit einem Fächer und einem aus Weiden geflochtenen Schild, an welchem ein Herz und eine Krone; ein zweiter rechts führt ein gesatteltes Pferd. (84) H. 6" 4''', Br. 8" 2'''.

XV. Aufzug. Bl. 85—90.

86) *Auffzug Defs Durchleüchtigen Hochgebornen Fürſten vnd Herren, Herren Julij Friderichs Hertzogen zu Würtemberg vnd Teckh, Graven zu Montpelgart Herren zu Haydenhaim. etz.* Die Cartouche wie bei dem 4. Aufzug. (85)

87) Ceres in einem, von zwei Stieren gezogenen, von vier Schnitterinnen mit Sicheln und zwei anderen Frauen geleiteten Thronwagen; zwei, die Schalmei blasende Frauen gehen voraus. (86) H. 6" 9''', Br. 12" 5'''.

88) Eine gekrönte weibliche Figur mit Scepter in der Hand, oben in der Höhlung eines Felsens sitzend, dessen Fuss unten mit Fruchtbäumen und Getreide bewachsen ist; bei ihren Füssen entspringt bogenförmig eine Quelle. Auf dem Fels oben brennt Feuer. (87) H. 12" 7''', Br. 10" 1'''.

89) Zwei Frauen mit Gerten, zwei gesattelte Pferde führend. (88) H. 5" 3''', Br. 9" 7'''.

90) *Auffzug zu dem Ballett.* Eine mit Muscheln gezierte Felsgrotte mit Fontainen, oben auf ihr ruhen zwei Flussgötter. Links schreitet ein alter Sänger mit Laute zwischen zwei, die Flöte blasenden Satyrn voraus. Rechts unten am Boden Brentel's Zeichen. (89) H. 6" 5''', Br. 10".

91) Ein Fels umgiebt halb ein offenes achteckiges auf Säulen ruhendes Gebäude in welchem Männer in langen Gewändern mit Gürteln und Kapuzen, wie es scheint die Priester einer auf einem Thron sitzenden Göttin mit flammendem Herz und Hund (Venus?). Links eine Anzahl Fackelträger. (90) H. 8" 4''', Br. 12" 4'''.

92) *Caruſel-rennen, mit den Vier Elementen zu Stuetgarten repraeſentirt.* Ohne Nummer. H. 10" 1'", Br. 12" 6'".

12. Der grosse Saal in Stuttgart.
H. 13" 8'", Br. 18" 9'".

Wahre Contrafactur des Saahls in dem Fürſtlichen Württembergiſchen Luſthauß, zu Stuetgarten, deſſen Länge hallet 201 *ſchuch. die breytte* 71. *die höhe aber fünfzig vnnd einen* 1619.. Diese Aufschrift steht unten in der Mitte in einer Cartouche; Perspectivische Ansicht des gewölbten und an der Wölbung mit reichem, gemaltem Bilderschmuck verzierten Saales, dessen beiden Eingänge reiche Portale auf den Seiten einander gegenüber liegen. Viele Personen, einzeln und in Gruppen vertheilt, wandeln im Saale, betrachten seine Merkwürdigkeiten und besprechen dieselben. Unten links im Boden steht Brentel's Name.

13. Ein altbrittischer Mann.
H. 3" 8'", Br. 1" 11'".

Er steht, von vorne gesehen, vorne in einer Landschaft und wendet den Kopf nach rechts, er hat am linken Arm einen Schild, und hält in der Linken einen Menschenkopf, mit der Rechten eine auf den Erdboden gestützte Hellebarde. Seine enganliegende Bekleidung ist mit phantastischen Köpfen vor dem Bauch, der Brust, den Knien

und auf den Schultern verziert. Oben liest man:
„BRITTONIS VETERIS EFFIGIES GLASTO, *Seu vt aly fegunt, luteo de pi cti.*" Ohne Brentel's Namen.

14. Eine altbrittische Frau.
H. 3" 8"', Br. 1" 11"'.

Gegenstück. Sie steht vorne in einer Landschaft, in welcher man rechts hinten auf einem Fluss zwei Fahrzeuge gewahrt, ist etwas nach links gewendet und hält mit der Linken eine Hellebarde, mit der Rechten zwei Lanzen oder Speere; ihr Haar ist aufgelöst und ihre Kleidung ist ähnlich der des Mannes verziert. Oben steht: „BRITANNICA MVLIER GLASTO *feu luteo, vt Caefar in commentarys fcribit picta.*"

15. Ehrenrettung der kleinen Männlein.
H. 5" 7"', Br. 7" 5"'.

Allegorische Darstellung in Form eines fliegenden Blatts. Im Mittelgrund einer Landschaft sieht man ein Regiment Fussvolk mit vier Fahnen linkshin vorüberziehen, vorne stehen: links bei einem Baum ein Bettler auf eine Krücke gestützt, der auf die Soldaten zeigt, in der Mitte ein Herr (Bauer?) in der üblichen Tracht jener Zeit und rechts der grinsende Tod mit Sense und einem Gewand; in der Nähe des ersteren ein wenig zurück sieht man einen Jüngling, der einen Riesen enthauptet hat, dessen grossen Kopf er am Haar emporhält. Im bergigen Hintergrund der Landschaft gewahren wir eine Stadt und ein Castell. Unten links die Jahreszahl 1618, rechts das Zeichen F. B. Oben über dem Bild steht folgender mit Typen gedruckter Titel: „*Verantwortung vnd Ehrenrettung der kleinen Männlein, wie auch dafs fie nicht fo Hoffärtig vnd Zornig feyen, wie man vermeint vnd fälfchlich von Ihnen aufs thut geben.*" Unten ist in 4 Columnen ein deutsches Gedicht abgedruckt, in welchem ein Männlein, Bauer und der Tod redend auftreten; am Schluss dieses Gedichts die Adresse: „Gedruckt zu Strassburg, bey Marx von der Heyden am Kornmarkt, Anno 1619."

16. Das Wappen des Markgrafen Georg Friedrich von Baden.

H. 4" 5''', Br. 6" 10'''.

Quadrirter Schild mit einem Herzschild, an welchem ein schrägliegender Balken ist. Der Schild trägt drei Helme, deren Kleinode ein halber Löwe, zwei Büffelhörner und ein halber Mann ohne Arme sind; zu Seiten stehen zwei Löwen, welche die Insignien fürstlicher Macht und einen Wappenschild halten. Das Ganze ruht auf einem Tisch. Ohne Zeichen. Unten ist ein dreispaltiges Gedicht in Typen: „*chriftlicher Wunfch zu Chrifto Dafs er Die zwifchen - - - Herren Georg Friderichen,*

Marggraven zu Baden Vnd beyden hochloblichen Stetten freyer Eydgnofchaft — — — aufgerichte neuwe Bündnuß feynen woll" etc.

17. Die Einfassung mit David und Saul.

H. 7" 2''', Br. 5".

Monumentartige Einfassung, wie es scheint zum Titel eines Buches bestimmt. Auf der linken Seite steht David, der die Harfe rührt, auf der rechten Saul, der den Spiess nach David schleudert. Oben ist eine Tafel mit Noten umgeben von musicirenden Engeln auf Gewölk. Unten am Sockel, der durch eine Engel-Caryatide in zwei Hälften getheilt ist, sehen wir den Triumph Davids. Unten rechts in der Ecke das Zeichen F. B.

Auf dem Exemplar, das wir sahen, war das ausgeschnittene Portrait des Dortmunder Arztes, von M. Lasne? gestochen, eingeklebt.

18. Titel zur Strassburgischen Polizei-Ordnung 1628.

H. 9" 7''', Br. 6" 3'''.

Dieses höchst sorgfältig ausgeführte Blatt enthält oben in einem ovalen Rahmen die Worte: *„Der Statt Strafsburg Policey Ordnung."* Der Schild befindet sich in einer monumentartigen Architectur, welche überreich mit Figuren — Tugenden und Anderes vorstellend — ausgestattet ist. Es genüge anzugeben, dass die oberste Figur zur Linken, neben einem runden, tempelähnlichen Gebäude sitzend, mit ihrer Rechten die Tafeln der X Gebote in ihrer Linken den Abendmahlskelch mit der Hostie hält, also die Religion vorstellt und dass rechts unten eine Figur mit einem runden Hut in ihrer Rechten und einem Scepter in der Linken steht, zu deren Füssen ein Mann mit einem Joch im Nacken sitzt — Freyheit nnd Sclaverey. Unter der Schrifttafel halten zwei schwebende Genien und ein Adler ein Tuch mit dem strassburgischen Wappen. Tiefer unten folgt ein schmaler, ovaler Schild, worin eine lorbeerbekränzte Büste auf einem Steinwürfel, das Symbol des Bern. Jobin; die beigefügte Adresse nennt diesen jedoch nicht als Verleger, sie lautet: „*Getruckt bey Johann Carolo / Anno M.DC.XXVIII.*" Im rechten untern Winkel findet sich der Name *F. Brentel.*

I. Vor der Titelschrift, die Brentel sicherlich nicht selbst gestochen hat.

II. Beschrieben.

III. Mit ganz anderer Titelinschrift, die der oben befindliche Rahmen enthält: „*Gedenck Rede gehalten von D. Georg Obrechten, In Strafsburg. Defs Herrenn Wort bleibet in Ewigkeit. / 1. Petr. 1. 25*", worauf ein Schreibverzierungszug folgt. Die unten angebrachte Adresse lautet: „*Getruckt bey Johann Caroli'fchen Erben Anno M.DC.LIX.*" Obrecht hielt diese inclus. des Titels 28 fol. Seiten fassende Rede am 13. Jan. 1659. Auf der Rückseite des Titels findet man das von einem ungenannten Meister gestochene Bildniss des Jac. Sturm. Ausserdem sind noch die Bildnisse des Joh. Sleidan und Joh. Marbach der Schrift beigefügt. Letzteres Bildniss wird Abel Stimmer zugeschrieben.

19. Titelblatt zu Thurneissers kalten und warmen Wassern.

H. 10", Br. 6" 5'".

Der Titel, in rother und schwarzer Schrift gedruckt, lautet: „*Zehen Bücher Von kalten/Warmen/ Minerifchen vnd Metallifchen Waffern. Samt deren Vergleichung mit den Planetis oder Erdgewächsen. Durch Leonhart Thurneiffern zum Thurn mit groffer Mühe vnd Arbeit / gemeinem Nutz zu gut an Tag gegeben. Jtzundt Aber auffs new durchfehen..... vnd verbeffert.... Durch Joannem Rudolphum Saltzmann Med. Doct. zu Straßburg. Straßburg In Verlegung Lazari Zetzners / Anno M.DC.XII.*" Diese Titelinschrift ist eingeschlossen durch ein reich verziertes, architektonisches Passepartout. Oben in der Mitte sieht man unter einem Bogen Gott Neptun auf einem dreiköpfigen Seepferd seinen Dreizack handtiren, auf der Seite rechts davon in einem Schiff eine Blumenvase stehen, an deren Bauch eine Uhr angebracht ist, links einen Anker, um welchen sich eine Schlange windet, die einen Frosch im Maul hält. Auf den Seiten der Titelinschrift stehen zwei allegorische Frauengestalten, die eine, links, hält ein gläsernes Gefäss, die andere, rechts, giesst Wasser aus einem Krug in eine Schaale. Auf flatternden, von ihnen gehaltenen Bändern lesen wir: FESTINA LENTE. ZEIT BRINGT EHREN PREIS. Unten links gewahrt man allerlei physikalische und alchymistische Instrumente, rechts Waffen und Rüstungsstücke, in der Mitte in einer ovalen Cartouche die Büste eines Kriegers mit einem Lorbeerkranz um den mit Federn geschmückten Helm, auf einem viereckigen Steinwürfel, an welchem wir lesen: „SCIENTIA IMMVTA-BILIS." In der Mitte unten auf der Verzierung dieser Cartouche Brentels Name: „*F. Brentel.*"

<small>Die I. Abdrücke sind vor der Titelinschrift.</small>

ANHANG.

1. Das Paradies.

Zart in Virg. Solis Geschmack radirt, schm. qu. fol. Ich fand das Blatt im Katalog der Sotzmann'schen Sammlung aufgeführt. Seine Echtheit dürfte zweifelhaft sein.

2. Allegorie auf einen Fürsten und seine Gemahlin.

Sie sind von drei Göttern und drei Göttinnen umgeben und über ihnen schwebt ein Engel mit Kranz und Palme. Oval. qu. 8".

<small>Nagler, die Monogrammisten. I. No. 1618. Ich kenne das Blatt nicht aus eigener Anschauung.</small>

3. Michael Potier.

Weigel hat dieses von anderer Hand gestochene Portrait in seinem Kunstlager-Katalog dem Werke Brentel's einverleibt. Bei näherer Untersuchung fanden wir, dass das Portrait nur zufällig in die von Brentel radirte Einfassung No. 17 dieses Katalogs eingeklebt war.

INHALT
des Werkes des F. Brentel.

Johann Friedrich, Herzog von Sachsen. . . . . .Nr.	1
Paul Jenisch. . . . . „	2
Lucas Osiander. . . . . „	3
Joh. Magir. . . . . „	4
Abraham bewirthet die Engel. . . . . „	5
Die Folge der Cartouchen mit verschiedenen Darstellungen. 4 Bl. . . . . „	6—9
Das Leichenbegängniss Herzogs Carl III. von Lothringen und die Huldigung Heinrichs II. 18 Bl. . . . . „	10
Die Hoffeste bei der Taufe des Prinzen Ulrich von Württemberg zu Stuttgart. 93 Bll. . . . . „	11
Der grosse Saal in Stuttgart. . . . . „	12
Ein altbrittischer Mann. . . . . „	13
Eine altbrittische Frau. . . . . „	14
Ehrenrettung der kleinen Männlein. . . . . „	15
Das Wappen des Markgrafen Georg Friedrich von Baden. „	16
Die Einfassung mit David und Saul. . . . . „	17
Titelblatt zur Strassburg'schen Polizeiordnung. . . . „	18
Titelblatt zu Thurneissers kalten und warmen Wassern. „	19

Anhang.

Das Paradies. . . . . „	1
Allegorie auf ein fürstliches Paar. . . . . „	2
Michael Potier. „	3

GEORG BRENTEL.

Bürger und Maler in Laugingen, welcher für den Vater des berühmten Friedrich gilt, was aber wenig wahrscheinlich ist, da er bereits ein Alter von 58 Jahren erreicht hatte, als Friedrich zur Welt kam. Ausser der Malerei befasste sich Georg Brentel auch mit der Mathematik und Astronomie und legte seine Erfahrungen in zwei kleine Schriften nieder, deren Titel wir unten angeben wollen. Um das Jahr 1620 verliess er in Folge von Religionsstreitigkeiten Laugingen und wandte sich nach Nördlingen, wo er anfangs als Baumeister wirkte und darauf das Amt eines Spitalmeisters erhielt. Er starb 1638. Als Kupferstecher hat er zwei Blätter hinterlassen, die, unbeholfen und roh genug gearbeitet, nur wissenschaftliche Zwecke verfolgen und keinen Liebhaber reizen können; sie finden nur hier einen Platz gewissermassen der Vollständigkeit wegen als Anhang zu den Katalogen des David und Friedrich Brentel. Beide Blätter kommen auch nicht einzeln vor, sondern als erklärende Zugaben zu Brentel's Schriften:

1. *FABRICA ET VSVS CYLINDRI.* Das ist Kurtze vnd gründtliche Beschreibung / wie man die Cylinder abtheylen oder auffreißen / vnd dann nutzlich gebrauchen soll. Durch Georg Brentel --- Getruckt zu Laugingen / durch M. Jacob Winter. M.D.C.XI. 4.

2. Georgij Galgemairs Kurtzer vnnd gründtlicher Vnderricht / Wie der Künstliche *PROPORTIONAL-Circul* außzutheilen vnd auffzuzeichnen sey --- in Truck gegeben Durch Georgen Brentel, Burger vnd Maler zu Laugingen -- M.D.C.X. 4.

DAS WERK DES G. BRENTEL.

1. Die Ansicht von Laugingen.
H. 5" 9''', Br. 3" 10'''.

Astronomische Tafel zum Zweck der Berechnung der Tagesstunden. In der Mitte sieht man die Stadt Laugingen und in der Mitte über ihr das Pfalzbayerische Wappen zwischen den beiden Wappenschilden der Stadt. Unten sind die Zeichen des Thierkreises in zwei Reihen und darunter steht eine Vergleichung des alten und neuen Kalenders. Unten rechts: *Georgi Brentel f.*

Zur Schrift: Fabrica et usus Cylindri etc. Vergl. die Einleitung.

2. Construction einer Sonnenuhr.
H. 4" 5''', Br. 6" 1'''.

Sechs durch Striche geschiedene Felder, von welchen das grössere oben die ganze Breite des Blattes einnimmt; dieses hat zur Staffage den Sündenfall der ersten Menschen und die Geburt

Christi. Im mittleren untern Feld liest man im Kreis einer Sonnenuhr: *Georgius Brentel pictor Lavinganus faciebat anno* 1619.

INHALT
des Werkes des G. Brentel.

Die astronomische Tafel mit der Ansicht von Laugingen. . Nr. 1
Construction einer Sonnenuhr. . . . . „ 2

BALTHASAR KUCHLER.

Maler und Kupferätzer, Bürger zu Schwäbisch Gmünd; er arbeitete in den ersten Decennien des 17. Jahrhunderts und hinterliess ein grosses Werk mit vielen Radirungen, welche ein Hochzeitsfest am würtembergischen Hofe 1609 zum Gegenstande haben. In der Technik erinnern die Blätter an F. Brentel's Arbeiten, und ist es immerhin möglich, dass Kuchler sich diesen Meister zum Vorbild genommen hat.

DAS WERK DES B. KUCHLER.

1. Das hochzeitliche Ehrenfest des Herzogs Johann Friedrich von Würtemberg. 1609.

Dieses umfangreiche Werk in Querfol. von 240 Blättern besteht aus verschiedenen Abtheilungen, deren Titel, auf schmale Papierstreifen gedruckt, an den gehörigen Orten aufgeklebt sind. Die Blätter sind numerirt, doch beginnt mit jeder Abtheilung eine neue Numerirung. Den Hauptfiguren in der Abbildung, namentlich den allegorischen, sind ihre lateinischen Namen in Majuskelschrift beigestochen.

Titelblatt: An einer von allegorischen und andern Figuren umgebenen Tafel lesen wir in zierlicher Kanzleischrift: *„Repraesentatio Der Fürstlichen Auffzug vnd Ritterspil. So bei des Durchleüchtigen Hochgebornen Fürsten vnd Herren Herrn Johann Friderichen Hertzogen zu Württenberg vnd Teckh Graue zu Mümpelgart Herr zu Haidenheim etc. Vnd der Durchleüchtigen Hochgebornen Fürstin vnd Freulin Freulin Barbara Sophien geborne Marg-*

grauin zu Brandeburg Hochzeitlich. Ehrnfest den 6 Nouemb: A? 1609. In der Fürftl: Hauptftat Stutgarten mit großer Solennitet gehalten worden. Auff Ihr F: Gna: gnedigs bewilligen Mit fondern Fleiß Gradiert, Vnnd Gedruckt Durch Balthafarn Kuchlern Burgern vnd Mahlern zu Schwäbifchngmund." Auf den Seiten stehen in kriegerischer Rüstung links: MANVS und ARMINIVS, rechts: BRENNVS. Oben in der Mitte thront vor dem Reichsdoppeladler GERMANIA mit Reichsapfel und Scepter in den Händen, ihr zu Seiten wie huldigend knieen LIBERTAS und IVSTITIA. In der Mitte unten halten zwei Genien das würtembergische und brandenburgische Wappen. H. 9", Br. 10" 4'".

Hinter dem Titel folgt 1 Blatt gedruckte Dedication an den Herzog Johann Friedrich vom Herausgeber, datirt: „*Datum Schwäbifchen Gemündt/ den 22. Februarij / Anno 1611.*"

1. Abtheilung. *Des Durchleüchtigen Hochgebornnen Fürften vnnd Herrn Breütigams, Vnnd der Herren Mantenitoren 5. Auffzug zum Ringrennen.*" 29 Blätter, Blatt No. 22 von 3 Platten. „FAMA", zu Ross, eröffnet den Reigen, dann folgen „PATRINI." und Trompeter, auf Bl. 8 „APOLO."„ORPHEVS." „LINVS." zu Pferd, auf Bl. 9 und 10 „NIMPHEN." u. „PASTOR.", beide Blätter mit G. H. signirt, auf 11 „ARION" auf einem Riesendelphin, auf 12 der Parnass mit den musicirenden Musen, auf 13, 14 und 15

Tugenden und Laster, auf 16 FRANKREICH und
ENGELANDT, 17 drei Fusssoldaten, 18 BRENNVS,
MANNVS und ARMINIVS, 19 drei Fusssoldaten,
20 HISPANIA und ITALIA, 21 zwei Sänger, 22 GER-
MANIA auf einem von 6 Ochsen gezogenen
Prachtwagen mit zahlreichem Gefolge allegorischer
Figuren, die Täfelchen mit ihren Namen tragen,
23 TEMPVS und VERITAS, 24—28 andere allegorische
Gestalten, 29 Satyrn.

2. Abtheilung: *„Des Durchleüchtigen, Hochgebornnen Fürften Vnnd Herren Marggrauen Chriftians
zu Branndenburg x̄ Auffzug zum Ringrennen."* 8 Bll.

3. Abtheilung: *„Des Durchleüchtigen Hochgebornnen Fürften vnnd Herren Augufti Pfaltzgrauen.
Auffzug zum Ringrennen."* 6 Bll. Bl. 1: drei Trompeter zu Pferd, 2: zwei Botschafter, 3: CONCORDIA.
4: FORTITVDO. PRVDENTIA. CANDOR. 5: zwei Reiter.
6: zwei Knechte zwei Pferde führend.

4. Abtheilung: *„Des Durchleüchtigen Hochgebornnen Fürften vnnd Herrn Joachim Ernften Marggrauen zu Brandenburg. Auffzug zum Ringrennen."*
14 Bll. Bl. 1 u. 2: VENVS MIT IHREN ZVGETANNEN,
GOTINNEN zu Wagen, 3: drei maskirte Trompeter
zu Pferd, 4: MARS in einer von Früchten und
Bäumen umkränzten Nische eines Felsens mit drei
Burgen oben, links und rechts zu Pferd ein Türke
mit dem Bogen zielend, 5: drei musicirende Sirenen,

6: Neptun in einem Schiff, 7: drei Clarinettisten, 8: Mercur auf Gewölk mit vielen blasenden Windsköpfen, 9: ein Harfenist, 10: Jupiter auf Gewölk mit zahlreichen, Flammen blasenden Sternschnuppen oder Meteoren, 11: drei Türken zu Pferd, 12: ein Orientale in langem Mantel, die Rechte gegen einen Stab gestützt, 13 und 14: vier Reitknechte Pferde führend.

5. Abtheilung: *„Des Durchleüchtigen Hochgebornnen Fürflen vnnd Herren Georg Fridrichs Marggrauen zu Baden. Auffzug zum Ringrennen."* 7 Bll. Bl. 1: vier Trompeter zu Pferd, 2: zwei Botschafter, 3: REICHTVM. FRID. 4: KEISCHHEIT. EHR. 5: sieben Lautistinnen, 6 auf 2 Platten: Glaube, Freiheit, Gerechtigkeit, Weisheit etc. auf einem Prachtwagen mit zwei Pferden, welche von Zeit und Gelegenheit geführt werden, 7: zwei Mädchen mit zwei Pferden.

6. Abtheilung: *„Des Hoch Vnnd Wolgebornnen Herrn Gr. Khraffts Grauen zu Hohenlohe ɔc Auffzug zum Ringrennen."* 13 Bll. Bl. 1: FAMA. 2 und 3: AVSTER. EVRVS. ZEPHIRVS. AQVILO. zu Pferd, Trompeten blasend, 4 und 5: SATVRNVS. IVPITER. MARS. SOL. VENVS mit CVPIDO. MERCVRIVS. LVNA. musicirend, 6: CONCORDIA mit Schild und Schwert auf einem Felsen, 7: NESTOR. AGESILAVS. ACHILLES. 8: PRVDENTIA. IVSTITIA. FORTITVDO. zu Pferd, 9: TEMPVS. LABOR. 10, 11, 12: Victoria zu Wagen, dessen Pferde

Fortuna lenkt, hinter dem Wagen gehen an einer Kette die Hauptlaster, 13: die vier Tageszeiten.

7. Abtheilung: „*Des Hoch Vnnd Wolgebornnen Herrn Rudolffs Grauen zu Helffenstein, x̄ Auffzug zum Ringrennen.*" 7 Bll. Bl. 1: drei Trompeter zu Pferd, 2: drei Orientalen in sternenbesäeten Hüten und langen Röcken zu Pferd, 3: drei ähnliche zu Fuss, musicirend, 4: der Graf selbst zwischen Sol, Neptun und Saturn zu Pferd, 5: Merkur zwischen Luna und Venus zu Pferd, Cupido, einen Stern abschiessend, geht zu Fuss, 6: drei ähnliche Orientalen wie auf Bl. 2 zu Pferd mit Streitkolben, 7: zwei Türken zu Fuss mit zwei Pferden.

8. Abtheilung: „*Des Edlen Gestrengen Ben-Jamin Buwinghausens von Walmenrode Fürst: Wirtt: Hof Raths x̄ Auffzug zum Ringrennen.*" 13 Bll. Bl. 1: drei Wilde mit Stecken und viereckigen Schilden, 2: ein Herold zu Pferd, auf dem Horn blasend, 3: drei Wilde wie zuvor, 4: drei Herolde mit Stäben zu Pferd, 5: drei Flötisten, 6: DISCIPLINA SVM. zu Pferd, der Name am Schild wie bei den nächstfolgenden, 7: ΕΚΕΧΙΡΙΑ. ΦΙΛΟΠΑΤΡΙΑ. zwei Frauengestalten zu Pferd, 8: drei Krieger zu Pferd mit Turnierlanzen und Inschriften an den Schilden, 9: drei Männer in kurzen Blousen, hohen runden, mit Federn gezierten Hüten, mit Schilden und langen Stäben, 10: drei ähnliche

Krieger wie auf No. 8., 11, 12: Mars, Venus, Cupido zu Wagen, dessen Viergespann Merkur lenkt, 13: ein Ritter und eine Frau, jeder ein Pferd führend.

9. Abtheilung: „*Der Edlen Geſtrengen Fürſtlichen Württenbergiſchen Hoff Junckherrn Auffzug zum Ringrennen.*" 6 Bll. Bl. 1: drei Musikanten in Röcken mit Zackenwerk und Troddeln, 2: zwei Herolde mit Stäben, zu Pferd, 3: *Judas Machabeus Dauid Rex Iosue Dux* zu Pferd mit Fähnlein, 4: *Iulius Caesar. Alexander Macedo. hector Troianus.* ebenso, 5: *Godefridus bůlonius. Carolus magnus Artů Rex.* ebenso, 6: zwei Herolde wie auf No. 2.

10. Abtheilung: „*Des Edlen Geſtrengen Hanns Jacob Wurmbſers von Vendenheim ī Auffzug zum Ringrennen.*" 12 Bll. Drei kopflose Reiter mit Turnierlanzen, das Gesicht vor der Brust, zu Pferd, Bl. 1: zwei Einsiedler mit Harfe und Laute einem Fels vorausgehend, 2: drei singende Frauen, 3: zwei Männer mit Lauten, 4 und 5: sechs paarweis gehende, gleichgekleidete Frauen mit runden, spitzen Hüten mit Schleifen auf der Spitze und fliegenden Bändern, von einer siebenten gefolgt, 6: vier musicirende Männer, 7—9: sechs paarweis gehende Fackelträger, 10—12: sechs paarweis gehende Herren.

11. Abtheilung: „*Des Durchleüchtigen Hochgebornnen Fürſten vnnd Herren Breütigams, Vnnd der*

Herrn Mantenitoren auffzug zum Fuß Turnier." 5 Bll. Bl. 1: zwei Trommler, zwei Pfeifer, zu Fuss, 2: der Fürst zwischen zwei anderen Herren, mit Stöcken in den Händen, 3: drei Krieger mit Fahnen, deren Flaggen man nicht sieht, 4: drei Krieger mit Hellebarden, 5: drei andere mit Schwertern über den Schultern.

12. Abtheilung: *"Des Durchleüchtigen Hochgebornnen Fürften vnnd Herren Joachim Ernften Marggrauen zu Brandenburg aufzug zum Fußturnier."* 4 Bll. Bl. 1: ein Pfeifer, Trommler, zwei Herolde mit langen Stäben etc.

13. Abtheilung: *"Des Durchleüchtigen Hochgebornnen Fürften vnnd Herren Achilles Friderichen Hertzogen zu Württenberg x̄ Auffzug zum Fußturnier."* 10 Bll. Bl. 1: ein Pfeifer, ein Trommler, ein Pfeifer, ein Trommler etc.

14. Abtheilung: *"Des Durchleüchtigen Hochgebornnen Fürften vnnd Herren Julius Friderichen Hertzogen zu Württenberg auffzug zum Fuß Turnier."* 8 Bll. Bl. 1: zwei Herolde mit langen Stäben, Bl. 2: ein Pfeifer zwischen zwei Trommlern etc.

15. Abtheilung: *"Des Durchleüchtigen Hochgebornnen Fürften vnnd Herren Georg Friderichs Marggraffen zu Baden x̄ Auffzug zum Fuß Turnier."* 9 Bll. Bl. 1: ein Pfeifer zwischen zwei Trommlern, von welchen der rechts vom Rücken gesehen wird. etc.

16. Abtheilung: „*Des Durchleüchtigen Hochgebornnen Fürſten vnnd Herren Auguſti Pfaltzgrauens Auffzug zum Fuß Turnier.*" 4 Bll. Bl. 1: zwei Herolde mit Stäben, ein Pfeifer, ein Trommler etc.

17. Abtheilung: „*Des Durchleüchtigen Hochgebornnen Fürſten Vnnd Herren Breütigams x̄ Auffzug zum BALCKHEN Rennen.*" 7 Bll. Bl. 1: drei Trompeter zu Pferd, 2: ebenso, 3: drei Herolde zu Pferd etc.

18. Abtheilung: „*Des Durchleüchtigen, Hochgebornnen Fürſten vnnd Herren Julius Friderichen Hertzogen zu Wirttenberg x̄ Auffzug zum Balckhen Rennen.*" 8 Bll. Bl. 1: ein Beckenschlager und zwei Trompeter, zu Pferd, 2: vier Trompeter zu Pferd etc.

19. Abtheilung: „*Des Durchleüchtigen Hochgebornnen Fürſten Vnnd Herren Pfaltzgraffens Auguſti x̄ Auffzug zum Balckhen Rennen.*" 4 Bll. Bl. 1: drei Trompeter etc.

20. Abtheilung: „*Des Durchleüchtigen Hochgebornnen Fürſten vnnd Herren Georg Friderichen Marggrauen zu Baden x̄ Auffzug zum Balckhen Rennen.*" 8 Bll. Bl. 1: zwei Herren zu Pferd, 2: vier Trompeter etc.

21. Ohne Ueberschrift. 2 Bll. auf jedem drei verkleidete Reiter mit Stäben, an welchen wie es

scheint Windlichter oder dem Aehnliches stecken. Ihre Köpfe stecken in runden Hüten mit Oeffnungen für Augen, Nase und Mund.

22. Abtheilung: „*Des Durchleüchtigen Hochgebornnen Fürſten vnnd Herrn Breütigams Auffzug zum Cariſell.*" 5 Bll. Bl. 1: drei Trompeter zu Pferd in römischem Costüm, 2: drei Krieger mit Fahnen ebenso etc.

23. Abtheilung: „*Der Ander Auffzug zum Cariſell.*" 5 Bll.

24. Abtheilung: „*Der Drit Auffzug zum Cariſell.*" 5 Bll. Türken zu Pferd.

25. Abtheilung: „*Der Vierde Auffzug zum Cariſell.*" 5 Bll. Fast ganz nackte Männer zu Pferd mit Pfeilen.

26. Abtheilung: „*Des Durchleüchtigen Hochgebornnen Fürſten Vnnd Herrn Breütigams x̄ Auffzug zum Quintan Rennen.*" 6 Bll. Bl. 1: drei Posaunenbläser zu Pferd etc.

27. Abtheilung: „*Des Durchleüchtigen Hochgebornnen Fürſten vnnd Herrn Ludwig Friderich Hertzogen zu Württenberg x̄ Auffzug zum Quintan Rennen.*" 5 Bll.

28. Abtheilung: „*Der Edlen, Geſtrengen Fürſtlichen Wirttenbergiſchen Hof Junckherren Auffzug*

zum Quintan Rennen." 3(?) Bll. Bl. 1: zwei Türken zu Fuss, Flöte und Sackpfeife blasend, zwei zu Pferd mit Fahnen und Schilden.

Den Schluss bilden 3 nicht numerirte Blätter.

Bl. 1: Ein Triumphbogen(?); um ihn sitzen oben 7 Lautisten auf Stühlen mit Notenbüchern vor sich, links unten steht PHOEBVS, rechts LVCINA, in der Mitte vor dem Eingang ein Wache haltender Soldat.

Bl. 2: Bewillkommnung der fürstlichen Braut durch den Bräutigam, der zu Pferd bei ihrem Wagen hält, der Mittelgrund ist auf beiden Seiten mit unzähligen Reitern bedeckt. Im Hintergrund oder oben wird zur Feier der Bewillkommung von Vesten mit Kanonen geschossen. (Das mir vorliegende Blatt war defect.)

Bl. 3: „*Eigentliche Contrafeitung des Künſtlichen Feuerwerckhs So bei des Durchleüchtigen Hochgebornen Fürſten vnd Herren, Herrn Johann Friderichen Hertzogen zu Wirtenberg vnd Teckh etc. Fürſtlichem Beilager In der Fürſtlichen Hauptſtat Studgartt auf der alten Rennban Im Luſtgartem A°. 1609. den 10 Nouembris zugerichtet vnd geworffen worden.*"

2. Symbol des B. Kuchler.

H. 5", Br. 3" 7"'.

Merkur nach rechts, in laufender Haltung, mit dem Stab in der Linken, während die Rechte

ein Wappenschild mit den drei Malerschilden hält.
Der linke Fuss des Gottes ruht auf einer geschweiften Schnörkeltafel mit der Inschrift: *Balthaſar Kuchler Burger vnd Maler zu Schwebiſchen Gmundt 16 11.*

INHALT
des Werkes des B. Kuchler.

Das hochzeitliche Ehrenfest des Herzogs Johann Friedrich
    von Würtemberg. 240 Bl. . . . . Nr. 1
Symbol des B. Kuchler. . . . . „ 2

A. DÖRINGK.

Zeichner und Radirer zu Nürnberg, im letzten Decennium des 16. Jahrhunderts, aber nach seinen Lebensverhältnissen gänzlich unbekannt. Sein Name ist nur durch ein einziges Blatt, das Portrait des Rectors G. Mauritius vom Jahre 1596 erhalten. Er scheint den Unterricht des H. Sibmacher genossen zu haben.

DAS WERK DES A. DÖRINGK.

1. Georg Mauritius.
H. 5" 5''', Br. 3" 9'''.

Rector zu Nürnberg. Von vorn gesehenes Brustbild, ein klein wenig nach rechts gewendet, mit langem getheilten Bart, mit einer Kappe auf dem Kopf, mit dem Wams und einem pelzgefütterten Ueberkleid mit aufstehendem Kragen bekleidet. In einem ovalen Zierrahmen mit der Umschrift: G. M. NAS. NORIB. 15.39. VENIT VITEB. 59. FIT MAG. 62. – – – APVD STIRENSIS : 72. Zwei Genien oben in den Ecken blasen auf gewundenen Hörnern und halten ein Täfelchen mit dem Wahlspruch: DEO. AC VIRTVTI. M.V.S.A.AKA., über der Tafel die Jahreszahl 1596. Zwei andere Genien unten in den Ecken halten zwei Wappenschilde, zwischen ihnen eine Tafel mit der Inschrift: LVSTRA DECEM VITAE – – – VITA SVIS. In der Mitte unter der Tafel der Name A. DÖRINGK.

Es giebt Abdrücke ohne die Jahreszahl 1596.

INHALT
des Werkes des A. Döringk.

Georg Mauritius . . . . Nr. 1

SAMUEL SUCHUDULLER.

Wir haben gar keine Nachrichten über diesen im Anfang des 17. Jahrhunderts, wahrscheinlich in Prag ansässigen Künstler. Sein Name ist lediglich durch eine mittelmässige Radirarbeit erhalten, die den Einzug der türkischen Botschaft in Prag 1609 vorstellt.

DAS WERK DES S. SUCHUDULLER.

1—7. Einzug der türkischen Botschaft in Prag 1609.

1. Titelblatt mit dem Titel in Majuskeln: „*Ankunft und Einzug der Tyrkifchen Potfchaften wie fy allhier zu Prag den XII October Anno* 1609 *von Ir. Röm. Kay: May: von denen leblichen Landsftenten und Ritterfchaft des Kenigsreich Behamb fambt den Pragerifchen treien Stetten fent eingepleitet worden wie volgt hernach orntlichehn verzeichnet: durch Samuel Suchuduller.*" H. 3" 2'", Br. 3".

Die darauf folgenden 6 Blätter von 1 anfangend sind rechts oben in der Ecke numerirt und jedes einzelne 12 Zoll lang. Der Aufzug geht nach rechts.

2. Voran der Paukenschläger mit Trompetern zu Pferd, dann kommt mit Begleitung der „*Hauptmon der altftat Prag*", hierauf „*Cornet der altftat.*" Nun folgt der „*Hauptmon der neuftat Prag*" mit dem „*Cornet der neuftadt.*" Diese und die folgenden Erklärungen stehen oberhalb der Personen.

3. „*Hauptmon der Kleinfeiden Prag.*" „*Cornet der Kleinfeid.*" „*Cornet fo die Tyrken gebleidet haben*", zuletzt „*Ir. Ma. leib Klepr.*

4. „*Obriſten Leidenambtr leibroſs*", „*die Tyrken*", „*Preſent vnd leybroſs*"; unter letzterer „*Caparol.*"

5. „*Tyrkiſcher Herholt.*" „*Ir. May: Lakaien*", darunter „*Ir. May. Tulmetz.*" Hierauf oben: „*Die Fotſchaft auff Ir. May: pfert.*" In der Mitte: „*Baſſcha*", rechts von ihm: „*Ir. May. Stalmaiſter her von Wolfſtein*", links von ihm: „*Her von Felſe.*" Zuletzt: „*Tyrkiſcher Begk vnd Tulmetz.*"

6. „*Ir. May. Roſsbaraitter vnd edel Knaben.*" „*Obriſte Graff von Turn, Hern vnd Ritter ſtant.*"

7. „*Der potſchaft trumeter ſchalmain vnd trumlſchlager.*" Zum Schluss. „*der tyrken fonnen*" und „*Ir. May. hoff. fonn.*

INHALT
des Werkes des S. Suchuduller.

Einzug der türkischen Botschaft in Prag 1609. . . . . . Nr 1—7

MF Pin.

MARTIN FABER.

Martin Hermann Faber, ein wenig bekannter, aus Embden gebürtiger Künstler, arbeitete in den ersten Decennien des 17. Jahrhunderts. Er war Freund und Zeitgenosse des L. Finsonius und wahrscheinlich auch dessen Schüler. Nach Immerzeel soll er von Profession Gold- und Silber-Wappenschmidt gewesen sein und die Malerei nur zu seinem Vergnügen ausgeübt haben. Derselbe Autor berichtet auch von einem Portrait Fabers, mit der Aufschrift: MARTINVS HERMAN. FABER, Emdensis Frisius suo se marte effigiavit anno 1613. — J. Matham und C. van Sichem stachen nach Faber beide das Portrait des Joh. Sens 1623 und das von C. van Sichem gestochene trägt das vorstehende Monogramm. Radirt hat Faber, so viel wir wissen, nur ein einziges Blatt, eine grosse Landschaft mit biblischer Staffage im Geschmack des W. van Nieulant.

DAS WERK DES M. H. FABER.

1. Christus und der Hauptmann von Capernaum.
H. 14″ 4‴, Br. 19″.

Grosse Landschaft mit bergigem Hintergrund, der mit Ruinen, Gebäuden und Bäumen bedeckt ist. In der Mitte vorn steht Christus an der Spitze seiner Jünger, er legt seine Linke auf den Kopf des vor ihm knieenden Hauptmanns, der die Hände faltet; links gegen den Mittelgrund stehen auf der Strasse zwei andere Figuren in Gespräch bei einander. Rechts vorn am Bildrand erheben sich Mauerüberreste eines alten Gebäudes. Den Mittelgrund bildet eine breite Felsmasse, die mit Ruinen und Gebäuden bedeckt ist, über welche ein verfallener runder Thurm mit einer Winde hinausragt. Andere Gebäude und Ruinen ziehen sich am linken bergigen Hintergrund hinauf. Man liest links im Unterrande: *Martin: Faber Embd: jnuentor.*

INHALT
des Werkes des Mart. Faber.

Christus und der Hauptmann von Capernaum. . . . . . . Nr. 1

TOBIAS VOLKMER.

Goldschmidt und Sohn eines gleichnamigen Goldarbeiters und Mathematikers von Braunschweig, der seine Heimat verlassen hatte, und in herzoglich bayerische Dienste getreten war. Er hatte seinen Wohnsitz in Salzburg, lebte und arbeitete in den ersten Decennien des 17. Jahrhunderts. Auch er stand in Diensten des bayerischen Hofes. Auf chalcographischem Felde hat er sich durch eine Ansicht von München bekannt gemacht. Dieses seltene Blatt ist aus dem Jahre 1613 und verdient Beachtung.

DAS WERK DES T. VOLKMER.

1. Die Ansicht von München.
H. 12″, Br. 17″ 5‴.

Man sieht die Stadt mit ihrer nächsten Umgebung aus der Vogelperspective; rechts fliesst die Isar. In der Mitte auf dieser Seite lesen wir an einer Tafel: „CVM LICENTIA ET FACVLTATE DVCIS. *Tobias Volckmer iunior aurifaber Salisburgensis dimensurauit fecit et scalpsit* 1613." Links oben an einer zweiten Tafel: „MONACHIVM BAVARIAE" und weiter unten an einer dritten eine Dedication an den Herzog Maximilian. Links sind die Zahlen in der Ansicht, 49 Nummern, erklärt. Das ganze ist von einer Bordüre umschlossen.

2. Tabulae Geometriae.

TABVLAE PROPORTIONVM ANGVLORVM Geometriae. Das ift: Etliche Tafeln, darauß man leicht allerley Meſſereyen, es beſchehe in die höhe, tieffe, weite vnd breite abmeſſen kan; Auffs kürtzeſt mit etlichen Exempeln vnd Figuren vor augen geſtelt — — vnd beſchriben Durch Tobiam Volckmer den Jüngern von Saltzburg, Ir Fürſtl: Durchl: in Bairn Diener vnd Goldſchmid. Getruckt zu Augſpurg, bey Dauid Franken, in verlegung Steſſan Michelſpachers. M.DCXVII. 4.

Titel mit Vignette, zwei meſſenden Geometern, 1 Bl. Dedication an Albert von Muckethal, in welcher der Verfaſſer von ſich ſelber ſagt: „*auß der Mathematiſchen wiſſenſchafft, ſo ich von meinem lieben Vetter, Tobia Volckmer von Braunſchweig, für: Durchl: in Bairn Mathematicr vnd Goldſchmid habe*", 3 Seiten Vorrede, 93 beziff. Seiten und 4 geringe auf die Feldmeſskunſt bezügliche Kupfer.

INHALT
des Werkes des Tob. Volkmer.

Die Ansicht von München. . . . . Nr. 1
Tabulae Geometriae. „ 2

CHRISTOPH JAMNITZER.

Bürger, Goldschmidt und Kupferätzer zu Nürnberg, geboren den 11. Mai 1563, gestorben den 22. Dec. 1618. Seine Lebensverhältnisse sind nicht näher bekannt; er war ein Anverwandter des berühmten Wenzel Jamnitzer, in welchem Grade aber, können wir nicht sagen; nur soviel ist gewiss, dass er kein Bruder und wahrscheinlich auch kein Sohn des letzteren war, denn als Bruder Wenzels wird ein 1559 ledig verstorbener Bartolomäus und als Sohn ein ebenfalls unbeweibt 1572 zu Paris mit Tode abgegangener Wenzel genannt. Vielleicht war er ein Sohn des 1603 verstorbenen Hans Jamnitzer. An der Leichentafel war er also angeschrieben: *Der Erbar und Kunstreich Christoph Jamnitzer, der ältere, Goldschmidt, in der Ziefelgasse.*

Jamnitzer hat drei Folgen Grotesken-Verzierungen eigener Erfindung radirt, tolle Ausgeburten einer alle möglichen Formen mit einander vermengenden zügellosen Phantasie; jede Folge hat einen besonderen Titel, die Blätter selbst sind aber ohne Nummern und ohne Bezeichnung. Man trifft diese Folgen höchst selten vollständig beisammen und gewöhnlich durcheinander gemengt, so dass es nicht möglich ist zu bestimmen, welcher Folge dies oder jenes Blatt angehört. Exemplare im alten Originaleinband sind uns bis jetzt nicht vorgekommen und haben wir daher unsern Katalog auch nicht nach einem solchen anordnen können.

DAS WERK DES CHR. JAMNITZER.

1. Erstes Titelblatt.

Neüw: Grottefsken Buch, Inventirt gradirt vnd verlegt Durch Christoph Jamnitzer Burg: vnd Goltfch: in Nürnberg.

Ein Vrall Antiqüifcher Tempel
Vol Nagelnewes feltzams grempel
Dienftlich für all, fo Künft belieben
Von Neüem jetzt herfür getriben,
Hoff nicht dafs foll ohn Frucht abgehn
Wems nich geliebt, der lafs es ftehn.
Anno: 1610.

Dieser in zierlicher Kanzleischrift gestochene Titel findet sich in einer mit Schweifwerk gezierten Einfassung und vor einem auf Säulen ruhenden Tempel mit einer Kuppel; aus einer Oeffnung der letzteren steigt oben in der Mitte Rauch auf, auf den Ecken des Frieses knieen zwei phantastische Männergestalten, von welchen die rechts befindliche einen Fisch mit Elephantenrüssel und -Zähnen am Schwanz hält. Unten auf jeder Seite des Sockels halten zwei Satyrn auf Kopf und Schulter Muscheln, in welchen Fische schwimmen. Auf dem Sockel liest man: *Cum gratia & privil: Sacrae Caef: Majestatis.*

H. 5" 7"', Br. 7" d. Pl.

Hinter diesem Titelblatt folgen zunächst zwei Blätter Text, eine Dedication an Carl Lud. von Fernberg, k. Erbkämmerer, und eine *Vor- vnd Anred an alle Kunftgeneigte vnd gern was lernige junge Leut, fo dem Reiffen zugethan* etc. in Versen und ein *Extract deß Kayferlichen Privilegij.*

2. Zweites Titelblatt.

Neüw Grottefsken Buch Inventirt, gradirt vnnd Verlegt, Durch: Chriftoph Jamnitzern Bürg: vnd Goltfch: in Nurnb: Der fchacken Marckt hie für Geftell Nem jeder draüfs was jhm gefelt. Cum gratia et priv. S. C. Mai:

Dieser Titel, ebenfalls mit zierlicher Kanzleischrift gegeben, findet sich in der Mitte oben in einer mit Schweifwerk reich verzierten Cartouche. Auf dem Schweifwerk dieser Cartouche sitzt rechts ein Bassist, links ein anderer Musikant. — In einer Landschaft mit Ferne ist links vorne eine Bude aufgeschlagen, in welcher ein Händler allerlei phantastische Thiergestalten zum Kaufe feil hält, er hält einem herangetretenen, von einem

Knaben begleiteten Manne eine Schnecke hin; ausser diesem stehen noch zwei Männer bei der Bude und rechts sind vier andere um einen auf dem Erdboden stehenden Korb mit ähnlichem Inhalt wie die Bude versammelt. H. 5" 6"', Br. 7" d. Pl.

3. Drittes Titelblatt.

Der fadefckifch Radefco Baum
Defsgleich man hatt gesehen kaüm
Dann Er tregt wunderliche Frücht
Wie man alhie vor Augen ficht.

Durch Chriftoff Jamnitzer Bürger vnd Gott-
fchmidt Inn Nürmberg Cum Grat: et Priu: S: C: Ma:

Dieser ebenfalls in Kanzleischrift gegebene Titel befindet sich an einem Tuch, welches nach Art eines Wappenmantels vor einem in der Mitte wachsenden Baum ausgebreitet ist, der Baum gleicht einem Christbaum, weil allerlei Gegenstände in ihm hängen. Landschaft mit weiter Ferne. H. 5" 6"', Br. 7" d. Pl.

4.

In der Mitte ein gegen oben spitzzulaufendes Oval, Amor, vom Rücken gesehen und in tanzender Haltung, trägt auf beiden Händen einen Korb mit Früchten. In den Ecken des Blatts vier phantastische Thiere, von welchen das rechts oben

befindliche ein Pferd vorstellt, dessen Hinterkörper ein geflügeltes Schneckengehäuse bildet.
H. 5″ 3‴, Br. 6″ 9‴ d. Pl.

5.

Ein phantastischer Kopf mit sonderbar geformten Flügeln, deren Enden in delphinartige Köpfe übergehen, an welchen Hängearabesken hangen. Oben in der Mitte steht auf einem Korb ein nach rechts gekehrter Elephant. H. 5″ 6‴, Br. 7″.

6.

Ein Löwenkopf zwischen zwei phantastischen Schlangen, auf deren Leiber der Löwe seine Vordertatzen gelegt hat. Sein Kopf ist bekrönt, aus der Krone erhebt sich ein Bäumchen zwischen seitwärts gebogenen Palmzweigen. In Wappenform componirt. H. 5″ 5‴, Br. 6″ 10‴ d. Pl.

7.

Eine phantastische Figur mit phantastischen Flügeln, einem runden, kindsartigen, nach hinten übergebogenen Kopf mit fliegendem Haar; aus dem einen Auge wirbelt Rauch hervor. Statt der Brüste Schneckenwindungen. Oben rechts ein geflügelter Püster, links die geflügelte Pandorabüchse (?). H. 5″ 6‴, Br. 6″ 11‴ d. Pl.

8.

In der Mitte ein phantastischer Vogel, der seinen mit drei langen Schwungfedern geschmückten Kopf nach links umwendet, seine Zunge bildet eine Schlange, mit seiner Brust ruht er auf einer Volute mit phantastischem Kopf; sein Unterkörper geht nach beiden Seiten in Arabesken und phantastische Köpfe über, auf welchen das Ganze ruht. Oben rechts und links zwei Hängearabesken, die rechts mit zwei aufbrechenden Früchten. H. 5" 6''', Br. 6" 11''' d. Pl.

9.

In der Mitte auf einer Console ein nach rechts gekehrter Liebesgott mit Lorbeerkranz in der Rechten und Palme in der Linken. Auf anderen Consolen rechts ein Hase, der die Harfe spielt, links eine phantastische Figur, die auf ihrer langen, als Trompete gewachsenen Nase spielt. H. 5" 3''', Br. 6" 9''' d. Pl.

10.

In der Mitte stehen auf einem niedrigen Sockel drei geflügelte Kinder — das eine ein Mädchen —, sie halten sich mit der einen Hand umschlungen und in der andern einige Lorbeerzweige und zwei Palmen. Links und rechts zwei Knaben, der rechts befindliche enteilt mit einer

Fahne, an welcher zwei Würfel, zwei Handschuhe welche eine Tasche halten und ein F abgebildet sind. H. 5" 4''', Br. 6" 9''' d. Pl.

11.

Vier Genien. Der links oben, zwischen einer Kanne und Laute auf dem Erdboden sitzend, steckt die Zehen seines linken Fusses in den Mund, die er an einem vor ihm stehenden Licht gebrannt zu haben scheint; der rechts oben ruht bei einer Schlange auf Wolken und hält in der einen Hand zwei Posaunen; der links unten stützt den Arm auf einen Todtenkopf und sitzt, mit dem Kopf unter einem Tuch, vor einem abgebrochenen Baum; der rechts gegenüber befindliche, ein Mädchen, sitzt auf einem behauenen Stein und hält eine Blumenvase. H. 5" 4''', Br. 6" 10''' d. Pl.

12.

Ein phantastisches Füllhorn, aus welchem drei Hasen sich anschicken herauszuspringen, zwei nackte Männer mit Helmen halten das Horn. H. 5" 6''', Br. 6" 11''' d. Pl.

13.

Sechs phantastische Früchte in zwei Reihen übereinander. H. 5" 6''', Br. 6" 11''' d. Pl.

14.

Neun phantastische Früchte und Blumen in drei Reihen. H. 5" 6''', Br. 7" 1''' d. Pl.

15.

In einer Landschaft reitet auf einem geflügelten Ziegenbock ein Mann mit Fahne und Schneiderscheere in den Händen; eine phantastische Figur, rechts auf einem phantastischen froschartigen Thiere sitzend, bietet ihm einen Fisch an, eine andere, links, schiesst einen Pfeil ab. H. 5" 6''', Br. 7" d. Pl.

16.

Ein geflügelter Drache beisst sich in den Schwanz, der in einen Hundskopf mit Schellen an den Ohren endigt, auf ihm sitzt oben in der Mitte eine phantastische Eule, zu deren Seiten andere phantastische Gestalten, eine geflügelte Kanne, ein Mörser u. s. w. herumfliegen. Unten zwei andere chimärische Gebilde, das links, mit Menschenkopf und Ziegenfüssen, trägt eine Straussfeder und ein Füllhorn mit einem Krebs und Fisch. H. 5" 3''', Br. 6" 8''' d. Pl.

17.

Ein Genius reitet nach rechts auf einem geflügelten Delphin, dessen Schwanz in einen phantastischen Kopf endigt, in dessen Rachen eine Schildkröte sitzt. H. 5" 4''', Br. 6" 11''' d. Pl.

18.

Auf zwei phantastischen Elephantenköpfen sitzen unter dem frei schwebenden Deckel einer

Schaale zwei Knaben, die einen dritten zwischen ihren Rücken aufwärts gerichtet liegenden an den Armen halten. Letzterer hat im Mund ein brennendes Licht. H. 5" 7''', Br. 7" d. Pl.

19.

Eine Vase mit Blätter- und Blumenstengeln, die zum Theil in phantastischen Köpfen endigen; zwei solche, gegen unten seitwärts der Vase, mit Elephantenrüsseln, gleichen Delphinköpfen. H. 5" 6'" Br. 6" 11''' d. Pl.

20.

Ein phantastischer Adler mit zwei Köpfen, nach Art des deutschen Reichsadlers componirt. Rechts oben eine geflügelte Schlange, die eine kleine Schlange in ihrem langen spitzen Schnabel hält, links ein anderes phantastisches Thier mit rundem Hut auf dem Kopf. H. 5" 6''', Br. 7" 1''' d. Pl.

21.

Kopf eines Greises mit langem, vor dem Brustharnisch herabfallendem Bart, mit phantastischem Helm, dessen Kleinod ein phantastisches, geflügeltes Thier bildet, statt der Arme sieht man Armschinen und sich krümmende, in Thierköpfe und strahlende Kugeln endende Arabesken, auf welchen phantastische Insecten sitzen. H. 5" 6''', Br. 7" d. Pl.

22.

Halbe Figur einer von vorne gesehenen weiblichen Gestalt mit phantastischen, zum Theil in phantastische Thierköpfe endenden Flügeln und mit Löwentatzen statt der Füsse. Auf den genannten grösseren Flügeln sieht man noch kleinere, auf welchen zwei Kinder mit Maske und Lichtscheere angebracht sind. Zu Seiten dieser wappenartig componirten Groteske brennen oben zwei Lichter. H. 5" 4"', Br. 6" 10"' d. Pl.

23.

Fünf phantastische Thiere. In der Mitte ein geflügeltes Insect mit einem Fisch zwischen seinen scheerenartigen Mundfängen. H. 5" 3"', Br. 6" 10"' d. Pl.

24.

In der Mitte oben die Halbfigur einer Frau mit Schmetterlingsflügeln, ihr Kopf ist nach links gewendet, ihre Beine gehen in phantastische flügelartige Gebilde mit zwei Gesichtern und diese wieder in Tatzen über, welche auf Consolen ruhen. Seitwärts andere phantastische Gestalten, unter welchen rechts eine mit einem Wickelkind wahrgenommen wird. H. 5" 6"', Br. 7" d. Pl.

25.

Auf einer nach rechts gerichteten phantastischen Kuh, deren Hinterkörper in ein Schneckengehäuse und deren Vorderfüsse in Krokodillenköpfe enden, reitet ein geflügelter Greis mit Pelzmütze mit grossen Federn. Rechts oben eine durchgeschnittene geflügelte Frucht an einem Stengel, links ein anderes Phantasiegebilde. H. 5" 2"', Br. 6" 10"' d. Pl.

26.

In der Mitte ein phantastisches Thiergebilde mit Adlerklauen, dem Kopf eines Mannes, an dessen Mütze ein Fisch steckt, und mit zwei aufwärts gerichteten Flügeln, die oben in zwei schlangenartige Köpfe auslaufen. Links oben, mit dieser Figur durch eine Arabeske verbunden, ein Türkenkopf, dessen Bart in Hirschgeweih übergeht, rechts ein anderes chimärisches Thier, deren noch zwei unterhalb der letzteren bemerkt werden. H. 5" 5"', Br. 6" 10"' d. Pl.

27.

Eine Blumenvase, in deren schweifwerkartig gebildeten Henkeln zwei geflügelte phantastische Menschengestalten mit Frauenbrüsten und Hüten auf dem Kopf angebracht sind. Der Fuss der Vase geht in arabeskenartiges Laubwerk und eine hopfenartige Frucht über. H. 5" 3"', Br. 6" 10"' d. Pl.

28.

Vier arabeskenartige Gebilde; zwei in der Mitte übereinander, aus Pflanzentheilen und thierischen Formen bestehend, das rechts befindliche endigt unten in einen Krebs, oben in eine zwischen zwei Zweigen stehende Kornähre. H. 5" 6''', Br. 7" 1''' d. Pl.

29.

Ein phantastischer Kronleuchter mit zwei brennenden Lichtern, die auf Arabesken stehen, welche in phantastischen Pferdeformen endigen. Oben in der Mitte des Leuchters eine Ritterrüstung mit phantastischen Flügeln. Unten links und rechts zwei phantastische Thiergebilde mit einem Todtenkopf und einer Kugel zwischen den Tatzen. H. 5" 6''', Br. 7" 1''' d. Pl.

30.

In der Mitte ein geflügelter phantastischer Kopf, dessen Flügelenden zwei Trompeten bilden, aus welchen zwei Thierköpfe mit weit aufgesperrten Rachen hervorgekommen sind. Oben auf den Flügeln stehen zwei Muscheln, die als Oellampen dienen, deren Dochte durch den langen Schnabel eines phantastischen Vogels gehalten werden, an den Ausgüssen der Lampen hängen Arabesken und an diesen gegen unten zwei geflügelte Fische. Auf jeder Seite noch eine arabeskenartige Verzierung mit geflügelten phantastischen Schlangen. H. 5" 6''', Br. 6" 10''' d. Pl.

31.

In der Mitte eine ovale Cartouche in die Höhe mit einer landschaftlichen Ferne und einem Stück des Zodiacus, oben hinter ihr Saturn; auf den Seiten stehen zwei phantastische hermenartige Gebilde. H. 5" 6''', Br. 7" d. Pl.

32.

Rechts ein bärtiger Greis mit einer starken Kerze in den Händen und einer phantastischen Mütze auf dem Kopf, sein Leib ist schneckenartig gestaltet, statt der Beine Schweifwerk angesetzt; ihm gegenüber sieht man ein aus allen möglichen Thierformen zusammengesetztes Gebilde, mit dem Kopf eines Schweines, einer Krebsscheere statt des einen Fusses, welche einen Fisch hält und in einer Stelze ruht; auf dem in einem Thierkopf endigenden Schwanz steht ein Licht, das ein Hund mit einer Scheere löscht. H. 5" 6''', Br. 7" d. Pl.

33.

In einer Landschaft mit weiter Ferne, in welcher links vorn eine Dattelpalme wächst, schreitet vorn gegen links ein phantastisches Ungeheuer, das auf einem in einem Knochen steckenden Jagdhorn bläst, es hat einen Hundskopf mit phantastischem Helm, phantastische Flügel, ist geharnischt und hat ein Schwert an der Seite. Seine Beine endigen in phantastischen Thierköpfen. H. 5" 4''', Br. 6" 10''' d. Pl.

34.

Auf einem mit zwei Delphinen verzierten Fussgestell ruht ein aus Thier- und Menschenformen zusammengesetztes phantastisches Gebilde; es trägt auf dem Kopf einen phantastischen Schmuck, und hält mit zwei Händen ein volutenartiges Gebilde, das sich gegen rechts oben krümmt und hier in eine geflügelte chimärische Thiergestalt übergeht, welche ihren Rachen weit aufreisst. H. 5" 6"', Br. 7" d. Pl.

35.

Zwei phantastische Gebilde; das links befindliche stellt einen Ochsen vor, welcher sich mit der Malerei zu beschäftigen scheint, statt der Hörner hat er geschweiftes Blattwerk und dazwischen eine Feder, seine Brust ruht auf einem Schneckengehäuse mit phantastischem Kopfe unten, er hält in den Klauen Pinsel, Malerstock und Palette. H. 5" 4"', Br. 6" 11"' d. Pl.

36.

Zwei Hängegrotesken, in der Form an Kronleuchter erinnernd, die links mit den Halbfiguren zweier Quacksalber auf den Seiten, die rechts mit zwei Elephantenköpfen. H. 5" 4"', Br. 6" 10"' d. Pl.

37.

In der Mitte eine Cartouche mit einem geflügelten Knaben, der die Laute spielt; er steht, en face gesehen, auf dem Laub eines Baumes, sein Kopf ist bekränzt. Auf jeder Seite eine Arabeske. H. 5" 4''', Br. 6" 10''' d. Pl.

38.

In der Mitte eine schlichte Cartouche, in welcher der Todesgenius auf einem Grabhügel sitzt und in der Linken eine Fackel hält. Links oben und unten phantastische Thiere, rechts oben auf einer Console ein phantastischer, auf allen Vieren kriechender Affe, dem ein brennendes Licht im Hintern steckt, rechts unten ein Mann mit rundem Hut, und Glöckchen und Stab, den ihm ein Affe zu entreissen sucht. H. 5" 6''', Br. 7" d. Pl.

39.

In der Mitte steht, von vorne gesehen, auf zwei Posaunen blasend und den einen Fuss erhoben, ein Genius auf der geflügelten Weltkugel, die über einem auf einem Buch liegenden Helm schwebt, das Buch ruht auf drei landwirthschaftlichen Geräthen. Links ein Seifenblasen hauchender Genius, rechts ein in ein Buch schreibender. H. 5" 6''', Br. 6" 11''' d. Pl.

40.

Drei Genien zu Pferde: der links, gegen hinten sprengend, stösst in eine Trompete; der in der Mitte hält eine Fackel und zwei Flügel, der rechts, auf bäumendem Pferd, mit einem Helm auf dem Kopf, Peitsche und Zaum. H. 5" 6''', Br. 7" d. Pl.

41.

Zwei tanzende Genien: der eine, ein Knabe, links, der andere, ein Mädchen, rechts, beide von vorne gesehen. Zwei aufspielende Genien mit Laute und Geige sitzen in der Mitte des Grundes auf einer Grasbank. H. 5" 6"', Br. 7" d. Pl.

42.

Zwei Genien im Duell: der eine, getödtet, liegt vorne gegen rechts rücklings auf dem Erdboden, der andere, mit Schwert, Schild und Helm bewaffnet, entflieht, von einem dritten begleitet, nach links. Landschaft mit weiter Ferne, mit der Mondsichel und einem Kometen am Himmel. H. 5" 6"', Br. 7" d. Pl.

43.

Zwei tanzende Genienpaare vorne links und rechts in einer Landschaft mit Ferne. In der Mitte ein Baum, in dessen Laub ein Musikant sitzt, dessen Nase, auf welcher er spielt, clarinettartig gewachsen ist. H. 5" 4"', Br. 6" 11"' d. Pl.

44.

In der Mitte spielen zwei Genien mit einem Hund, der den einen an der Backe leckt; links sitzt vor Schilf oder Rohr ein dritter, vom Rücken geschen, der einen Krebs zeigt; ein vierter, rechts, zeigt ein Rohr. H. 5" 4"', Br. 6" 10"' d. Pl.

45.

In der Mitte eine Kuh mit Pfauenschweif und einem Baum auf dem Kopf zwischen ihren zweigartig gestalteten Hörnern; links zu Pferde ein phantastischer Vogel mit Lanze, an welcher oben eine Schlange; rechts ein phantastisch gerüstetes Thier, dessen Kopf ein feuerndes Gewehr bildet. H. 5" 6''', Br. 7" d. Pl.

46.

Zwei kämpfende Genien zu Pferde: der links ist gerüstet und durchbohrt mit seiner Turnierlanze das Bein seines vom Pferde sinkenden Gegners, dessen Schild und Lanze vorne auf dem Erdboden liegen. H. 5" 6''', Br. 7" d. Pl.

47.

Drei Genien: der rechts, gegen vorne schreitend und mit umgehängtem Schwert, trägt auf dem Kopf einen Korb, auf welchem ein phantastischer Vogel sitzt; der links, den Hintern zeigend, wirft mit dem Fuss Eier aus einem Korb; der dritte zieht an einer auf einer Schnecke ruhenden Arabeske. H. 5" 4''', Br. 6" 10''' d. Pl.

48.

Rechts ruht, nach rechts gekehrt und fast vom Rücken gesehen, ein Genius mit einem Schwan, links in entgegengesetzter Richtung ein zweiter mit einem runden Hut auf dem Kopf. Beide sehen sich nach einem dritten, in der Mitte gegen links vorne schreitenden um, der eine Kuh auf dem Rücken trägt. H. 5" 3"', Br. 6" 10"' d. Pl.

49.

Ratte und Maus im Zweikampf. Beide sitzen auf phantastischen Thieren; die Ratte, links, mit zerbrochenem Schwert und von dem Spiess ihres Gegners durchbohrt, sinkt zurück; die triumphirende Maus, statt des Helmes mit einem rauchenden Trichter auf dem Kopf, schwingt das Schwert. H. 5" 6"', Br. 6" 11"' d. Pl.

50.

Frosch und Krebs im Zweikampf. Sie rennen auf Ziegenbock und Widder gegen einander; der Frosch, links, ist von einem Rohr durchbohrt, das sein Gegner statt der Lanze führt, und sinkt hinten über. Der Krebs trägt eine Krone mit Elephantenrüssel auf dem Kopf. H. 5" 6"', Br. 7" d. Pl.

51.

Drei Genien in einer Landschaft mit einem Weidenbaum links im Grund. Der links, vom Rücken gesehen, spritzt mit einer Klystierspritze nach seinem in der Mitte stehenden, ebenfalls vom Rücken gesehenen und ein Tuch haltenden Cameraden; der dritte, einen Zweig haltend, sitzt rechts. H. 5" 4"', Br. 6" 11"' d. Pl.

52.

Drei Genien vorne in einer Landschaft mit Bäumen im Grund. Der in der Mitte füllt mit einer Spritze eine Kugel, der zweite eilt von links mit einer zweiten Kugel herbei, der dritte von rechts mit einem Bierglas, in welches er seinen Arm gesteckt hat. H. 5" 4'", Br. 6" 10'" d. Pl.

53.

Vier Kinderköpfe in zwei Reihen, mit phantastischen Flügeln statt der Arme, alle mit Mützen und Hüten auf dem Kopf. H. 5" 6'", Br. 6" 11'" d. Pl.

54.

Vier andere mit Flügeln statt der Arme, der rechts unten der eines beturbanten Türken, der links unten eines Mohren mit zwei Federn auf beiden Seiten des Kopfes. H. 5" 6'", Br. 6" 11'" d. Pl.

55.

In einer schlichten Cartouche reitet vorne auf der See ein Genius auf einem rechtshin schwimmenden Delphin, er hält ein Rohr in der Linken und biegt den Oberkörper nach links um. In den Winkeln des Blatts vier phantastische Thiere. H. 5" 4'", Br. 6" 10'" d. Pl.

56.

Schlichte Cartouche mit einer Landschaft, in welcher vorne ein Baum wächst; in der Mitte ruht auf Gewölk ein Genius, der einen Vogel mit langem, spitzigem, über die Cartouche hinausreichendem Schnabel umarmt. In den Winkeln des Blattes vier Grotesken, unter welchen links unten ein wandelnder Blasebalg. H. 5" 5"', Br. 6" 10"' d. Pl.

57.

Vier Ovale in zwei Reihen, mit Genien auf phantastischen Seethieren: links oben ein Genius mit Blumenfüllhorn auf einem nach rechts rudernden Seethier, oben rechts einer mit Blumenstengel auf einem sich linkshin bewegenden Delphin, unten links ein dritter auf einem hundeähnlichen Seeungethüm, rechts ein vierter auf einem Seedrachen, der eine Schildkröte fängt. H. 5" 6"', Br. 7" 1"' d. Pl. Die Ovale, wie die folgenden, H. 1" 11"', Br. 2" 8"'.

58.

Vier andere Ovale mit Genien auf phantastischen Seethieren: links oben einer auf einem Seepferd, gerüstet, das Schwert gegen ein Ungethüm schwingend; rechts oben auf einem Delphin ein Mädchen, das einen Pfeil abschiesst; links unten auf einem Seelöwen ein dritter Genius mit brennender Fackel; rechts unten auf einem Seehund ein vierter, der auf einem Horn bläst und in der Rechten einen Zweig hält. Gleiche Grösse.

59.

Vier andere: links oben ein rücklings auf dem Wasser, aus welchem vorne ein Hundskopf hervorkommt, schwimmender Genius; rechts oben ein Genius mit einem Zweig in der Linken neben einem Delphin, dessen Kopf er streichelt; links unten ein dritter auf einem wallfischartigen Seethier, mit einem Pfeil in der erhobenen Linken; rechts unten auf dem Ufer ein vierter, mit Angeln beschäftigt. Gleiche Grösse.

60.

Vier andere: oben links ein auf dem Ufer knieender Genius, der einen Krebs fängt; oben rechts ein auf einem Seeungethüm mit Hasenkopf reitender; unten links auf einem Delphin ein dritter mit Regenschirm im Arm; unten rechts ein vierter auf einem schlangenartigen Seedrachen, mit Blumenstengel im Arm. Gleiche Grösse.

61.

Vier andere: oben links ein Genius mit Turnierlanze in der Linken, auf einem Delphin; oben rechts einer mit langem Spiess auf einem Seepferd; unten links ein dritter, halb aus dem Wasser hervortauchend, mit Messer und Fisch in den Händen; unten rechts ein vierter mit einem Blumenstengel, an einem sich rechtshin bewegenden Delphin mit Elephantenrüssel. Gleiche Grösse.

62.

Vier andere: oben links ein Genius auf einem phantastischen, sich nach rechts bewegenden Seethier, dessen dünne Zunge er mit der einen Hand fasst, während er mit der andern zwei kleine Stengel über das Oval hinaushält; oben rechts ein zweiter, der sich mit beiden Händen gegen den Erdboden stützt, das eine Bein erhebt und im Begriff ist, kopfüber zu schiessen; unten links ein dritter auf einem Delphin, in der Linken ein Schwert, mit der Rechten einen runden Schild über dem Kopfe haltend; unten rechts ein schreiender vierter, der eine Schlange, die ihm in die Schaam beisst, am Schwanz hält. Gleiche Grösse.

INHALT
des Werkes des Chr. Jamnitzer.

Das Neu-Grotesken-Buch. . . . . Nr. 1—62

HANS MEICHSNER.

Dieser, in dem ersten Drittel des 17. Jahrhunderts in der freien Reichsstadt Rothenburg an der Tauber arbeitende Meister taucht meines Wissens zuerst im Sternberg-Manderscheid'schen Kupferstichkatalog auf und zwar unter dem befremdlichen Namen Hans Meichsnerschifter. Was Nagler in seinem Künstlerlexicon über ihn sagt, ist diesem Katalog entlehnt; sei es aber, dass er den Namen nicht scharf fixirte, oder dass er ihn unverständlich fand, aus einem Meichsnerschifter machte er einen Meichsenschiffer. In seinem Monogrammenlexicon III, 1254 führt er gar eine dritte Lesart ein, der Künster heisst hier Meichsenschifter. Alle drei Namen sind falsch; der Künstler heisst einfach Meichsner und das Wort Schifter bezeichnet die Profession, die er trieb; er war Schifter, Schäfter, Büchsenschäfter, dasselbe was Peter Opel von Regensburg war, den wir im II. Band dieses Werkes behandelt haben.

Nagler verzeichnet in seinem Monogrammenlexicon vier Stiche dieses Büchsenschäfters; wir haben zu bemerken, dass der Name Gg. Meichsler, No. 1, unrichtig, und dass die No. 2, dasselbe Portrait, kein neues Blatt, sondern nur eine Abdrucksgattung von No. 1 ist.

DAS WERK DES H. MEICHSNER.

1. Erasmus Widmann.
H. 6" 2''', Br. 4" 9'''.

Cantor und Organist zu Rothenburg a. d. T. Brustbild, etwas nach rechts gewendet, innerhalb eines Ovals, an dessen Grund rechts das Wappen des Abgebildeten — drei Weintrauben im Schild — angebracht ist. Um das Oval herum lesen wir: ERASMVS. WI. . DMANNVS. HALENSIS. SVEVVS. ANNO. AETATIS. 45. Ueber dem Oval befindet sich eine lange, von einem Mann und einer Frau gehaltene Tafel mit einer musikalischen Composition der Worte: „*Muſica, nympha, merum, merum, triſtia corda ./. levant ://:*." Unten liest man an einer zweiten Tafel: „*Cum loeto loetus, cum tristi tristis ERASMVS WIDMANNVS cunctis, ecce, paratus adest.*" Zu beiden Seiten dieser Schrifttafel sitzt links ein Lautenschläger, rechts ein Bassgeiger. Verzierungen füllen den übrigen Raum ausserhalb des Ovals aus. Unten in der Mitte unter dem Oval das Monogramm des Stechers.

Auf der Rückseite des Bildes steht eine gedruckte Widmung einer Sammlung *Geistlicher Lateinifch und Teutfcher Moteten an Bürgermeifter und Rath der Reichsftadt Ulm*, datirt „*Rotenburg auff der Tauber den* 1. *Janu. Anno* 1619" *von Erafmus Widmann Cantor und Organift allda.*

Es dürfte Abdrücke vor dieser Widmung auf der Rückseite geben.

2. Georg Meichsner.
H. 5'', Br. 4'' 10'''.

Schul- und Rechnenmeister zu Rothenburg. Brustbild, nach links gewendet, mit Wams, Mantel und Halskrause bekleidet, in einem Oval mit passepartoutartiger Umgebung und mit der Umschrift: „GEORGIVS. MEICHSNER. ROTENBVRGOTVBERANVS. LVDIM. & ARITHM. NAT. 20. FEBR. ANNO. 1595." Zu den Seiten stehen die Figuren des PYTHAGORAS und EVCLIDES, oben sieht man in Querovalen links Güterballen aus einem Schiff auf das Land gebracht werden, rechts in einem Zimmer vier Männer um einen Tisch mit Rechnen und Zählen beschäftigt. Unten ist eine Ansicht von Rothenburg mit der Aufschrift an der Luft: ‚ROTENBVRG. VF. DER. THAVBER.'' Unten innerhalb des Ovals steht an einer Brüstung: „*fcalps*. 1625", und darunter das Zeichen des Stechers.

I. Beschrieben.

II. Nur das Bildniss, ohne die Umgebung, die weggeschnitten ward.

3. Die Ansicht von Rothenburg an der Tauber.
H. 7″ 10‴, Br. 12″ 3‴.

In einem Rahmen, der an den Ecken einwärts abgerundet ist. Zwei in der Luft schwebende Engel halten ein Band mit der Aufschrift: ROTEN-BVRG VF DER THAVBER. Darunter sind zwei Wappen, links ein drittes in einem Lorbeerkranz. In einem vierten rechts befindlichen Lorbeerkranz steht die Jahreszahl *MD.XV.* In den vier Ecken sind die vier Elemente durch Thiere vorgestellt, und unten ist eine Cartouche mit der Erklärung der Zahlen und dem Namen *hanſs Meichſner ſchifter fecit:*

INHALT
des Werkes des H. Meichsner.

Erasmus Widmann. Nr. 1
Georg Meichsner. 2
Ansicht von Rothenburg an der Tauber. 3

G. G.   I. G.

GEORG GÄRTNER.

Auch Gertner, latinisirt Hortulanus geschrieben, der Jüngere dieses Namens, ein Sohn und Schüler des älteren Georg. Ein geschickter Maler zu Nürnberg (in Oel und Miniatur), zu wiederholten Malen Vorstand der Malerzunft und einer der glücklichsten Nachahmer und Copisten des Albrecht Dürer. Er starb den 16. Februar 1654.

Diesem Gärtner sind folgende Radirungen zuzuschreiben, welche sämmtlich seinen Jugendjahren angehören: eine Allegorie auf die Wirkungen des Weins und eine Abbildung des Leichenzugs des Markgrafen Georg Friedrich von Brandenburg in 44 Blättern. Auf einigen Blättern dieses Zuges findet sich ein Monogramm aus den ineinandergezogenen Buchstaben IG bestehend, das bisher auf den Kölnischen Schreiner und Kupferätzer Joh. Guckeisen gedeutet worden ist. Sichere Anhaltspunkte für diese Auslegung finde ich nirgends, weder bei Brulliot noch bei Nagler. Guckeisens beglaubigte Monogramme haben eine andre Form; dass ferner Guckeisen je in Ansbach oder Nürnberg gearbeitet hat, ist durch Nichts nachzuweisen. Das Monogramm ist meines Erachtens vielmehr in Jörg Gärtner aufzulösen. Es hat ganz die Form des bei Brulliot I Nr. 2147 abgebildeten, wo noch nach Hellers Angabe bemerkt wird, dass sich dasselbe auch auf Copien nach Bildern Albr. Dürers befinde; dieser glückliche Copist und Nachahmer A. Dürers ist eben unser Georg oder Jörg Gärtner.

Ein anderes Zeichen, aus denselben Buchstaben bestehend, findet sich auf einer Radirung, welche die Fleischbrücke in Nürnberg vorstellt. Auch dies Blatt wird mit Unrecht dem Joh. Guckeisen zugeschrieben.

DAS WERK DES G. GÄRTNER.

1. Die Wirkungen des Weines.
H. 7″, Br. 7″ 11‴.

In 5 Ovalen dargestellt; in der Mitte eine Bauernschlägerei; oben links Noah im trunkenen Zustand von seinen Söhnen verspottet, rechts die Hochzeit zu Cana, unten links Loth mit seinen beiden Töchtern, rechts der barmherzige Samariter. Die Ovale sind von Arabesken mit Thieren umgeben; oben in der Mitte ein Löwe, unten eine Sau, links ein Bär, rechts ein Hund. Einzelne Scenen sind nach Blättern des Hans Sebald Beham und Jost Amman copirt. Unter dem Ganzen liest man über zwei gedruckten lateinischen Versen folgende Ueberschriften: *VINI Vituperium Laus.* Die Verse beginnen: *ECce mero Noah dantem... HOſpitis ipſius Cananai...* Unter diesen steht in der Mitte: *Georgius Gertnerus Noricus Anno* 1604.

Nagler führt in seinem allgemeinem Künstlerlex. dieses interessante Blatt als eine Arbeit des M. Zündt auf. An Zündt ist nicht zu denken, Zündt war 1604 längst verstorben, und seine

Manier ist ungleich feiner und anders als diejenige unserer Radirung, die sich vielmehr den kräftigeren Arbeiten des Jost Amman nähert, daher der selige Steuerinspector Becker in Würzburg auch Lust hatte, das Blatt dem Letzteren zuzuschreiben.

2. Der Leichenzug des Markgrafen Georg Friedrich von Brandenburg 1603.

44 numerirte Blätter, denen eine gedruckte Beschreibung des Zuges vorausgeht. Die Ueberschrift dieser Beschreibung lautet: „*Warhaffte Befchreibung vnd abriß / deren bey der kläglichen vnd Trawrigen Leicht / deß . . . . Herrn Georgen Friderichs Marggrafen zu Brandenburg/...gehaltener Procefsion.*" Der Zug, der von Ansbach nach Kloster Heilsbronn, dem Begräbnissort der Markgrafen, geht, bewegt sich auf der Abbildung nach links. — Auf dem letzten Blatt lesen wir: „*Zu Nürnberg durch Georgen Gärtner des Jüngern | in der Newengaffen / verlegt vnd in Truck verfertiget /.* 1603." Hierunter befindet sich innerhalb eines Kranzes und am Stiel einer Blume das Monogramm unseres Künstlers, aus den verschlungenen Buchstaben GG bestehend. Auf den meisten Blättern sind unten die Theilnehmer des Zuges genannt. Auf einzelnen Blättern wiederholt sich mit geringen Abweichungen die Darstellung. Wir geben zur Unterscheidung der einzelnen Blätter den Anfang der Unterschriften an. Das Werk ist äusserst selten.

1) *Erstlich führen 6 Adelicher Hof Junckern den Process /...* H. 6" 5''', Br. 8" 9'''.

2) *Peter Ramazon Bassist.* H. 9" 7''', Br. 3" 7'''.
3) *Hierauff folget der Rector vnd andern Praeceptores.* ..
H. 5" 10''', Br. 10" 11'''.
4) *Hernach gehet der Statt Onoltzbach Stifftprediger* ... H. 5"9''',
Br. 10" 10'''.
5) *Die Cantores vnd Instrumentisten zu Hof.* H. 5" 11''',
Br. 11".
6) *Der Heerpaucker vnd nach jhm sein Jung.* H. 5" 9''',
Br. 7" 1'''.
7) *Nach jhm folgen 12 Trommeter.* H. 5" 8", Br. 10" 9'''.
8) *Der Wolgeborne Herr / Herr Wilhelmus Graff zu Manfs-
feldt* ... H. 5" 11''', Br. 10" 11'''.
9) *Nach jetzt gedachten Herrn Räthen folgen ob hochermelter
Chur vnd Fürsten Hof Junckern.* H. 5" 9''', Br. 10" 10'''.
10) *auch andere nach Onoltzbach Befchrieben Lehnleut /* ...
H. 5" 9''', Br. 10" 11'''.
11) *Hernach gehen 30 Carabiner mit jhren Rohren.* H. 5" 10''',
Br. 11".
12) *Drey Adelicher Fürstlicher Amptsverwalter.* H. 7" 5''',
Br. 5" 10'''.
13) *Blutfahn.* H. 8", Br. 10" 7'''.
14) *Die Ander Fahn / Marggraffthumb Brandenburg.* H.8"1''',
Br. 10" 7'''.
15) *Die Dritte Fahn / Preuffen* .. H. 8" 1''', Br. 10" 7'''.
16) *Die Vierdte Fahn / Stettin.* H. 8" 1''', Br. 10" 7'''.
17) *Die Fünffte Fahn / Pomern.* H. 8" 1''', Br. 10" 7'''.
18) *Die Sechste Fahn / Caffuben.* H. 8" 1''', Br. 10" 7'''.
19) *Die Siebende Fahn / Wenden.* H. 8" 1''', Br. 10" 7'''.
20) *Die Achte Fahn / Schleffien.* H. 8" 1''', Br. 10" 7'''.
21) *Die Neundte Fahn / Jägerndorff.* H. 8" 1''', Br. 10" 6'''.
22) *Die Zehende Fahn / Burggraffthumb Nürnberg.* H. 8" 2''',
Br. 10" 7'''.
23) *Die Eilffte Fahn / Rügen.* H. 8" 1''', Br. 10" 7'''.

24) *Die Zwölffte Fahn / Zollern.* H. 8" 1"', Br. 10" 7"'.
25) *Die Dreyzehende vnd letzte Haupt Fahn / ... Brandenburgisch Wappen.* H. 8" 1"', Br. 10" 7"'.
26—27) 3 Bl. *Nun folget die Fürstlich Leych mit acht Pferden...* H." 5 8"', Br. 10" 7—8"'.
28) *Auff die Fürstliche Leych folgen die Clag ...* H. 5" 9"', Br. 10" 10"'.
29) *Nun folgen der Fürsten ... abgesanden.* H. 5" 9"', Br. 10" 11"'.
30) *Fürstl: Durchl: ... hinterlassene Rähte zu Onoltzbach.* H. 5" 8"', Br. 11".
31) *Der 8 Hauptstädt Abgesandte ...* H. 5" 10"', Br. 11".
32) *Der Fürstlichen Fraw Wittibin Hoffmaister/...* H. 5" 8"', Br. 11".
33) *Clag der Fürstlichen Weibs Personen.* H. 5" 9"', Br. 10" 10"'.
34) *Frawen Doratheen Katharinen / ... Fraw Catharinen Sophien / ...* H. 5" 10"', Br. 10" 10"'.
35) *Fräwlein Anna Mariam / ... Fräwlein Emilien / ...* H. 5" 10"', Br. 10" 10"'.
36) *Fraw Dorotheam / ... Fraw Elisabethen / ...* H. 5" 10"', Br. 10" 10"'.
37) *Fraw Claram / ... Fräwlein Sibillen / ...* H. 5" 10"', Br. 11" 1"'.
38) *Weyland / Hertzog Carols Pfaltzgraffen Fräwlein / Fraw Mechtildin / ...* H. 5" 8"', Br. 10" 10"'.
39) *Fraw Sophiam / ... Gräflichs Fräwlein von Diffoldt /* H. 5" 9"', Br. 11".
40) *Gräflichs Fräwlein von Schlick / ...* H. 5" 9"', Br. 10" 10"'.
41) *Der Fürstlichen hinderlassenen Fraw Wittibin / Frawenzimmer / ...* H. 5" 0"', Br. 10" 10"'.
42) *Fürstlicher Cantzley / Cammer vnd Renthey verwandte/...* H. 5" 8"', Br. 10" 11"'.
43) *Hernach folgen Fürstl: Durchl: Furierer vnd Sattelknecht.* H. 5" 8"', Br. 10" 10"'.

44) *Cantzley/Cammer... Raths Weiber/sampt anderen Burgers Weibern.* H. 5" 9"', Br. 10" 10"'.

3. Eine Vase mit Blumen.
H. 18" 5"', Br. 12" 5"' d. Pl.

Schönes, mit dem Grabstichel ausgeführtes Blatt. Der Blumenstrauss ist äusserst reich, Schmetterlinge und andere Insecten sitzen an einigen Blumen. An der Vase ist das Wappen der Markgrafen von Brandenburg-Ansbach angebracht. Unten an dem Postament, auf welchem die Vase steht, ist eine lange, verzierte Tafel mit folgender Dedication: „*Illustri/simo Celsi/simo Principi Domino, Domino* JOACHIMO ERNESTO MARCHIONI BRANDENBVRGENSI .... *Domino humillime offert Georgius Gärtner, Norimb. Pictor. A°. M.DCXII.*"

I. Mit dieser Dedication.

II. Die Dedikation ist aus der Platte herausgeschnitten und an ihre Stelle der Vers: „*Nunc nitidi redolent flores sed tempore parvo*" etc. eingesetzt. An der Vase war zuvor das Brandenburgische Wappen abgebildet, jetzt sieht man an ihr ein Emblem: eine Frau mit einem Todtenkopf und zwei Tulpen in den Händen. Ohne Gärtner's Namen.

4. Die Fleischbrücke in Nürnberg.
H. 11" 1"', Br. 7" 10"'.

Das Blatt, zum Andenken der Errichtung dieser Brücke radirt, besteht aus zwei Abtheilungen, von welchen die untere eine Ansicht der Brücke

bietet. Die obere zeigt auf beiden Seiten Avers
und Revers zweier auf die Brücke geschlagener
Medaillen, dann in der Mitte auf einem Sockel
den, Touristen wohlbekannten, Stier über der Ein-
gangsthür der Fleischbank. Am Sockel liest man:
Omnia Habent ortūs etc.; oberhalb des Stiers an
einer verzierten Tafel: *Bos ego sum non bos* etc.;
unterhalb sieht man einen viereckigen Stein mit
drei Löchern; den Grundstein der Brücke, drei, in
die Löcher zu stellende Gefässe stehen auf ihm,
zwei nackte Knaben sitzen auf den Seiten und an
ihm liest man: *Figura lapidis pro bafi hujus ponti*
etc. Unten im Blatt auf einer langen, an den
Enden gerundeten, verzierten Tafel steht: *Struc-
turas laudent alij: mirentur, Et alle* etc. Unter dieser
Tafel sieht man Gärtner's Zeichen I G.

INHALT
des Werkes des G. Gärtner.

Die Wirkungen des Weines.	Nr. 1
Der Leichenzug des Markgrafen Georg Friedrich von Branden-burg. 44 Bl.	2
Eine Vase mit Blumen.	3
Die Fleischbrücke in Nürnberg.	4

B. D.

BARTHOLOMEUS DIETTERLIN.

Maler und Bürger zu Strassburg, wo er 1610 geboren ward. Er war der Sohn des Freskenmalers Hilarius Dietterlin und der Enkel des berühmten Wendel Dietterlin, den wir bereits im zweiten Bande dieses Werkes besprochen haben. Nachrichten über seine künstlerische Thätigkeit reichen nicht über die zwanziger Jahre hinaus, er scheint jung verstorben zu sein. In der Kunst nahm er seine beiden Vorgänger Wendel und Hilarius zum Vorbilde, wir erkennen das aus seinen Radirungen, die ganz den Charakter der Arbeiten seines Grossvaters tragen. Er malte nach Carl van Mander eine Passion auf 13 Tafeln, eine Kreuzigung Christi mit 112 Figuren, 1623 vollendete er Hans Baldung's (Grien) Sündfluth; andere Nachrichten besagen noch, dass er auch Landschaften in Wasserfarben gemalt habe.

DAS WERK DES B. DIETTERLIN.

1. Christus am Oelberge.
H. 15" 2''', Br. 28" 4'''.

Composition von zwei Platten. Man sieht den Heiland in der Mitte, wo oben vor dem Fels der Engel mit dem Kelch erscheint, links die verrätherische Schaar zur Pforte des Gartens hereintreten, rechts Christus gebunden fortgeführt werden. Eine grosse Anzahl Figuren belebt die Composition. Oben links an einer grossen Tafel eine Widmung: DOMINO DNO FERDINANDO II. ROMANORVM IMPERATORI SEMPER AVGVSTO – – – *dedicat Hilarius Dietterlin Pictor et Civis Argentoratenſis hunc Montem Olivarum* – – – *a filio ſuo Bartholomaeo undecimo Aetatis ſuae Anno delineatus est. Cum Gratia & Priuilegio Caeſ: Maiest: ad Deceñium.* Im Unterrand vier Distichen: IESU NOSTRA SALUS, *dum flexo poplite* u. s. w.

2. Das Jesuskind.
H. 6" 8''', Br. 5" 4'''.

Es sitzt, von vorne gesehen, mit Kranz und kleiner Krone auf dem Kopf, auf der Krippe auf einem Kissen, hält auf der Linken die Weltkugel und zeigt mit der Rechten auf das Kreuz, das nebst dem Speer und Schwammstock links an einen Palmbaum gebunden ist. Rechts ein Lorbeerbaum und die Siegesfahne, am Grund eine Glorie von Cherubs. Oben Inschriften. Unten an einer Tafel: *Gott geb vns allen ein Frewdenreich New Jar – – – Hilarius Dietterlin figur: Barthol: ipsius filius fcul Cum Gratia & priuilegio Caes. Maistatis.*

3. Allegorie auf die Erlösung der Menschheit durch Christus.
H. 11" 6''', Br. 21" 6'''.

Drei unten links numerirte Platten mit lateinischen Versen im Unterrand. Die Vorstellungen selbst, ebenfalls in drei Abtheilungen, sind durch Säulen getrennt. In der linken Abtheilung gewahrt man verschiedene alttestamentliche Scenen, so im Mittelgrund die Anbetung des goldenen Kalbes, weiter vorne links die eherne Schlange, ganz vorne rechts einen nackten sitzenden, durch einen Greis unterstützten Mann, welchem Moses die Gesetztafeln reicht. Dieser Mann, das Symbol der sündenbeladenen Menschheit, streckt den Arm nach Johannes dem Täufer aus, der vorne auf dem zweiten oder mittleren Blatt steht und auf den Erlöser zeigt, welcher in der Mitte auf einer durchsichtigen Kugel steht, in welcher die überwundenen Gestalten des Satans, der Schlange und des Todes wahrgenommen werden. Ausserdem sieht man noch den Heiland unter der Last des Kreuzes sinken und am Kreuz hangen. In dem dritten oder rechten Blatt ist die Himmelfahrt Christi vorgestellt. — Oben in der Mitte der Vorstellung ist eine Tafel mit einer lateinischen Dedication an den Magistrat der Stadt Strassburg von Wendel, Barthol. und Hilarius Dietterlin, im Unterrand ein lateinisches Gedicht: *Primus Adam Stygio Captus peccauit* – – – und rechts unter dem dritten Blatt: WENDELINVS DIETTERLIN. *Pater Invenit.* HILARIVS DIETTERLIN. *Filius Excudit.* BARTHOLOMEVS DIETTERLIN, *Nepos AEri incidit. Cum Gratia & Priuilegio Caef: Maiest: ad Decenium.*

Wir machen, um Irrungen vorzubeugen, darauf aufmerksam, dass diese Blätter, namentlich die Himmelfahrt Christi, auch einzeln vorkommen.

4. Allegorie auf die christliche Religion.
H. 15″ 11‴, Br. 11″ 5‴.

Deckenstück. Die allegorische Figur der triumphirenden christlichen Religion, auf Gewölk schwebend, hält in der erhobenen Linken eine Schaale, in welcher ein Licht brennt mit der

Umschrift LVX MVNDI; über ihrem Haupt sieht man die heilige Taube und höher einen Engel mit Kranz und Palme; zur Seite rechts die SAPIENTIA links die IVSTITIA. Die Feinde der Religion, ein Türke, ein Irrlehrer und die Gestalt des Aberglaubens stürzen herunterwärts. Links unten liest man an einem ausgespannten Tuch eine Dedication an Josias Schoner von Hilarius Wendelin und Bartholomäus Dietterlin, in der Mitte: *Cum Gratia & Priuilegio Caef: Maist: ad Deceñium*, im Unterrand einen lateinischen und deutschen Vers: *Sanctum Evangelium radios qua fpargit in orbem – – – Wa Scheint das Eüangelium – – –*.

5. Das Kind auf dem Todtenkopf.

H. 5" 4''', Br. 4" 8'''.

Ein nacktes Kind, welches Seifenblasen haucht, sitzt auf einem, auf dem Boden stehenden Menschenschädel. Links auf einem Stundenglas eine Oellampe. Rechts Blumen. Oben liest man: VANITAS VANITATVM ET OMNIA VANITAS, unten: B D 1624. HOMO BVLLA.

INHALT
des Werkes des B. Dietterlin.

Christus am Oelberg. . . . . .Nr. 1
Das Jesuskind.   2
Allegorie auf die Erlösung der Menschheit durch Christus. 3
Allegorie auf die christliche Religion. 4
Das Kind auf dem Todtenkopf.   5

HANS AMMON.

Maler zu Nürnberg, in der ersten Hälfte des 17. Jahrhunderts thätig, nach seinen Lebensverhältnissen jedoch unbekannt. In einem alten Manuscript finde ich angemerkt, „Hans Ammon war ein feiner Mahler, guter Comediant." Auf dem Rathshaus zu Nürnberg befand sich einst, wie Murr in seinen Merkwürdigkeiten von Nürnberg angiebt, ein Gemälde von ihm, sicher sein Probestück.

Ammon war nicht blos als Maler, sondern auch als Comödiant geschätzt. Er machte die lustige Person, den Peter Leberwurst, und als solcher ist auch sein Portrait in einer guten Radirung der Nachwelt überliefert worden.

Dieses Blatt, mit seinem Zeichen versehen, wird Ammon selbst zugeschrieben. Ich fand auf einem Exemplar von alter Hand beigeschrieben: „Hans Ammon. Ein Mahler in Nürnberg, hat mit den Comedianden die lustige Persohn agirt."

DAS WERK DES H. AMMON.

1. Der Meister selbst.
H. 10" 6"', Br. 8" 6"'.

Ganze Figur, en face, in der Mitte vorne als lustige Person einen Tanz aufführend, indem er sein rechtes Bein erhebt und den linken Arm gegen die Hüfte stützt; in der Rechten hält er einen langen Stecken. Sein Barett ist mit zwei mächtigen Federn geschmückt; in einer unter dem Mäntelchen hängenden Tasche gewahrt man eine Wurst und ein Bierglas. Im Grunde sind Gebäude; rechts ein Thurm hinter einer von Wasser umflossenen Mauer, ein Mann rudert auf dem Wasser einen Kahn, links ein Haus, von welchem sich ein Herr und eine Dame in der Richtung des Wassers entfernen, um vielleicht den Kahn zu besteigen. Ein Hund eilt ihnen voraus. Rechts unten am Boden Ammon's Zeichen.

Es giebt Abdrücke ohne dies Zeichen.

Nagler, die Monogrammisten III. Nr. 594, äussert die Vermuthung, dass H. Ammon auch der

Verfertiger einer zweiten, mit einem ähnlichen Monogramme versehenen Radirung sein könne, welche die „Büste einer phantastisch gekleideten Frau, vielleicht der Madame Leberwurst" darstelle. Wir kennen eine solche Büste nicht, die, falls sie existirt, auf keinen Fall die Madame Leberwurst darstellt, da Frauen in der Rolle der lustigen Person die Bühne nicht betraten. Als Nürnbergerin müsste sie in den Sammlungen nürnbergischer Portraits vorkommen, und in Panzer's bekanntem Buch aufgeführt worden sein, aber beides ist nicht der Fall.

INHALT
des Werkes des H. Ammon.

Der Meister selbst.. . . . . .Nr. 1

JOHANN GAERTNER.

Maler zu Nürnberg, über dessen Lebensverhältnisse Nichts bekannt ist. Sein Bildniss ist 1599 gestochen worden. Es giebt von diesem Gärtner eine künstlerisch geringe Radirung aus dem Jahre 1607, die nur als ein misslungener Versuch im Aetzen zu nehmen ist.

DAS WERK DES J. GÄRTNER.

1. Das Liebespaar.
H. 2″ 8‴, Br. 4″ 9‴ d. Pl.

Vorne in der Mitte einer Landschaft sitzen ein Herr und eine Dame traulich beisammen. Der Herr spielt die Laute, die Dame schmiegt sich an ihn und scheint ihren Arm um seinen Rücken geschlungen zu haben. Im Mittelgrund der Landschaft erblickt man einen See mit zwei kleinen Schiffen, rechts hinter dem See vor einer felsigen Anhöhe einige Gebäude und links, ebenfalls im Hintergrund, ein burgähnliches Gebäude. In der Mitte unten bei den Füssen des Mannes liest man verkehrt geschrieben: *Joh. Gärtner pinxit* 1607.

INHALT
des Werkes des Joh. Gärtner.

Das Liebespaar. . . . . .Nr. 1

F. C. Steinham:

FRIEDRICH CHRISTOPH STEINHAMMER.

Die Lebensverhältnisse dieses Künstlers, dessen Name durch eine geschickte Radirung erhalten ist, sind unbekannt; er arbeitete im Anfang des 17. Jahrhunderts und übte seine Kunst in Nürnberg. Wir wissen dieses aus einer Handzeichnung in unserm Besitz, Andromeda am Felsen, bezeichnet mit dem vollen Namen und der Jahreszahl 1608. In den alten Verzeichnissen der Maler Nürnbergs kommt aber sein Name nicht vor, vielleicht war er fremd und hielt sich nur vorübergehend in Nürnberg auf.

DAS WERK DES F. C. STEINHAMMER.

1. Christus heilt den Besessenen.
H. 6" 5''', Br. 8" 7'''.

Figurenreiche Composition. Der Heiland, von einigen Aposteln begleitet, steht rechts und streckt die Rechte gegen den links ihm gegenüber befindlichen Besessenen aus. In der Mitte kniet eine Frau. Der Besessene, nackt bis auf die Hüften, die durch ein Tuch verhüllt sind, auf ein Knie niedergesunken, hintenübergeneigt und in gewaltsamer Bewegung, wird durch drei Männer gehalten. Hinter dieser Gruppe, so wie hinter der knieenden Frau erblicken wir andere zuschauende Männer und Frauen. Die Scene ereignet sich in einer Landschaft in welcher sich rechts einige Gebäude erheben. Rechts unten an einer steinernen Bank, auf welcher ein Apostel sitzt, lesen wir: *F. C. Steinham: Invñ.* 1612.

INHALT
des Werkes des F. C. Steinhammer.

Christus heilt den Besessenen. . . . . Nr. 1

CHRISTOPH SENNFFT.

Wir wissen Nichts von den Lebensverhältnissen dieses Künstlers, der in Laugingen in Schwaben um 1602 thätig war. Sein Name ist erhalten durch eine Ansicht jener Stadt, die steif nach Art der Goldschmiede gestochen ist. — Ein Jacob Sennfft tritt 1619 in Laugingen als Drucker von fliegenden Blättern auf.

DAS WERK DES CHR. SENNFFT.

1. Die Ansicht von Laugingen.
H. 6" 9"', Br. 13" 8"'.

Die Stadt erstreckt sich durch den Hintergrund, links ist das Schloss. Im Vorgrund ist ein Baumgarten und die Donau, auf welcher ein Kahn mit Pavillon und Fahne segelt. Zwei in der Luft auf Wolken schwebende Genien halten das bayerische und lauginger Wappen (letzteres ist ein gekrönter Mohrenkopf) und in der Mitte liest man an einer Tafel: LAVGINGEN IN SCHWABEN, *Die Fürstliche Pfalzgrävifche Statt, an der ThonaW gelegen.* Unten links ist eine Tafel mit einem Gedicht: *Haec facies — — — stabili prosperitate bea* von Joh. Ort; rechts eine andere Tafel mit dreispaltiger Erklärung und der Bezeichnung: *Christoph Sennfft Laving: fcalp: & exc. Anno* 1602.

INHALT
des Werkes des Chr. Sennfft.

Die Ansicht von Laugingen. . . . . Nr. 1

ANTON BOYS.

Bestimmte Nachrichten über diesen in Tirol thätigen Künstler fehlen uns gänzlich; nach seinem Namen zu schliessen, scheint er aus den Niederlanden eingewandert zu sein. Er erscheint zu wiederholten Malen zwischen den Jahren 1580 und 1600 in den Innsbrucker Pfarrbüchern als Hofportraitmaler am Hofe Erzherzogs Ferdinand. 1585 befand er sich im Gefolge dieses Erzherzogs auf der Reise nach Prag und Landshut zur Festlichkeit der Verleihung des goldenen Vliesses an Kaiser Rudolph II.

Nagler, die Monogrammisten I. 151, spricht von Zeichnungen und einer Radirung, Daniel in der Löwengrube, signirt *AB* und meint, dass dieses Zeichen sich auf unsern Künstler deuten lasse. Nach Rud. Weigel ist letztere Radirung eine Arbeit des A. Bretschneider.

DAS WERK DES ANT. BOYS.

1. Die Festlichkeiten bei der Verleihung des goldenen Vliessordens an Kaiser Rudolph II. zu Prag und Landshut 1585.

Ordentliche Beschreibung mit was ſtattlichen Ceremonien vnd Zierlichheiten / die Röm. Kay. May. vnſer allergnedigſter Herr, ſampt etlich andern Ertzhertzogen, Fürſten vnd Herrn / den Orden deß Guldin Flüß, in diſem 85. Jahr zu Prag vnd Landshut, empfangen vnd angenommen. Neben vorgehender Summariſcher außführung vnd erinnerung, was von diſem Orden / – – zuwiſſen – – Getruckt zu Dillingen, Durch Joannem Mayer. 1587. 4.°

Dieses sehr selten vorkommende Buch, welches mit eingeklebten und eingebundenen Radirungen geschmückt ist, enthält 1 roth und schwarz gedrucktes Titelblatt, 2½ Bll. Vorrede und inclusive der Vorrede 155 beziff. Seiten Text. Der Verfasser ist Paul Zehendtner vom Zehendtgrub, Secretair Erzherzogs Ferdinand.

Die Radirungen, etwas unsicher und unbeholfen in der Zeichnung, tragen kein Zeichen, dass sie aber von der Hand des Ant. Boys sind, vermuthen wir nach der Aufzählung des Hofstaats des Erzherzogs, in welchem Boys unter der Rubrik „Tapesier" als Hofconterfeter im Reisegefolge des Erzherzogs erscheint, so gut Ferdinand die Beschreibung der Reise und Festlichkeiten durch seinen Hofsecretair ausführen liess, so gut wird er auch seinem Hofmaler, der ja in der Eigenschaft eines Decorateurs und Zeichners die Reise mitmachte, aufgetragen haben, die künstlerische Ausstattung des Buches zu besorgen.

Wir geben in Folgendem die Beschreibung der radirten Beilagen.

1) Der Orden des goldnen Vliesses mit der Kette, von ovaler Form. Ohne Schrift, wie die folgenden Blätter. H. 5" 6''', Br. 3" 10'''.

2) Ein Ritter vom Orden des goldnen Vliesses. Ganze, auf getäfeltem Fussboden stehende Figur, nach rechts gewendet, in langem, an den Seiten aufgeschlitztem, bordirtem Talar und mit einer Haube, an welcher ein langes Band. H. 5" 5''', Br. 3" 3'''.

3) Das Wappen des Herolds Oduardo à Cornu, genannt Burgogne. Quadrirter Schild, im ersten und vierten Feld Rauten, im zweiten und dritten eine Lilie. Ohne Helm. H. 4" 4''', Br. 3" 4'''.

4) Wappen des Ritters Christoph d'Assonville. Quadrirter Schild mit Helmkleinod, im ersten und vierten Feld drei Adler, im zweiten und dritten drei Sterne zwischen zwei Arabeskenfeldern. H. 5" 3''', Br. 4"?

5) Wappen des spanischen Gesandten am Wiener Hof, des Herrn Wilhelm de sancto Clemente. Mit zweifachem Kleid. Im ersten und vierten Feld eine Glocke mit dem Worte MARIA, im zweiten und dritten ein Rautengitter. H. 5" 3'", Br. 4"?

6) Die Erzherzöge Carl und Ernst werden durch Erzherzog Ferdinand zu Rittern geschlagen. Die Feierlichkeit ereignet sich in einem langen Saale, der Hofstaat der Fürsten steht auf den Seiten, die beiden Erzherzoge knieen in der Mitte mit einem Knie auf einem Kissen, Erzherzog Ferdinand berührt mit dem Schwert die Schulter des ihm zunächstknieenden Erzherzogs Ernst. H. 5" 2'", Br. 15" 10'".

7) Das Gebet in der Schlosskirche zu Prag. Der Kaiser kniet zwischen der Geistlichkeit auf der Stufe des links befindlichen Altars, auf welchem vier Kerzen zu Seiten des Crucifixes mit Johannes und Maria brennen, ein Buch, Crucifix und der Vliessorden, letzterer auf einem Kissen, liegend, die Erzherzoge Carl und Ernst knien hinter dem Kaiser an der untersten Stufe des Altars. Rechts und im Grund steht das zahlreiche Gefolge. H. 5", Br. 15" 7'".

8) Erzherzog Ferdinand, auf der mittleren Stufe des Altars stehend, redet zu dem, vor den Stufen stehenden Kaiser, auf die zu beschwörenden Satzungen des goldnen Vliessordens hinweisend. Die Erzherzöge Ernst und Carl stehen in der Mitte in der Nähe des Kaisers. Derselbe Schauplatz. Die Umgebung gleicht der des vorigen Blattes. H. 4" 11'", Br. 15" 4'".

9) Der Kaiser auf der untersten Stufe knieend schwört dem auf der mittleren Stufe knieenden Erzbischof den Eid der Treue auf die Satzungen des Ordens; der Erzbischof, dem Kaiser zugekehrt hält das Missale mit dem Crucifix. Derselbe Schauplatz. Die Umgebung ähnlich den beiden vorigen Blättern. H. 5" 1'", Br. 16".

10) Erzherzog Ferdinand, auf der mittleren Stufe des Altars stehend, legt dem Kaiser den Vliessorden um. Derselbe Schauplatz und ähnliche Umgebung. H. 5", Br. 5" 2'''.

11) Erzherzog Ferdinand, auf der obersten Stufe des Altars knieend, überreicht dem Erzbischof das gebräuchliche Opfer. Der Kaiser und die beiden andern Erzherzöge schreiten ebenfalls herbei, der Ehrenherold „Ernhold" und Mons. Assonville stehen vorne. Derselbe Schauplatz und ähnliche Umgebung. H. 5" 3''', Br. 15".

12) Das Mahl oder Banquet. Links die Tafel, rechts das Gerüste mit den Schaugefässen und die aufwartenden Edlen, zu äusserst dieser Seite die Musikanten. H. 4" 9''', Br. 17" 9'''.

13) Wappen des Herrn de Meursein. Quergetheilter Schild, im obern Feld ein halber zweiköpfiger Adler, Helmzier ein halbes Einhorn. H. 5" 3''', Br. 3" 10'''.

14) Wappen des Ranuscio de France. Im Schild Lilien zwischen Arabeskenfeldern, in drei Reihen, oben drei, in der Mitte zwei, unten eine Lilie. Helmzier ebenfalls eine Lilie. H. 5" 3''', Br. 3" 10'''.

15) Das Freischiessen. Links die Schiessstände, deren drei sind, ausserhalb der Barriere Zuschauer und zwei Zelte, rechts der Schiesszweck oder das Ziel, das hier nicht eine Scheibe, sondern ein Ritter zu Pferd auf einem Bogen vorstellt. Vorn in der Mitte auf der Barriere stecken sechs Ehrenfahnen. H. 5" 4''', Br. 17" 5'''.

16) Hochamt in der Kirche zu Landshut, celebrirt durch den Bisthums-Administrator von Regensburg und die Aebte von Tegernsee und Benediktbeuern. Links vorn die Sänger, links oben auf einer Empore fünf Damen, rechts gegenüber Trompeter. H. 9" 8''', Br. 7" 10'''.

17) Feuerwerk zu Landshut. Aus Gewölk, das rechts von der Erde aufsteigt, in welchem auf der Erdkugel das spanische

Wappen zwischen allegorischen Figuren ruht, schiessen viele Raketen hervor, links der fürstliche Palast, dessen Fenster mit Zuschauern dicht besetzt sind. H. 5″, Br. 10″ 9‴.

INHALT.
des Werkes des Ant. Boys.

Die Festlichkeiten bei der Verleihung des goldenen Vliessordens an Kaiser Rudolph II. in Prag und Landshut. 17 Bll. Nr. 1

BR F.

BARTHOLOMEUS REITER.

Reiter, auch Reitter, Reytter und Reuter geschrieben, der im Jahre 1622 sein Leben in München beschloss, zählt zu den namhaftesten Malern der bayerischen Hauptstadt dieser Zeit. Sein Geburtsjahr ist nicht bekannt, 1583 kam er zu H. Ostendorfer in die Lehre und als dieser nach einigen Jahren starb, zu A. Henneberger, der ihn 1589 frei, oder zum Gesellen sprach. Nach Lipowsky soll er 1599 sein Meister-Probestück gemacht haben, Lipowsky beruft sich dafür auf das Münchener Maler-Zunftbuch; welche Annahme jedoch von Nagler, wie uns aber scheint ohne zureichenden Grund, bestritten wird.

Von Reiter's Gemälden ist wenig mehr erhalten, die spätere Zeit hat ihnen keine Aufmerksamkeit geschenkt. Vielleicht ist noch manches Bild unerkannt in bayerischen Kirchen und Kapellen versteckt. In der Kapelle zu Kapel im Oberammergau sieht man das neun Fuss hohe Bild des h. Veit aus dem Jahre 1618. Dass er Ruf und

Ansehn genoss, dürfen wir daraus schliessen, dass er eine Reihe Schüler bildete; wir nennen: Nic. Haymann, Georg Schäfler von Pulach, Joh. Oberhofer von München und Sixt Hettich von Wetterhausen. Sein Fach war die Historienmalerei, doch verstand er sich auch, wenigstens als Zeichner, auf landschaftliche und architektonische Darstellungen; in Westenrieders Beiträgen heisst es Bd. III. p. 117 laut Rechnung des bayerischen Hofes: „*Item den Barthmä Reuter Maller p. Unkoften, als er etlich Städte, Märckt und Schloſſer abgeriſſen 77 fl.*"

Einige der Reiter'schen Compositionen sind gestochen worden, Jenet stach einen St. Michael, der den Satan stürzt, S. Raven eine Allegorie auf die Geburt und das Leiden Christi, R. Custos eine Glorie der Allerheiligen.

DAS WERK DES BARTHOL. REITER.

1. Das Jesuskind mit der Weltkugel.
H. 3" 8"', Br. 2" 10"'.

Das von vorn geschene, etwas nach links gewendete Kind, mit einem Nimbus um das kraushaarige Haupt und einem Rosenkranz um den Hals, sitzt auf einem Kissen in einer Landschaft. Es hält auf der Rechten die Weltkugel und in der Linken, die auf dem emporgezogenen Knie ruht, eine Rose. Links im Grund zwischen Blumen, deren einige auch vorn und rechts wachsen, ist ein Kaninchen. Links unten das Zeichen begleitet vom Namen MONACHY und gegen rechts auf einem Stein die Jahreszahl 1610.

2. Das Jesuskind mit den Marterwerkzeugen.
H. 3" 9"', Br. 2" 10"'.

Es sitzt in der Mitte vor dem Stamm des Kreuzes, hält Ruthe und Geissel in den Händen und blickt zum Himmel empor. Zur Linken am

Boden liegen Dornenkrone, Hammer, Zange, Nägel und darunter ist Reiters Zeichen begleitet vom Wort inv. und der Jahreszahl 1610.

3. Maria mit dem Kinde zwischen drei Heiligen.
H. 4" 3''', Br. 6" 3'''.

Gegenseitige Copie nach einem Blatt des J. Palma (Bartsch No. 21). Maria, mit dem Kind in den Armen, von St. Hieronymus, St. Franciscus und einem anderen Heiligen angebetet. St. Hieronymus steht links, er hält eine Schreibfeder in seiner Rechten und neben ihm ist der Kopf des Löwen sichtbar. Rechts gegenüber steht neben einem unbekannten Heiligen St. Franciscus mit einer Kutte bekleidet, er kreuzt die Hände vor der Brust. Links oben an einer Wandfläche steht „*Palma Inv:*" weiter nach unten am Fuss einer Säule Reiters Zeichen.

Die ersten Abdrücke sind vor Jonet's Adresse.

4. Die Ehebrecherin vor Christus.
H. 4" 2''', Br. 6" 3'''.

Gegenseitige Copie nach einem anderen Blatt des J. Palma (Bartsch No. 20). Links oben mit „*Palma Inv.*" bezeichnet. Die Figuren sind in halbem Leibe vorgestellt. Christus ist im Gespräch mit einem Juden begriffen, der in Gesellschaft eines Kriegers und einer alten Frau die Ehe-

brecherin hergeführt hat. Rechts steht Petrus
mit einigen anderen Jüngern. Ohne Reiter's
Zeichen.
<small>Die ersten Abdrücke sind vor Jenet's und M. Bolzetta's
Adressen.</small>

5. Christus an der Tafel des Pharisäers.
<small>H. 7'', Br. 9'' 9'''.</small>

Der Heiland sitzt links und erhebt die Rechte
gegen den Gichtbrüchtigen, welcher sich auf Krücken
ihm nähert. Rechts sitzen verschiedene Gäste und
den Grund bildet ein Zimmer. Rechts in diesem
sieht man einen Bogen und links durch das Fenster
in eine Landschaft, in welcher drei Männer einen
Esel aus dem Brunnen ziehen. Ohne Zeichen.
<small>In Nagler's Monogrammenlex. I. pag. 680 dem Meister zugeschrieben.</small>

6. Christus am Oelberg.
<small>H. 8'' 7''', Br. 7'' 3'''.</small>

In halbem Leib sichtbar und etwas nach links
gewendet, wo ihm der tröstende Engel in Glorie
mit dem Kreuz erscheint. Neben ihm liegen die
Marterwerkzeuge. Rechts im Grund, wo sich
Bäume erheben, schlafen die drei Jünger.
<small>Das uns zu Gesicht gekommene Exemplar war im Unterrand,
wo vielleicht der Name oder das Zeichen stehen, verschnitten.</small>

7. Ecce homo. 1612.
<small>H. 9'' 4—5''', Br. 6'' 4''' mit der Schrift unten.</small>

Composition von 9 Figuren; Christus, wie die
Uebrigen in halbem Leibe vorgestellt, steht, von

vorne gesehen, in der Mitte, seine Hände sind gebunden, um seine Lenden ist ein Tuch gewunden und von den Schultern hängt ein Mantel herab, auf sein sternartig strahlendes Haupt ist die Dornenkrone gedrückt. Rechts steht Pilatus, der zur Betheuerung seiner Unschuld die Hände ausbreitet, hinter ihm zwei Krieger und zwei Juden; der eine dieser Krieger hat die Hand auf die Schulter des Erlösers gelegt, links steht ein Henker mit einer Ruthe, hinter diesem zwei andere Krieger, der eine mit einer Hellebarde. In der Mitte des Blattes hinter den Figuren ist eine Wand angebracht, auf den Seiten ist Aussicht in's Freie, und links im Grund ist ein Thurm sichtbar. Im Unterrand lesen wir: „ECCE HOMO *Bartl: Reüter. pictor. Figur: Monachii.* 1612."

8. Ecce homo. 1615.
H. 7" 5''', Br. 4" 4'''.

Der Heiland, fast nackt und mit Dornen gekrönt, sitzt in der Mitte auf einem runden Postament und stützt sein Haupt auf die Rechte. Zu seinen Füssen liegen seine Marterwerkzeuge. Im Grund ist Golgatha durch eine rundbogige Fensteröffnung sichtbar. Unten liest man: „1615 *Bartlme Reitter Pictor inv: et fec: Monachij.*"

9. Ecce homo 1610.
H. 3" 11"', Br. 5" 4"' mit der Schrift.

Der nackte dornengekrönte Heiland, nur mit dem Schamtuch bekleidet, sitzt auf einem grossen Stein und neigt das Haupt auf die rechte Hand. Am Rand wächst links ein kleiner Baum und im Hintergrund ist Jerusalem am Fuss des Berges Golgatha sichtbar. Rechts unten auf dem Stein steht: „*B. Reiter fec. Monachii* 1610." Im Unterrand: „ECCE HOMO."

10. Die Kreuztragung.
H. 6" 9"', Br. 5" 5"'.

Der Heiland ist in halber Figur vorgestellt, wie er, etwas nach rechts gewendet, das Kreuz mit beiden Händen hält. Links hinter ihm scheint es Simon von Cyrene mit der Hand zu halten. Im Grund leuchtet die Glorie des Herrn.

Ohne Namen und Zeichen, falls solcher nicht mit dem Unterrand abgeschnitten ist, da Dr. Nagler nur ein verschnittenes Exemplar sah. Uns ist das Blatt nicht zu Gesicht gekommen.

11. Die Kreuztragung.
H. 4" 7"', Br. 4".

Gruppe von drei halben Figuren, nach *G. Pecham*. Der nach links gekehrte, vornüber geneigte Heiland trägt das Kreuz, das er mit beiden Händen festhält, auf seiner rechten Schulter. Veronica mit dem Schweisstuch steht links: Rechts hinter dem Kreuz steht ein Henker, welcher mit einem Stock nach der Schulter des Heilands stösst. Im Unterrand lesen wir: „*Georg Becham inventor Monachi. Bartlme Reiter fecit* 1610."

12. Die Kreuztragung.

Halbe Figuren. Links ist die heil. Veronica, rechts ein Soldat. Das Zeichen und die Jahreszahl 1609 sind oben rechts. qu. 8. *Brulliot, Table générale.*

13. St. Hieronymus.
H. 7" 2''', Br. 5" 11'''.

Der Heilige, in halber Figur, mit sternartig strahlendem Nimbus um das Haupt, ist gegen rechts gewendet; er schlägt seine Brust mit einem Stein, während sein Blick auf das rechts vor dem Fels an einem Ast befestigte Crucifix gerichtet ist. Mit der Linken hält er ein aufgeschlagenes Buch. Wir sehen links den Kopf des Löwen und an einem Baumast den Hut des Heiligen hangen, rechts vorn den Todtenkopf, die Sanduhr auf einem Buch und daneben drei andere Bücher. Im Unterrand: *Barth: Reitter von den elteſten alhie dis zu Namens. inuent: et figuravit Monachy* 1612.

Die zweiten Abdrücke sollen Jenet's Adresse tragen.

14. Derselbe Heilige.
H. 7" 4''', Br. 5" 6'''.

Der Heilige, in halbem Leibe und von vorn gesehen, kniet oder steht in seiner Grotte zwischen bewachsenen Felsen, er schlägt seine Brust mit einem Stein und richtet den Blick auf das links vor ihm stehende Crucifix. Der Löwe ist links zu seiner Seite und rechts liegt auf einem Todtenkopf ein aufgeschlagenes Buch; etwas höher auf einem Stein der Hut des Heiligen. Unten an einer Tafel: s. HIERONIIMVS. *Bartlme Reytter pictor invent. Excud. Joan Jenet etc. In Padoua p. Matteo Bolzetta.*

Die ersten Abdrücke sind vor den letzteren Adressen.

15. Juno.
H. 5" 6''', Br. 4" 1'''.

Nach *A. Bloemaert.* Die hehre Himmelskönigin steht in der Mitte auf einem kleinen Hügel, sie ist gegen vorn gewendet, hält das Scepter in ihrer Rechten und streckt die Linke aus. Auf dem Haupt trägt sie einen flügelartigen Schmuck. Dicht hinter ihr steht der Pfau, der seinen Kopf niederwärts gegen eine Pflanze biegt. Unten links das Zeichen, in der Mitte der Name *Iuno.*

16. Neptun auf dem Seepferd.
H. 3" 10''', Br. 2" 4'''.

Der von vorn und bis zu den Knieen gesehene Gott sitzt auf einem Seepferd, an dessen Mähne er sich mit der Rechten festhält, während er in der erhobenen Linken seinen Dreizack schwingt. Er ist nur mit einem Schamtuch bekleidet, aber hinter seinem Rücken bläht sich vom Wind ein Tuch oder Gewand auf. Vom Pferd sieht man nur den Kopf und einen Theil des linken Beins. Im Unterrand steht: „*Georg: Becham Inven: Monachij:*" Dahinter Reiter's Zeichen und die Jahreszahl 1610.

17. Venus und der Satyr.
H. 6" 5''', Br. 4" 6'''.

Venus, von vorne gesehen, sitzt auf dem Schooss eines links auf einer Erdbank sitzenden Satyrs, der seine rechte Hand auf die Bank, und den linken Arm auf einen Fels stützt, auf welchem oben ein grosser Baum wächst. Venus fasst den Satyr mit der einen Hand am Kopf, während sie die andere gegen den Erdhügel stützt. Beine, Arme und Brust sind entblösst, ihr Obergewand liegt links auf der Bank. Rechts vorn sitzt Amor, gegen den Erdhügel gelehnt und wie es scheint in Schlaf gesunken. Rechts im Mittelgrund sieht man einen aufgerichteten Ziegenbock Blätter von einem am Rande wachsenden Baum fressen, im Hintergrund ein Stück einer Stadt. In der Mitte unten steht: „*Bart: Reiter Fec: Monachij* 1610."

18. Venus und Amor.
H. 4", Br. 3" 8'".

Nach *G. Pecham.* Venus, bis zu den Knieen gesehen, sitzt unter einem Baum und hält den mit einem Fuss auf ihrer Lende stehenden Amor umfasst. Beide blicken in einen viereckigen Spiegel, den Venus gegen ihren Schenkel hält. Unten rechts: 1616 *Georg Becham Inven: Bar: Reiter Fec.*

19. Das Seifenblasen hauchende Kind.
H. 3" 9'", Br. 2" 9'".

Es sitzt etwas nach links gewendet auf einem Todtenkopf. Rechts auf einem Würfel vor dem Fuss einer Mauer steht ein kleiner Blumentopf. Links im Grund wächst Schilf. Links unten das Zeichen mit dem Beisatz Monachi.

Die ersten Abdrücke sind vor der Adresse des C. Zimmermann.

20. Das Kind mit dem Todtenkopf.
H. 3" 6'", Br. 2" 9'".

Ein rechts auf dem Erdboden sitzendes Kind hält einen Todtenkopf mit beiden Händen in seinem Schooss. Bei ihm stehen eine Sanduhr und ein Leuchter mit erloschenem qualmendem Licht, links im Grund vor einem Beinhause ein Kelch auf einem Stein. Links unten: *B. Reiter Fecit* 1610. Im Unterrand: HODIE MIHI CRAS TIBI.

ANHANG.

1. Der Christgläubigen Seelen Spaziergärtlein.

„*Ein fchöne geiftliche Betrachtung / Genandt der Chriftglaubigen Seelen Spatziergärtlein / Auß etlichen alten vnd newen Büchern zufamengezogen. Zu Troft alle glaübigen Seelen, als man findt in dem Buch Dialogorum S. Gregorij: Auch in S. Patritij Fegfewr — — die dife Peyn befchreiben. Getrückt zu München / ANNO M.DC.VIII.*" Klein 8°.

Der Titel dieses 106 bez. Seiten umfassenden Büchelchen steht mit Lettern gedruckt in einer Kupferstichbordüre, die Bezüge auf den Tod enthält. Es enthält 60 Gebete die verso der Blätter stehen. Ueber diesen Gebeten stehen ebenso viele in Kupfer gestochene Scenen aus der Passion Christi und biblischen Legende, sie sind von Cartouchen eingeschlossen, 1" 6''' h. und 2" 7''' breit. Recto der Blätter sind die Martern der Verstorbenen im Fegfeuer dargestellt, originelle Compositionen von mannigfaltigem, zum Theil grässlichem Inhalt. H. 3" 3''', Br. 2" 5'''. Ausser diesen finden sich auf den beiden letzten Blättern noch zwei Vignetten mit kleinen Engeln, deren letzte: *Bartolomeus Reuter inventor* bezeichnet ist.

Sämmtlichen Kupfern scheinen Reiter'sche Zeichnungen zu Grunde zu liegen. Ein Stechername ist nirgends angegeben. Obschon der Vortrag leicht und frei ganz in der Weise eines selbstschaffenden Malers gehalten ist, so wagen wir die Blätter doch nicht für eigenhändige Arbeiten Reiter's auszugeben. Manches erinnert sehr an die Art und Weise des M. Kager. Vielleicht ist R. Custos der Stecher der Blätter.

INHALT
des Werkes des B. Reiter.

Das Jesuskind mit der Weltkugel. . . . . Nr.	1
Das Jesuskind mit den Marterwerkzeugen. . . . . „	2
Maria mit dem Kinde zwischen drei Heiligen. . . . . „	3
Die Ehebrecherin vor Christus. . . . . „	4
Christus an der Tafel des Pharisäers. . . . . „	5
Christus am Oelberg. . . . . „	6
Ecco homo. „	7
Ecce homo. „	8
Ecce homo. „	9
Die Kreuztragung. . . . . „	10
Die Kreuztragung. . . . . „	11
Die Kreuztragung. . . . . „	12
St. Hieronymus. . . . . „	13
Derselbe Heilige. . . . . „	14
Juno. . . . . „	15
Neptun auf dem Seepferd. . . . . „	16
Venus und der Satyr. . . . . „	17
Venus und Amor. . . . . „	18
Das Seifenblasen hauchende Kind. . . . . „	19
Das Kind mit dem Todtenkopf. . . . . „	20

Anhang.

Der Christgläubigen Seelen Spaziergärtlein. . . . . „	1

PHILIPP UFFENBACH.

Senator Gwinner hat in seinem vortrefflichen Buch über die Frankfurter Künstler die Nachrichten über Uffenbach's Lebensverhältnisse kritisch geprüft und zusammengestellt. Uffenbach stammte aus einer ansehnlichen Frankfurter Familie, sein Geburtsjahr ist aber bis jetzt nicht ergründet, es dürfte zwischen 1565 und 1570 fallen, da er schon 1588 künstlerisch thätig war. Er ward der Anleitung A. Grimmer's übergeben, den er jedoch bald übertraf. Ueber seine Reisen ist Nichts bekannt. Er scheint vom Rath und von der Geistlichkeit, wenigstens in früherer Zeit, sehr begünstigt worden zu sein, wir finden ihn häufig mit öffentlichen Arbeiten betraut, über welche Gwinner eine Anzahl Belege und Quittungen beibringt. Aber während der bürgerlichen Unruhen in Frankfurt, wo er Fettmilch's Partei ergriff, verscherzte er die Gunst der höheren Stände und gemässigteren Bürger und zog sich in Folge dessen aus Verdruss fast ganz aus dem öffentlichen Leben zurück. Sandrart setzt seinen Tod in das Jahr 1640, er muss aber wenigstens ein Jahr früher gestorben sein, denn in den frankfurter Sterbelisten heisst es nach Gwinner wörtlich: „Mittwoch den 6. Februar 1639 (starb) Philipp Uffenbach's seel. Wittib Margaretha."

Uffenbach ist der Lehrmeister des Adam Elzheimer geworden, ein Verdienst, das allein hinreichen würde, seinen Namen mit Achtung zu erhalten. Von seinen Gemälden, die wohl zum grössten Theil zu Grunde gegangen sind, sagt Gwinner: „Er hatte sich dem historischen Fach zugewendet und die älteren deutschen Meister zum Vorbilde genommen, was seinen Werken das Ansehn eines höheren Alters giebt als sie in der That haben." Daneben malte er Bildnisse und Architekturen. Auf der Stadtbibliothek wird eine für die Dominikanerkirche gemalte Himmelfahrt Christi aufbewahrt, welches Bild sich durch Mannigfaltigkeit der Charaktere, schöne Gruppirung, grossartigen Faltenwurf und gute Wahl der Farben auszeichnet"; ein kleines Bild, die Anbetung der heil. drei Könige, mit der Jahreszahl 1619, befindet sich im Prehn'schen Kabinet; eine Verkündigung Mariä, auf Kupfer gemalt und 1600 datirt, im Belvedere zu Wien; das Portrait Vinc. Fettmilch's in der städtischen Gallerie zu Frankfurt. Ein kleines Staffeleibildchen bringt die Säulengänge der Römerhalle zur Anschauung. „Richtige Perspective mit angenehmer Färbung und wohlgezeichnete Figuren lassen auch an diesem historisch interessanten Gemälde den tüchtigen Meister erkennen."

Uffenbach's Radirungen, in Bildnissen, geistlichen und historischen Vorstellungen bestehend, sind frei und malerisch gehalten. So weit sie bekannt sind, fallen sie in die beiden letzten Decennien des 16. Jahrhunderts. Bartsch beschreibt IX. pag. 577 drei von ihnen, und Passavant hat diesen einige neue hinzugefügt; wir sind im Stande, Kunde von weiteren zu geben, und zu den beschriebenen einige Berichtigungen hinzuzufügen.

Nach Füessli soll Uffenbach auch für ein Geschichtswerk 30 Darstellungen aus der niederländischen Geschichte radirt haben; wir kennen eine lange Reihe solcher Werke aus jener Zeit, aber keines mit Bildern von Uffenbach, wohl aber Bilder seiner Hand aus den Türkenkriegen und der deutschen Geschichte. Wir vermuthen stark, dass hier eine Verwechselung mit den Arbeiten des G. Keller zu Grunde liegt. G. Keller hat Manches nach Uffenbach's Zeichnungen radirt, und Uffenbach's signirte Blätter historischen Inhalts sehen zum Theil den Arbeiten Keller's so ähnlich, dass man sie kaum unterscheiden kann. Wir führen aus diesem Grunde nur Uffenbach's signirte Blätter an und reihen die unsignirten später dem Werk des

G. Keller ein, mit der Bemerkung, dass wir auch für die signirten keine volle Gewähr geben können, da sie ebenso gut von Keller nach Uffenbach's Zeichnungen gefertigt sein können.

Endlich beschäftigte sich Uffenbach neben der Kunst auch mit Geometrie, Mechanik und Astronomie, und legte seine Untersuchungen in folgenden zwei Werken nieder:

1) *Bericht vnd Erklärung zweyer beygeleyten künftlichen Kupferftücken oder Zeitweifer der Sonnen über die ganze Welt* 1598. 4.

2) *De Quadratura Circuli mechanici. Das ift Ein newer, kurzer, Hochnützlicher vnd leichter Mechanifcher Tractat vnd bericht von der Quadratur des Circkels etc. Durch Philippum Vffenbachen, Mahlern vnd Burgern zu Franckfurt am Mayn. Gedruckt zu Franckfurt in Verlegung des Authoris, zu finden bey Lucas Jennis im Jar* 1619. 4.

Eine vermehrte Auflage dieses Buches erschien 1653 bei P. Fürst in Nürnberg.

Der Kupferstecher Heinrich Wierich stach nach Uffenbach den Marcus Curtius, wie er sich in den Abgrund stürzt.

DAS WERK DES PHIL. UFFENBACH.

Radirungen.

1. Sultan Muhamet.

H. 4" 6''', Br. 3" 10'''.

Brustbild, etwas nach rechts gewendet, mit grossem kugelartig geformtem Turban, und einem gemusterten Uebergewand bekleidet. Rechts oben Uffenbach's Zeichen. Im Unterrand folgende dreizeilige Unterschrift: *SVLDAN MAHOMET PRIMO-GENITVS, filius Jultani Amuratis. III. Turcarum Imperator. Ao aetat. Suae. 28. Aö. vero. Domini.* 1595.

2. Der Engel hebt den Stein vom Grabe Christi.

H. 9" 3''', Br. 7" 6'''.

Die Beschreibung welche Bartsch IX. p. 577 No. 1. von diesem Blatt giebt, ist nicht richtig, es ist nicht der auferstehende Heiland, der die erwachenden Soldaten blendet, sondern der Engel; es ist jener Moment, von welchem es in der Bibel heisst: „Und siehe, es geschah ein grosses Erdbeben. Denn der Engel des Herrn kam vom Himmel herab" etc. Der Kopf des Engels zeigt keinen Contour, die ungefähre Form desselben wird durch die ausströmenden Strahlen angedeutet. Mit seiner Linken fasst er den schon vom Grab weggerückten Stein oben, mit seiner Rechten weiter unten. Links nimmt man einen Theil seines Gewandes und seines linken Beines wahr. Die Körpertheile sind mit Punkten leicht schattirt, Flügel und Gewand ausführlicher behandelt. Von oben zucken Blitze herab, das Erdbeben hat der Künstler durch von den Felsen herunterfallende Brocken ausgedrückt. Das Erschrecken der Wächter ist grade nicht in edelster, aber doch in natürlicher Weise vorgestellt. Unten gegen rechts liegen Spielkarten. Im Mittelgrund links sieht man die drei, zum Grabe wandernden heiligen Frauen. Rechts oben das Zeichen und die Jahreszahl 1588, auf der entgegengesetzten Seite liest man: MATT. 28. und die Adresse des Franz Aspruck.

Die ersten Abdrücke sind vor dieser Adresse. Die Platte scheint darauf nach Augsburg in den Besitz des genannten Goldschmidts F. Aspruck, der auch als Kupferstecher bekannt ist, gekommen zu sein.

3. Maria mit dem Kinde.
H. 2" 11''', Br. 2".

Sie sitzt auf dem Halbmond nach links gewendet und hält das Kind auf dem rechten Arm.

Eine Sternenkrone schmückt ihr Haupt. Unten links ist ein Berg mit einer Stadt. Unten rechts auf einer Tafel das Zeichen und die Jahreszahl 1593. Verätztes Blatt.

4. St. Christoph.
H. 2" 4''', Br. 2" 1'''.

Der Heilige durchschreitet das Wasser und trägt das Jesuskind auf den Schultern. Er wendet seine Schritte gegen vorne rechts, erhebt den linken Fuss und hält mit beiden Händen einen, ihm als Stock dienenden Baumast. Sein weiter Mantel flattert wie ein geschwelltes Segel. Im Grund rechts der Eremit mit der Laterne. Links oben eine Tafel mit dem Zeichen.

5. Fortuna.
H. 4" 9''', Br. 6" 3'''.

Allegorische Composition. Fortuna rettet einen dem Schiffbruch entrinnenden Greis. Unten links liest man an einem Zettel: *In grosem Gluck erheb dich nicht etc.* 1592 und das Zeichen.

(Bartsch, No. 3.)

6. Georg Landgraf von Hessen im Sarg.
H. 5" 11''', Br. 9".

Der Fürst ist in einem langen Gewande und mit einer Mütze auf dem Kopf, der ein wenig nach links gewendet ist, ausgestellt; zu seiner Seite sein Degen. Auf dem Deckel des Sarges liest man Folgendes: *Contrafactur des D. H. F. vnd H. H. Georg Landgraffen zu Hefsen, Graf zu Cazeneln-bogen, Diez, Ziegenhain vnd Nieda. Welcher zu Darmstadt in Gott felig ift entfchlaffen den X. Febr. Ao 1596. I. F. G. Alter 48 Jar 4 Monat 29 tag 17 Stunt.* Rechts an einem Täfelchen: DEVS REFVGIVM MEVM. Links das hessische Wappen und Uffenbach's Monogramm.

7. Ringelrennen und Aufzug zu Kopenhagen 1596.

H. 8" 3''', Br. 10" 7'''.

Unten in dem Blatt sieht man die durch drei Schranken abgetheilte Rennbahn. Zwischen der ersten und zweiten Schranke rennt von links her ein Cavalier nach dem Ringe, zwischen der zweiten und dritten reitet ein anderer Cavalier, welcher den abgestochenen Ring an der Spitze seiner Lanze trägt. Ausserhalb der Schranken stehen Zuschauer und ein Herold, rechts halten sechs berittene blasende Trompeter. Den übrigen Theil der Platte nimmt ein Aufzug ein, der sich durch die bis an den Oberrand sich erstreckende Ebene schlängelt. An der Spitze des Aufzugs sieht man den Pabst auf einem Tragsessel unter einem Baldachin, Cardinäle gehen ihm voraus. Den Schluss bildet ein

Gehege mit Jagenden. Ausserhalb des Zuges stehen Zuschauer, rechts oben Damen bei Bänken, von denen sie sich erhoben haben, um den König zu begrüssen, der sein Pferd vor ihnen knieen lässt. Berittene Edelleute bilden sein Gefolge. Unten links im Winkel Uffenbach's Zeichen. Im Unterrand liest man: *Ringel reñen vnd Auffzug Kön: May: In Dennenmarck In Koppenhagen vom 3 bifs auff den 6. Septembris Aō. 96. mit groffer Herrlichkeit gehalten.* Die über verschiedene Theile des Aufzugs eingestochenen Zahlen 1—12 deuten darauf hin, dass das Blatt entweder in ein Buch gehört oder ihm ein gedruckter beschreibender Text beigegeben wurde.

8. Die Schlacht zwischen den Türken und Christen bei Keresztur 1596.

H. 7" 6''', Br. 9" 10''' d. Pl.

Das ebene Schlachtfeld breitet sich von unten bis oben über die ganze Platte aus. Im oberen Dritttheil sieht man rechts zwei türkische Reiterhaufen, welche vor ähnlichen, von links kommenden Haufen christlicher Reiterei und Fussvolks die Flucht ergreifen, rechts unten türkische, nach linkshin galoppirende Reiterei, etwas weiter oben türkisches Fussvolk in gleicher Richtung. Dem Reiterhaufen jagen mehrere Plänkler voran. Fechtende, Fliehende, Gefallene, welche von den Feinden ausgeplündert werden, lebendige und todte Pferde sind über den grössten Theil des Blattes verstreut. Rechts in halber Höhe ein verwüstetes Gebäude und türkische Geschütze, links gegenüber vier Kanonen des christlichen Heeres. Unten in der Mitte lesen wir an einer Tafel: *Schlacht zwifchen den Chriflen vnd Tvrcken vor Kereftur. 2. meil von Erla. D. 26. Octobr Aō. 96.* Links neben dieser Tafel das Zeichen, rechts die Zahl 32. Hierzu gehört ein gedrucktes Textblatt mit der Erklärung der Zahlen in der Radirung.

<small>Wir kennen Abdrücke vor diesen Zahlen und vor der Nummer.</small>

9. Die Belagerung von Erla 1596.

<small>H. 8" 6''', Br. 10" 9'''.</small>

Die Veste liegt links oben auf einer Anhöhe, ihr Vorwerk, am Fuss der Anhöhe, steht in Flammen. Die christlichen Truppen ziehen nach der linken Seite ab, die Türken, deren Lager sich vorn und rechts ausbreitet, von vorn ein. Rechts vorn hält ein türkischer Befehlshaber. Rechts unten das Zeichen und im Rand die Zahl 31. Unten links an einer Tafel: *Contrafactur der Gewaltigen Veftung Agria oder Erla in Vngern fo Vom Türcken belägert Vnd den 13 Octob: 96. ingenomen als durch die Ziffern in der Relation Erklert.*

<small>Die ersten Abdrücke sind vor der Ziffer 31.</small>

10. Die Eroberung von Ardres 1596.
H. 6" 4''', Br. 11".

Eroberung der Statt Ardres Durch den Erz Herzog vnt Cardinal von Oftereich den 23 May Ao 1596. Links unten das Zeichen.

11. Die Eroberung von Hulst 1596.
H. 7", Br. 12" 4'''.

Welcher geftalt der Erts Herzog vnt Cardinal von Oftererreich (so) *die ftatt Hilft In Flandern belehgert vnt Ingenomen Den 1. Aug. Ao. 1596. als die Ziffer erklern werden.* Die Schrift steht im Unterrand. Das Monogramm ist in der untern linken Ecke der Vorstellung.

Holzschnitt.

1. Die Eingangshalle in den Römer-Saal in Frankfurt.
H. 6" 5''', Br. 9" 10'''.

Passavant beschreibt das Blatt in seinem Peintre Graveur IV. p. 240. Fünf Pfeiler bilden eine doppelte Reihe von Gewölben. Im Grund links ist der Hof mit einem Brunnen. Die Halle enthält neun Figuren. In der Mitte oben ist der kaiserliche Adler und in den Ecken sind die Stadtwappen. Das nicht signirte Blatt ist nach einem Bilde Uffenbach's mit der Jahreszahl 1601 ausgeführt, welches sich in der städtischen Gemäldesammlung befindet.

Dass Uffenbach das Blatt selbst geschnitten habe, ist kaum anzunehmen.

INHALT
des Werkes des Ph. Uffenbach.
Radirungen.

Sultan Muhamet.	Nr. 1
Der Engel hebt den Stein vom Grabe Christi.	„ 2
Maria mit dem Kinde.	„ 3
St. Christoph.	„ 4
Fortuna.	„ 5
Georg, Landgraf von Hessen, im Sarg.	„ 6
Ringelrennen in Kopenhagen.	„ 7
Schlacht bei Keresztur.	„ 8
Belagerung von Erla.	„ 9
Eroberung von Ardres.	„ 10
Eroberung von Hulst.	„ 11

Holzschnitt.

Die Eingangshalle zum Römersaal in Frankfurt.	„ 1

I. F. *J.* fec.

JOHANN FABER.

Zeichner und Radirer zu Leipzig in den ersten Decennien des 17. Jahrhunderts. Seine Lebensverhältnisse sind gänzlich unbekannt, selbst sein Name ist durch kein Lexikon auf die Nachwelt gekommen. Er nennt sich auf seinen Blättern junior und deutet damit an, dass auch sein Vater künstlerisch thätig gewesen ist.

Faber's Radirungen haben wir bis jetzt nur in Büchern aus dem Verlag des H. Grosse gefunden; Andreas Bretschneider, dessen Zeitgenosse Faber war, arbeitete für denselben Verleger. Beider Radirungen haben in der Technik manches Gemeinsame und es scheint fast, als wenn Faber aus Bretschneider's Schule hervorgegangen ist, doch ist er schwächer in der Zeichnung und weniger geistvoll in der Auffassung als Bretschneider. — Es ist wahrscheinlich, dass er noch mehr Bücher illustrirt hat, als die unten verzeichneten.

DAS WERK DES JOH. FABER.

1. Karasch Persianische Reise.

ITER PERSICVM, *Kurtze / doch außführliche vnd wahrhafftige befchreibung der Perfianifchen Reiß: Welche – – – Von dem – – Herren STEPHANO KARASCH von Zalonkemeny / vornehmen Siebenbürgifchen vom Adel / angefangen: Vnd – – – von feinem Reißbefcherten GEORGIO TECTANDRO von der Jabel vollends continuiret vnd verrichtet worden. – – – 1609. Gedruckt zu Altenburg in Meiffen, In verlegung Henning Groffen deß jüngern.* 8°.

Titel, 7 Bl. Dedication an Herzog Christian von Sachsen und Gedichte, 180 beziff. Seiten Text (das letzte Blatt unbeziffert). 3 unbeziff. Bl. Register. Mit 6 unbezeichneten Radirungen. Aus dem uns vorliegenden Exemplar sind die No. 2. 3. 5. 6 ausgerissen, wir geben ihren Inhalt nach dem Register an.

> 1) Ansicht von Breslau. Die Stadt erstreckt sich durch den Hintergrund. Ueber ihr an der Luft ihr Name BRESLAW. H. 4" 2"', Br. 8"'.

2) Ansicht der Stadt Grodno.
3) Moscovitischer Reiter.
4) Ansicht von Moskau. Unten links eine Schrifttafel: Moscouia Vrbis regionis etc. Oben in der Mitte MOSCOVIA. H. 2" 9''', Br. 4" 2'''.
5) Tartaricus Miles.
6) Moscovitische Audienz.

2. Megiser, Deliciae Neapolitanae.

Deliciae Neapolitanae, Das ift: Außführliche Befchreibung | Des mechtigen | vnd in Europa hoch= vnd weitberühmbten Königreichs | Auch der darinnen gelegenen Königlichen Hauptftadt NEAPOLIS, – – – Alles – – – mit fonderm Fleiß | zufammen gezogen | – – – Durch HIERONYMVM MEGISERVM, – – – Gedruckt zu Leipzig | In verleg: Henning Große des jüngern. (1610). 8°.

Titel, 30 Bl. Vorstücke, 321 beziff. Seiten, 13 unbeziff. Bl. Register und Schlussblatt. Mit 21 unbezeichneten Radirungen: Ansichten, Prospecte etc., fast sämmtlich mit H G exc. (H. Grosse) bezeichnet. H. um 2" 10'''—3", Br. um 4" 4'''—9'''.

1) Karte von Neapel. Links unten eine Schrifttafel: REGNVM NEAPOLITANVM.
2) Wap. (Wappen) DER 12 PROVINTZEN DES KÖNIGREICHS NEAPLIS.
3) FONDI. Die befestigte Stadt im Mittelgrund. Rechts vorn ein wandernder Herr mit einem Schwert in der Hand.

4) CAIETA. — MOLA. Vorn links Zwei auf der Seeküste in Gespräch mit einander.
5) NAPOLI. Vorn im Golf ein Schiff, eine Galeere, zwei Delphine und ein Badender.
6) IOAN IOVIANVS PONTANVS — POET. & HISTOR. — POMPONIVS GAVRICVS POETA. Zwei Portraits.
7) WAPPEN DER FVNF SESSION. DES ADELS.
8) IACOBVS SANNAZARIVS EQVES & POETA. — IVLIVS POMPONIVS LAETVS HISTORICVS. Zwei Portraits, ersterer von vorn, letzterer, mit Buch, nach links.
9) PVTEOLI & BAIAE. Mit auf den Text bezüglichen Buchstaben in der Ansicht.
10) ANTRIVM SIBYLLAE. Vorn zwei Herren in Gespräch, der eine zeichnet in ein Buch.
11) SVLPHVRARIA. Das Schwefelbergwerk. Vorn rechts ein Herr und eine Dame zu Pferd, ein Fussgänger mit einem Hund eilt linkshin voraus.
12) ANTRVM CHARONEVM. Die giftige Dünste aushauchende Hundshöhle. Rechts vorn ein Haus in Flammen.
13) Die Insel Ischia. Unten links eine Schrifttafel ISCHIA INSVLA.
14) NAPOLI. Ansicht der Stadt von der Landseite aus. Rechts hinten der Vesuv.
15) Ein Thun- und ein Schwertfisch. *„Thunus."* *„Gladius Piscis."*
16) GALLIPOLI. Plan der Vestung aus der Vogelperspective.
17) CHIETI. Vorn ein Eseltreiber.
18) SVLMO. Plan aus der Vogelperspective.
19) AQVILA IN ABRVZZO. Vorn rechts ein Reiter und lustwandelndes Paar.
20) ASCOLI. Vorn der Tronto-Fluss.
21) TERAMO. Links vorn ein Reiter.

3. Deliciae Ordinum Equestrium.

Durch H. Mcgiser.

Deliciae Ordinum Equestrium als benantlich zween kurtze, doch ausführliche Tractat von dem hochlöblichen Ritterſtand: etc. Durch Hieronymum Megiserum. Gedruckt zu Leipzig in verlag Henning Groſſen des Jüngern, Buchh. — Anno MDCXVII. 8.

Titel, 5 Bl. Vorstücke, 521 bez. Seiten Text, 10 Bl. Register und Schlussblatt. Mit 11 Radirungen, von welchen nur eine I. F. J. fec. bezeichnet ist.

1) Zwei Ritter in einer Landschaft stehend, rechts ein Johanniter. Oben in der Mitte zwischen ihnen ein Ordensstern. qu. 8.

2) Karte der Insel Malta. H. Gr. Jun. Exc. (H. Grosse). qu. 8.

3) Paulus auf der Insel Malta am Feuer, mit der Schlange. Er steht links bei fünf andern Figuren, rechts drei Soldaten. Im Unterrand: SI DEVS pro nobis, quis contra nos? Rom. c. 8. qu. 8.

4) Die Insel Malta aus der Vogelperspective. Unten rechts zwei Soldaten. H. G. ex. qu. 8.

5) Plan der Stadt Jerusalem, aus der Vogelperspective. qu. 8.

6) Karte der Insel Rhodus. qu. 8.

7) RHODUS ANTIQUA. Ansicht der alten Stadt mit der Kolossalstatue. qu. 8.

8) RHODIS. Ansicht der Stadt mit drei kreisförmigen Umfassungsmauern, vorn die Hafeneinfahrt. qu. 8.

9) Ansicht von Constantinopel, aus der Vogelperspective. qu. 8.

10) Ein Ritter rechts in einer Landschaft stehend, die Hand auf den Schild gestützt, links ein steinernes Monument etc. qu. S.

11) Plan von Damaskus, aus der Vogelperspective. Bezeichnet I. F. J. fec. qu. S.

INHALT
des Werkes des Joh. Faber.

Karasch, Persianische Reise.	Nr. 1
Megiser, Deliciae Neapolitanae.	„ 2
Megiser, Deliciae Ordinum Equestrium.	„ 3

HANS WECHTER.

Zeichner und Kupferätzer, welcher um das Jahr 1600 blühte. Seine Lebensverhältnisse sind ganz dunkel; er scheint aus Nürnberg zu stammen, wenigstens war er dort eine Zeitlang künstlerisch thätig. Vielleicht war er ein Anverwandter des Malers Georg Wechter, der uns später beschäftigen wird. Dass in Nürnberg eine Familie Wechter ansässig war, wissen wir durch das Portrait eines 1566 verstorbenen Messerschmidts Franz Wechter.

Hans Wechter hat sich besonders durch zwei grosse, nach Lorenz Strauch radirte Ansichten von Nürnberg bekannt gemacht, aber auch auf andern Gebieten bewegte sich seine Kunst: er radirte eine Folge Wappen und zeichnete Portraits, von welchen einige in Kupfer gestochen worden sind; H. Ulrich stach das Bildniss des Zinngiessers Balt. Kaym, ein anonymer Stecher dasjenige des Peter Reuter 1598.

Man hat die Vermuthung ausgesprochen, dass H. Wechter von Profession Goldschmidt gewesen sei, erwiesen ist diese Vermuthung nicht. Nach Nagler's Allgem. Künstlerlexikon ist es ausser Zweifel, dass ein Goldschmidt Hans oder Johann Wechter lebte, in der Kunstkammer zu Kopenhagen befindet sich ein verzierter Stahlspiegel, der J. Wechter 1646 bezeichnet ist, und in der Kunstkammer zu Berlin wird eine ähnliche Arbeit mit der Darstellung von Lot und seinen Töchtern, mit H. W. 1653 signirt, aufbewahrt; dass aber diese Arbeiten von unserm Hans Wechter herrühren, ist wenig wahrscheinlich, da zwischen diesen Spiegeln und seiner Ansicht von Nürnberg aus dem Jahr 1599 ein zu langer Zwischenraum liegt.

H. Wechter scheint sich um das Jahr 1606 von Nürnberg nach Prag gewandt zu haben. Eine grosse Ansicht von Prag nach der Zeichnung des Phil. van den Bosche trägt den Namen Johannes Wechter incidit und diesem Stiche reihen sich noch einige andere an, welche mit H. W. 1606 bezeichnet sind. Freilich haben diese Blätter, Nr. 5 bis 8 unseres Kataloges, in der Nadelführung manches Abweichende von den beiden Ansichten von Nürnberg und der Wappenfolge, ja man könnte in Versuchung gerathen, an einen zweiten Hans Wechter zu denken, der gleichzeitig mit dem Nürnberger in Prag thätig war.

Es giebt aus jener Zeit eine Anzahl mit H. W. bezeichnete Blätter, die manchmal Hans Wechter zugeschrieben werden, aber sicher nicht von ihm sind; wir nennen den Plan von Frankfurt am Main nach der Zeichnung des E. Hoffmann 1589, das Bildniss des Bert. Lele, die Eroberung von Harlem durch Herzog Alba 1573, das Portrait des G. Mund von Rodach etc.; die beiden ersten Blätter dürften Erzeugnisse des Frankfurter Kupferstechers Hieron. Wannecker sein.

In Nagler's Monogrammenlexikon III, Nr. 1704 werden die Arbeiten unsers Künstlers irrig mit denjenigen eines später in Erfurt arbeitenden Hans Wechter verwechselt und das Portrait des Georg Meichsner (Nr. 1) ist von keinem der beiden, sondern von Hans Meichsner gestochen, in dem das Monogramm H W 1625 falsch, anstatt H M 1625 gegeben ist.

DAS WERK DES HANS WECHTER.

1. Nürnberg von Westen.
H. 10" 6''', Br. 32" 8'''.

Nach Lorenz Strauch. 3 Bl. zum Aneinandersetzen. Die Stadt erstreckt sich durch den ganzen Hintergrund, rechts ist das Spittlerthor, links die Burg, in der Mitte schweben an der Luft zwei Genien mit dem Reichswappen und den beiden Wappen der Stadt. Links vorn sieht man die Pegnitz, in der angrenzenden Wiese eine Heerde von schlechtgezeichneten Kühen und Schafen, gegen die Mitte Männer und ein Hund, die bei einem zeichnenden Künstler stehen. Man liest hier an einer weissen Stelle im Boden: *Laurent: Strauch Noren: pinxit et Excu: Hans Wechter fecit.* Rechts ist eine verzierte Tafel mit der Aufschrift: WARHAFFTE CONTRA *factur mit vleis, der löblichen Kais: Reichs Statt Nurmberg, gegen der Sonen Nidergang;* es folgt die Erklärung der Zahlen in der Ansicht. Im Unterrand sind drei Sprüche angebracht, von welchen der erste beginnt: *Psalm.* 128. *Wol dem, der den Herren fürchtet* etc.

Die ersten Abdrücke sind vor dem Wort „+ Ratthaus" unten auf der Erklärungstafel.

2. Nürnberg von Osten.

Gegenstück zum vorigen Blatt und von gleicher Grösse. Die Stadt erstreckt sich ebenfalls durch den Hintergrund und in der Luft sieht man wie auf dem vorigen Blatt zwei Genien mit den genannten drei Wappenschilden. Vorne gegen rechts sitzt der Zeichner, offenbar Portrait. Bei ihm am Boden sieht man einen Kompass mit der Jahreszahl 1599 und hinter seinem Rücken einen Stein mit dem Namen: „*Laurent: Strauch Nor: pinxit et Excu: Hans Wechter fe.*" Vorne auf der zur Stadt führenden Strasse gewahren wir Fussgänger, Reiter und Wagen. Links ist eine Tafel mit der Aufschrift: WARAFFTE CONTRFAC *tur, mit vleis der löbliche Kai: Reich Statt Nuremberg gegen der Sonen Aufgang.* Folgt die Erklärung der Zahlen in der Ansicht. Im Unterrand sind drei Sprüche, von welchen der erste beginnt: *Psalm* 127. *Wo der Herr nicht das Haus bauet* etc.

Die Abdrücke sind wie bei dem vorigen Blatt.

3. Die Wappenfolge.

Sie besteht aus 12 trefflich radirten Blättern, die rechts unten numerirt sind. Wir kennen leider die Folge nicht vollständig.

Das Titelblatt, H. 3" 2''', Br. 4" 3''', ist in der Mitte unten an einer Tafel mit *Hanns. Wechter. Fecit. Hieron: Banng. Excud:* bezeichnet. Links und rechts unten steht getrennt die Jahreszahl 1604. Oben schweben auf den Seiten zwei Genien, die in der einen Hand einen Palmen- und Lorbeerzweig und die andere auf den gekrönten römisch-kaiserlichen Wappenschild halten. Mit diesem Schild sind unten die beiden Wappenschilde der Stadt Nürnberg verbunden.

No. 2 enthält die Wappen der Stromer und Fürer, jenes links, dieses rechts. In der Mitte oben und unten Arabesken.

No. 3. Die Wappen der Harsdörfer und Tucher.

No. 5 in der Mitte das Wappen der Schlüsselfelder, umgeben von Arabesken, an welchen auf den Seiten vier andere Wappenschilde nürnbergischer Geschlechter angebracht sind.

No. 11 neun Wappen mit verschiedenen Thieren in drei Reihen übereinander.

No. 12. Das Wappen der Grabner. Der Wappenschild in Form eines Grabscheites hat drei kleine Grabscheite im Feld. Helmzier ist ein Todtenkopf, auf welchem zwei Schlangen und ein geflügeltes Stundenglas bemerkt werden. Unter der Helmdecke sitzt auf der rechten Seite des Schildes eine Eule. Auf den Seiten stehen zwei Genien, der links befindliche hält eine Blumenvase, der rechts befindliche, mit Schmetterlingsflügeln, eine Vase, aus welcher Rauch aufsteigt. Links am Boden an einem Stein das Zeichen H W, rechts die No. 12 verkehrt gestochen. H. 3", Br. 3" 1'".

4. Die grosse Ansicht von Prag.

Dieser, aus neun Blättern bestehende Prospect wird häufig als ein Product des Egidius Sadeler betrachtet. Auf dem ersten Bogen liest man in einer oben befindlichen Cartouche die von 1606 datirte Widmung des kais. Kupferstechers Egid. Sadeler an den Prager Magistrat, auf dem letzten Bogen findet sich eine zweite Cartouche mit der Inschrift: SAC. CAES, MAI. PRIVILEGIO EIVSDEM MAI SCVLPTOR AEGIDIVS SADELER EXCVDIT. *Philippus vanden Bosche Sac. Caes. Mai. phryziarius designavit. Johannes Wechter incidit.*

Die Erklärung, auf welche die im Stich bei den Gebäuden angebrachten Zahlen hindeuten, in lateinischer und deutscher Sprache gedruckt, hat gleiche Höhe mit dem Stich und ist am Anfang oder Ende des Prospectes beigefügt.

5. Die streitende Kirche Christi.
H. 15" 11'", Br. 21" 2'".

Aeusserst figurenreiche Composition mit vielen Inschriften. Rechts unten der flammende Höllenrachen, links die Auserwählten des Himmels, letztere Brustbilder mit Fähnlein, fast für Portraits zu halten. Rechts auf einem Hügel steht der Antichrist mit einer grossen Fahne, an welcher viele Verdammte abgebildet sind, links der Erzengel Michael ebenfalls mit einer Fahne mit vielen Figuren. Bei seinen Füssen das Zeichen H. W. 1606. Bänder mit Thesen und Gegenthesen gehen in der Mitte gegeneinander von den Fahnen aus, andere Thesen richten die Kirchenväter gegen den Antichrist. Ganz unten liest man an Bändern, links: *Aber der Weg zum Himmel ift Schmal*, rechts: *Die Straß zur Hellen ift breit. Mathei am 7.*

6. Vergleichung der Schlüssel des Pabstes und des Apostels Petrus.

H. 11" 8"', Br. 15" 3"' d. Pl.

Der Pabst mit zahlreichem Gefolge wird, von rechtsher gekommen, in der Mitte des Blattes unter einem Baldachin von Geistlichen getragen, er segnet drei kniende Könige, hinter deren Rücken der Apostel Petrus auf einer kleinen rauchenden Erderhöhung steht. Auf den Seiten des Blattes sieht man in Gewölk die Brustbilder verschiedener Heiligen, Bischöfe und Theologen, denen ihre Namen beigestochen sind, zu oberst links Prophet Daniel, darunter St. Paulus, dann Gregor Mag. u. s. w. Inschriften und Sprüche sind über das Blatt verstreut. Oben in der Mitte in einer verzierten Cartouche liest man: *Vergleichung Des Babſts Schlüſ-ſel mit des Apoſtels Petri Schliſſel ſo wol auch deren Perſonen, Lehr, leben vnd Succeſſion oder Nachſolg.* unten in der Mitte in einer zweiten: *Beſihe merers im Examine vnd Inquiſition der Pabiſten vnd Jeſuwider. M. P. Ti. fol.* Ohne Zeichen.

7. Das Religionsgespräch zu Regensburg 1601.
H. 7″, Br. 5″ 2‴.

Es findet in einer Kirche Statt, die theilnehmenden Theologen sitzen an Tischen, auf welchen vor einem Jeden die Anfangsbuchstaben ihrer Namen stehen. Zuoberst vor einem Teppich an der Hinterwand sitzen Maximilian, Philipp Ludwig, Albert und Wolfgang Wilhelm, Herzoge von Bayern; die Anfangsbuchstaben ihrer Namen sind an den Teppich geschrieben. Rechts an der Hinterwand lesen wir: COLLOQVIVM RATISBO: HABITVM MENSE NONO ANNO MDCI INTER THEOLOGOS BAVARICOS ET PALAT. SAXONICOS. Darunter: „1606. H. W."

8. Die Landschaft mit der heil. Familie.
H. 8″ 4‴, Br. 6″ 9‴.

Es ist eine Ruhe auf der Flucht nach Aegypten. Rechts verdeckt hohes Mauerwerk zur Hälfte einen hohen Baum und hinter diesem erhebt sich ein Thurm aus einer Ruine. Gegenüber ist ein Portikus von römischer Architektur und nach der Mitte hin stehen andere architektonische Fragmente. Im Vorgrund weidet der Esel und Joseph spricht mit der sitzenden, das Kind auf dem Schoosse haltenden Maria. Links unten ist das verschlungene Zeichen H W und die Zahl 4.

Die ersten Abdrücke sind vor der Adresse des Marcus Sadeler.

Wir wagen nicht mit Bestimmtheit das Blatt für eine Arbeit des H. Wechter auszugeben; Christ (Monogrammenlex.) deutet das Zeichen auf einen Maler H. Watmann; ein solcher ist aber in der Kunstgeschichte ganz unbekannt.

INHALT
des Werkes des Hans Wechter.

Nürnberg von Westen.	Nr. 1
Nürnberg von Osten.	„ 2
Die Wappenfolge, 12 Bl.	„ 3
Die grosse Ansicht von Prag.	„ 4
Die streitende Kirche Christi.	„ 5
Vergleichung der Schlüssel des Pabstes und Apostels Petrus.	„ 6
Das Religionsgespräch zu Regensburg.	„ 7
Die Landschaft mit der heil. Familie.	„ 8

JACOB MAYR.

Maler und Zeichner zu Wien, um 1575 thätig, aber nach seinen Lebensverhältnissen unbekannt. In den von Schlagers veröffentlichten Ausgaben des Wiener Hofes kommt er in Verbindung mit drei andern Meistern folgendermassen vor: „Jacob Mayr, Maler und Reisser, Georg Wiesenstaiger, Dav. Dannecker, Ziriak Strelle, alle drei Formschneider und Dillmann Ditz, Tischler allhier in Wien, erhalten 1575 vermög Reiss- und schneidung der Taller und anderer Münzsorten 229 fl." Wir halten Mayr für den Zeichner und Radirer des Titelblatts zu Kreuzberger's Gebissbuch, das Rud. Weigel, durch die Aehnlichkeit des Monogrammes verführt, in seinem Kunst-Katalog No. 14802 dem Schweizer Jos. Maurer zugeschrieben hat.

DAS WERK DES JAC. MAYR.

1. Titelblatt zu Kreuzberger's Gebissbuch.

Der Titel lautet: *Warhafftige vnd Eigendliche Contrafactur vnd Formen der gebis für allerlei mengel vnd vnder richtung der Pfärdt — mit aller zue gehörung Cappetzoni Nassbender — durch Hanfen Kreutzberger Röm. K. Maj. Hof-Sporer.* (*Wien*) 1575. Mit vielen Holzschnitten. fol. Das Titelblatt, geätzt, trägt die Figuren Kaisers Maximilian II. und Rudolph's, und Mayr's Zeichen. Das überaus seltene Buch ist uns nicht zu Gesicht gekommen.

— —

INHALT
des Werkes des Jac. Mayr.

Titelblatt zu Kreuzberger's Gebissbuch. . . . . Nr. 1

FRIEDRICH SUSTRIS.

Dieser geschickte Maler und Architekt wurde 1526 zu Amsterdam geboren, wo sein Vater Lambert ebenfalls die Malerkunst ausübte. Er erhielt den ersten Unterricht bei seinem Vater, ging dann nach Italien, wo er sich längere Zeit in Florenz aufhielt und unter Vasari ausbildete. Er ist der Federigo di Lamberto Fiamingho des Vasari. Er war auch Mitglied der Akademie zu Florenz und 1564 neben andern Künstlern bei der malerischen Ausschmückung des Trauergerüstes des Michel Angelo beschäftigt. Aus Italien kam er um 1580 nach München, wo er in der Folge am Hofe Herzogs Wilhelm V. als Maler und Architekt eine bedeutende Thätigkeit entfaltete. 1585 malte er nach Westenrieder in der Jesuitenkirche zu Landshut die Himmelfahrt Mariä. 1587 schenkt der Herzog bei Gelegenheit der Hochzeit seiner Tochter einen silbernen Becher, 1594 bezog er vom Hof einen Jahresgehalt von 600 Gulden, ein für jene Zeit sehr hohes Honorar. Nach seiner Ankunft in München malte er die Bildnisse des Herzogs Wilhelm und seiner Gemahlin Renata von Lothringen in Lebensgrösse, später war er bei dem Bau der Jesuitenkirche beschäftigt. Nach der gewöhnlichen Annahme soll er 1599 zu München gestorben sein.

Seine Bilder, welche in Portraits und heiligen Darstellungen bestehen, sind nicht zahlreich und dürften zum grössten Theil zu Grunde gegangen sein. Sandrart bemerkt, dass er auch „holdselige Inventionen in Miniatur" gemalt habe. In der Pinakothek zu München sieht man sein Bildniss in der Gestalt des Evangelisten die Madonna malen, in der Galerie zu Göttingen ist eine Verkündigung Mariä, klein auf Kupfer, in Hannover bei Hausmann eine heilige Familie in einer Landschaft, in Kassel eine andere heilige Familie, in Prag auf dem Strahow eine Madonna auf der Mondsichel, auf Kupfer, und Assessor Schmidt in Kiel besass 1809 eine heilige Magdalena in der Einöde. Eine ziemliche Anzahl seiner Bilder und Zeichnungen wurde von J. Sadeler, L. Kilian, D. Custos, Salmon Müller, J. de Gheyn und Andern in Kupfer gestochen. Er selbst hat folgendes Blatt radirt, das jedoch etwas trocken und unmalerisch behandelt ist.

DAS WERK DES F. SUSTRIS.

1. Die Ausgiessung des heiligen Geistes.
H. 7" 7''', Br. 5" 9'''.

Die heilige Jungfrau sitzt in Mitten der knieenden und stehenden Apostel, deren Blicke gegen oben gerichtet sind, wo in Mitte von Wolken der heilige Geist in der Gestalt der Taube schwebt. In der Mitte der Hinterwand des Zimmers bemerkt man eine Thüröffnung. Unten in der Mitte im Boden der Name *F. Suster*.

INHALT
des Werkes des F. Sustris.

Die Ausgiessung des heil. Geistes. . . . . Nr. 1

ROELANT SAVERY.

Landschaft- und Thiermaler, wurde 1576 in Courtray geboren und von seinem Vater Johann in der Kunst unterrichtet. Dieser suchte ihn, wie es scheint, vorzugsweise für das Thierfach, für die Darstellung von Vögeln und Fischen auszubilden, aber der Sohn bezeigte mehr Lust und Geschick zur Landschaft, und der Unterricht des Vaters in diesem Fache konnte ihm nicht genügen. Er begab sich in die Schule des Hans Bol in Amsterdam, und obwohl er noch in jungen Jahren stand, so erregten doch seine Gemälde in der Heimat wie auswärts bald grosses Aufsehn. Eine Zeitlang arbeitete er in Frankreich, wo er an König Heinrich IV. einen warmen Verehrer hatte. Darauf berief ihn Kaiser Rudolf II. nach Prag, ernannte ihn zu seinem Hofmaler und begünstigte ihn ausserordentlich. Er sandte ihn auf seine Kosten nach Tirol, um die wilden, grossartigen Schönheiten dieses Landes zu zeichnen. „Also, heisst es bei Sandrart, zeichnete er alle schönste und verwünderlichste Gebürge und Thäler dieses Landes aufs fleissigste mit der Feder, die grossen Bäume mit Kohle, die weitaussehenden Werke aber mit

Wasserfarben, in zweien Jahren in ein grosses Buch, das ihm hernach in seinen Landschaften wohl zu Statten kam." Nach Kaiser Rudolf's Tod im Jahre 1612 ging Savery wieder in seine Heimat zurück und liess sich zu Utrecht nieder, wo er in vertrautem Umgang mit seinem Vetter Hans Savery mit Eifer der Kunst oblag. Er starb unverheirathet in hohem Alter 1639. Sein Bildniss findet sich in Sandrart und Descamps. Auch Joh. Meyssens hat ihn in halber Figur gestochen.

Savery zählt unter die bedeutendsten Landschaftsmaler seiner Zeit, und ist den J. Breughel, P. Bril, D. Vinckebooms an die Seite zu stellen. Er liebt wilde, grossartige Naturscenen, gebirgige, felsige Landschaften mit Wasserfällen, reissenden Strömen und mächtigen Bäumen; er ist nicht immer frei von Steifheit und seine Farbe ist etwas bläulich, aber seine Compositionen, von tiefem Ernst durchweht, phantasievoll und mannigfaltig, beurkunden ein reges poetisches Naturgefühl. Seine Gemälde sind ziemlich häufig; man findet sie in den Gallerien zu Wien, Dresden, München, Berlin und anderwärts. Seine Zeichnungen waren beliebte Gegenstände für verschiedene gleichzeitige Kupferstecher, wie Egidius Sadeler und Isaak Major. Er selbst hat während seines Aufenthalts in Prag auch vier Landschaften mit gewandter und geistreicher Nadel auf Kupfer gebracht.

DAS WERK DES R. SAVERY.

1. Der Baumstumpf mit entblössten Wurzeln.
H. 4" 7''', Br. 5" 4'''.

An einem links vorne befindlichen sumpfigen Wasser gewahren wir eine Baumgruppe, welche die rechte Hälfte des Blattes einnimmt; einer der starken Baumstämme ist gebrochen und in den Aesten eines anderen liegen geblieben, welcher schief gewachsen, auf die linke Seite geneigt ist. In der Mitte des Blattes befindet sich an dieser Gruppe der verwitternde Stumpf eines dicken Baumes, dessen Wurzeln zum Theil bloss liegen, sodass das Wasser unter sie durchströmt. Links, im ebenfalls bewachsenen Grund ist ein hölzerner Steg; seitwärts davon gegen die Mitte entfernen sich gegen hinten auf einem, über einen Hügel führenden Weg ein Bauer, der einen Korb an einem Stock über dem Rücken trägt, und eine Bäuerin, von einem Hund begleitet; ein zweiter Bauer, nur mehr in halber Figur sichtbar, geht auf der andern Seite den Hügel hinab. Ohne Bezeichnung.

<small>Die ersten Abdrücke sind vor der Bezeichnung *R. Sav. fec.* links vorn.</small>

2. Der Ziegenhirt.
<small>H. 7" 8''', Br. 9" 8'''.</small>

Waldige Landschaft mit einem Sumpf zur Linken und dicken Bäumen in der Mitte und zur Rechten, deren Wurzeln einander umschlingen. In der mittleren Baumgruppe sind Ueberreste eines geflochtenen Zaunes. Vorn rechts vor den Wurzeln der hier stehenden Bäume ruht bei drei Ziegen ein Hirt. Links hinter dem Sumpf und einem Bretterverschlage ist eine Hütte sichtbar. Unten in der Mitte im Boden: *Marco Sadeler excudit.* Das Blatt ist ohne Bezeichnung, wird aber allseitig unserm Meister zugeschrieben.

<small>I. Abdruck vor der Adresse des Marco Sadeler.</small>

3. Die Hirschjagd.
<small>H. 6" 2''', Br. 9" 2'''.</small>

In einer waldigen Gegend zieht sich eine sumpfige Vertiefung in der Mitte zum Hintergrunde hin, wo in der Ferne eine Kirche sichtbar ist. Ueber das Wasser flieht der von Jägern verfolgte Hirsch nach Rechts, wo ihn zwei Jäger erwarten. In der Mitte des Vorgrundes ist ein gebrochener Baumstamm. Ohne Bezeichnung, doch sicher echt.

4. Die Fuchsjagd.
H. 6" 2'", Br. 9" 2'".

Vorne, etwas gegen Rechts steht ein knorriger, breitstämmiger Baum; rechts von diesem sieht man einen Jäger mit dem Horn, links den von zwei Hunden gejagten Fuchs. Im Grunde ist Wald. Ebenso, Seitenstück zum Vorigen.

INHALT
des Werkes des R. Savery.

Der Baumstumpf mit entblössten Wurzeln . . . . Nr. 1
Der Ziegenhirt. . . . . „ 2
Die Hirschjagd. . . . . „ 3
Die Fuchsjagd. . . . . „ 4

JOH. MATHIAS KAGER.

J. M. Kager war ein Historienmaler von bedeutendem Talent, der sich eines weit verbreiteten Rufes erfreute. Er erblickte in München 1566 das Licht der Welt; auch scheint er daselbst die Anfangsgründe der Kunst erlernt zu haben, doch ist seine Jugendgeschichte in Dunkel gehüllt und sein Lehrmeister unbekannt.

Von München begab er sich nach Italien und hielt sich längere Zeit in Rom auf, um die grossen Meister, namentlich Raphael zu studiren. Es existiren von ihm noch Zeichnungen nach den Fresken dieses Meisters vom Jahre 1589. Diese italienische Reise hatte auf den Künstler einen nachhaltigen Einfluss gehabt; er blieb ein entschiedener Nachahmer der Italiener.

Nach der Rückkehr in seine Vaterstadt ernannte ihn der kunstsinnige Herzog Maximilian zum Hofmaler, aber Kager blieb nicht lange in München, sondern siedelte nach Augsburg über,

wo er seinen bleibenden Wohnsitz nahm. Man
legte dieser Uebersiedelung verschiedene Motive
unter; man sagt, er habe die beengenden Fesseln
des Hoflebens nicht ertragen können, doch werden
diese einem Künstler kaum schwer aufgelegt worden
sein; Andere glauben, die kriegerischen Unruhen,
durch welche um jene Zeit München bedroht war,
hätten ihn fortgetrieben; Andere erklären den
Wohnungswechsel gar aus Künstler-Eifersucht, indem der vielvermögende P. Candito Liebling des
Herzogs und Tonangeber in künstlerischen An-
gelegenheiten war. Wie dem auch sei, wichtig
müssen auf jeden Fall die Gründe seines Fort-
ganges gewesen sein, indem er sich sonst nicht in
Augsburg bei der Aufnahme in das Bürgerbuch
zu dem seine künstlerische Freiheit beschränkenden
Versprechen bereit erklärt hätte, nur mit Wasserfarben, al fresco und in Miniatur zu malen.

Eine Zeitlang hielt er dies Versprechen auch
und malte in Fresco in Verbindung mit seinem
tüchtigen Schüler Joh. Ulr. Loth die Façaden der
Häuser aus, die er mit historischen Compositionen
verzierte, so das Weberhaus, das Rathhausgefängniss
(Salomon's Urtheil).

Bald jedoch war ihm die Fessel zu hinderlich,
denn seine Neigung war mehr auf die Oelmalerei
gerichtet. Er malte also, trotz des Verbotes,
mehrere Tafelgemälde in Oel. Da sein Künstler-
ruhm indessen gewachsen war, so trat die Stadt

auch selbst von der Handhabung des engherzigen Verbotes zurück, ja sie erkannte seine Verdienste an und beehrte ihn in der Folge mit dem Amte eines Bürgermeisters. Er starb im Jahre 1634.

Kager war ein fleissiger Künstler. Werke seiner Hand finden sich mehrfach in Augsburg, München und anderen bayerischen Städten; im Dom zu Augsburg eine Anbetung der Hirten und Könige, im Rathhaus daselbst das jüngste Gericht; in S. Ulrich und Afra ebendaselbst eine andere Anbetung der Könige, in Schleissheim die Enthaltsamkeit des Scipio, in der Frauenkirche zu München die Kreuzerfindung, in S. Moriz zu Ingolstadt eine Erweckung des Lazarus, im Belvedere zu Wien ein David und Abigail, in Landshut ein h. Andreas u. A. Die Fresken an den Façaden der Häuser in Augsburg sind verschwunden, dagegen sind noch die schönen Deckenstücke im goldenen Saale des Rathhauses und das jüngste Gericht im Rathhause erhalten. Sie gehören zu den besten Arbeiten des Künstlers.

Neben der Malerei war Kager auch in der Architektur erfahren, so wie er auch die Radirnadel zu führen wusste. Als Architekt leitete er in den Jahren 1623—1629 die Restauration der grossen Klosterkirche in Zwifalten, die er auch mit Fresken und Altarbildern zierte.

Seine Radirungen sind ganz kupferstecherisch behandelt, als ob sie mit dem Grabstichel fertig gemacht worden wären.

Nach seinen Zeichnungen und Gemälden ist Vieles in Kupfer gestochen worden. So verfertigte er die vielen Zeichnungen zu der Bavaria sancta von Raderus, welche R. Sadeler gestochen hat. Ein Hauptblatt ist Erzherzog Maximilian in der Schlacht bei Prag, zu Pferd, mit allegorischer Umgebung, gest. von W. Kilian. — Von demselben Stecher ist auch der h. Apostel Jacobus, wie er über Wolken schwebend das christliche Heer gegen die Ungläubigen beschützt. — L. Kilian stach das Sanctuarium Christianorum, eine Folge der Apostel mit Christus und Maria; Christus erscheint dem Jesuiten Jac. Ledesma. — Von C. Greuter ist ein h. Hieronymus, von Collignon ein Salomon mit der Königin von Saba; von R. Sadeler: Christus und Maria auf Wolken erscheinen dem h. Franz und seinen Ordernsbrüdern; Maria mit dem Kinde erscheint dem h. Georg; von W. Kilian die 12 Monate 1617 in Rundungen, von R. Custos 12 Bl. Reiche Arabesken mit Figuren, Thieren und Blumen.

Auch die mehrmals variirten Cartouchen für die Bildnisse im Werke: Fuggerorum et Fuggerarum expressae imagines sind nach seinen Zeichnungen von W. Kilian gestochen.

DAS WERK DES M. KAGER.

1. Abel's Tod.

Dieses Blatt wird im Catalog der Sternberg'schen Sammlung als Originalarbeit des Künstlers angeführt. Wir haben es nicht zu Gesichte bekommen.

2. St. Joachim.
H. 10" 6''', Br. 8" 7'''.

Joachim, von einem kleinen Hunde begleitet, tritt links zur Thür seines Hauses herein, die er mit der Rechten öffnet und streckt grüssend die Linke nach Maria aus, die demuthsvoll und züchtig neben Anna einherschreitet und von einer Dienerin begleitet ist. Zwei Engel, der eine mit einer Palme, schweben über Wolken.

Unten in der Mitte im Boden: MKag. Inu. Chr. Gre. (Greuter) Exc. Im Unterrand: FELICES IOACHIME TVOS IAM PANDE PENAT RES MIRANDA AETHERQV ARITIT HOSPITIU.

3. H. Familie.

Oval. H. 5" 2''', Br. 4" 4'''.

Nach *O. Vaennius*. Maria, von vorne gesehen, sitzt in der Mitte bei einem Baum und hält das nackte Kind auf dem Schoosse, das der kleine, links stehende Johannes umfasst. Joseph sitzt zur Rechten. Um das Oval lesen wir: QVAE EST VIRGO TAM SVBLIMIS VT SALVTETVR — SIT FABRO. Unten im Oval: *O. Vaenius inuen: M. Kager f.* 1603.

I. Vor dem Zeichen C. G. ex (Chr. Greuter) im Boden.

4. Die Anbetung der Hirten.

H. 7" 6''', Br. 6".

Grabstichelarbeit. Maria kniet in der Mitte eines Stalles vorn en face hinter der Krippe, in welcher das Kind liegt. Joseph, welcher ein Licht hält, sitzt rechts vorne und hinter ihm steht eine Frau. Drei das Kind anbetende Hirten befinden sich links, zwischen ihnen liegt der Ochse. Drei kleine Engel halten über Wolken oben das Band mit dem: IN EXCELSIS DEO GLORIA. Im Unterrande vier lateinische Verse in zwei Columnen: *Quis nonus — orbe tulit*, darunter rechts: *M. Kager jnv: & fcul.* 1601.

I. Vor der Adresse: *Christ. Greutt. Aug. Excud.* in der Mitte unter den Versen.

5. Die Taufe Christi im Jordan.

H. 7" 10'''? Br. 6".

Christus, mit den Knieen gegen einen Stein gelehnt, steht im Fluss und empfängt von Johannes, der links auf dem Ufer steht und den Kreuzstab mit der Rechten hält, die h. Taufe, indem dieser das Wasser aus einer Muschel auf das Haupt des Heilands giesst. Ein Mann und ein Engel stehen als Zeugen in seiner Nähe. Rechts auf dem diesseitigen Ufer, so wie jenseits des Flusses sind sieben Männer und Frauen versammelt, welche mit Verwunderung das Herabschweben des h. Geistes betrachten. Eine junge Frau mit einem Kind sitzt zuvörderst rechts.

Unten rechts steht: *M. Kager Inu: & fcul.* Im Unterrand: *Tingitur his vndis diuino* etc.

I. Vor der Adresse: *Christ. Greutt. Excu. Au.*, rechts unter der Unterschrift.

6. Der reiche Mann und der arme Lazarus.

H. 5" 6''', Br. 6".

Der Reiche sitzt rechts unter einem Baldachin mit zwei Frauen an der Tafel, deren eine ihm ein Glas Wein credenzt. Hinter den Frauen stehen zwei Musiker, welche die Harfe und Laute spielen. Ein kleiner Page rechts vorn schenkt Wein in eine Schale. Ein in der Mitte stehender, vom Rücken geschener Diener, im Gespräch mit dem Reichen, schreitet zur Tafel hin und ein zweiter, der links steht, erhebt seinen Stock, um den am Boden liegenden Lazarus zu schlagen, dessen Schwären zwei Hunde lecken.

Im Unterrande steht: *Erat mendicus cupiens saturari de micis* etc., darunter rechts: *Mattheus Kager Inuent & fecit.*

7—14. Heilige Frauen.
H. 3" 9—10''', Br. 2" 7'''.

Halbe Figuren in ovalen Rahmen mit viereckigen Einfassungen, deren Winkel mit Rosetten oder Blumen und Lämpchen ausgefüllt sind und mit Kager's Zeichen. Aus den Jahren 1601—1603. Nagler führt nur vier Bl. an, in Frenzel's Catalog der Sternberg'schen Sammlungen werden dagegen zehn, jedoch nicht namentlich angeführt. Uns sind nur acht bekannt.

Die I. Abdrücke sind vor dem Zeichen C. G. etc. Chr. Greuter's Adresse.

7. Sta. Maria Magdalena.

In Vorderansicht, der nach oben schauende Kopf ist etwas auf die Seite geneigt. Sie hält mit der Rechten ein gegen ihre Schulter gelehntes Crucifix, einen Todtenkopf und im Arm eine Ruthe.

Unten links Kager's Zeichen, rechts die Jahreszahl 1601. Mit der Unterschrift: *S. Maria Magdalena.*

8. Sta. Apollonia.

Die von vorn gesehene, etwas nach Links gewendete Heilige faltet die Hände zum Gebet und hält eine Palme in ihrem rechten Arm, während sie zu einem rechts bei ihr stehenden kleinen Engel niederblickt, der die Zange mit dem Zahn hält. Unten links steht das Zeichen, rechts die Jahreszahl 1603, und an einer Tablette: *S. APOLLONIA.*

9. Sta. Agnes.

Der Kopf ist ein wenig nach Rechts geneigt, die Augen sind auf den Beschauer gerichtet. Ihr Hals ist mit einer Perlenkette geschmückt und auf dem Arm hält sie ein Lamm und mit der Rechten eine Palme. Unten auf einer Tablette steht: *S. AGNES* und dahinter Kager's Zeichen.

10. Sta. Barbara.

Nach Rechts gewendet, aufwärts blickend, die Hände vor der Brust gekreuzt. Rechts hält ein Engel den Kelch, über welchem die h. Hostie schwebt; im Grunde ein Thurm. Unten an einer mit dem Rahmen verbundenen Tafel steht: *S. BARBARA*. Ueber der Tafel ist links Kager's Zeichen, rechts die Jahreszahl 1603.

11. Sta. Caecilia.

Sie sitzt, nach Links gewendet, an der Orgel, auf der sie spielt, während sie den begeisterten Blick zum Himmel richtet. Ein kleiner, die Laute spielender Engel sitzt am Ende der Orgel. Mit dem Zeichen und der Jahreszahl 1603. Unten an der Tablette: *S. CAECILIA*.

12. Sta. Catharina.

Sie ist nach Rechts gewendet, hält mit der Linken eine Palme, mit der Rechten den Griff des niederwärts gesenkten Schwertes. Links unten vor ihr ein Stück des zerbrochenen Rades mit Kager's Zeichen und der Jahreszahl 1603. Rechts schwebt ein Engel, der die Hände gefaltet hat. Unten auf der Tablette steht: *S. CATHARINA*.

13. Sta. Dorothea.

Die Heilige ist nach Links gewendet und hält mit der Linken eine Palme, während sie mit der Rechten ein Blumenkörbchen auf ihrem Schooss hält, das ihr ein bei ihr stehender Engel anbietet.

Mit dem Zeichen des Künstlers und der Jahreszahl 1603. Unten an der Tablette steht: *S. DOROTHEA.*

14. Sta. Ursula.

Sie ist nach Links gewendet, hält eine Palme mit der Linken und empfängt mit der Rechten zwei Pfeile von einem links schwebenden Engel. Unten an der Tafel steht: *S. VRSVLA.* Ueber der Tafel links Kager's Zeichen, rechts die Jahreszahl 1603.

15. St. Hieronymus.
H. 8" 9''', Br. 6" 5'''.

Der nach Links gewendete Heilige in halber Figur kniet vor seiner mit Bäumen bewachsenen Höhle in Verehrung des heil. Kreuzes, das links vor ihm steht. Sein Kopf ist auf die Seite geneigt und der Blick auf ein rechts vorn liegendes Buch gerichtet. Rechts oben ist der Löwe, der Fels gewährt eine kleine Durchsicht in den Hintergrund der Landschaft.

Links unten steht Kager's Zeichen, dabei: *Inu et exc.* Im Unterrand: *S. HIERONIMVS. Quidquid ago, cur usq: meas Tuba personat aures* etc.

Das Blatt ist mit breiten Taillen geschnitten.

ANHANG
von zweifelhaften oder dem Meister mit Unrecht zugeschriebenen Blättern.

1. Das Gleichniss vom Kameel.

Die Parabel bei Matthaeus Cap. XIX. Mit dem Monogramme M. K. Dieses zuweilen unserem Meister zugeschriebene Blatt ist kein Stich, sondern Holzschnitt und von Michael Kirchmeyer.

2. 4 Bl. Die vier Evangelisten.

Halbe Figuren mit Kager's Zeichen und der Jahreszahl 1600. Nagler vindicirt die Blätter, welche auch dem Mauro Rovere zugeschrieben werden, dem Kager. Sie sind wahrscheinlich nach ihm von einem der Kiliane gestochen.

3. St. Franciscus von Mönchen umgeben.

Das Blatt ist nicht, wie Nagler (No. 13) angiebt, von Kager nach Bozzulo, sondern umgekehrt, von Bozzulo nach Kager gestochen.

4. Der Knabe bei dem Monument.
H. 4″ 2‴, Br. 3″ 6‴.

Ein nackter Knabe steht, etwas nach Rechts gewendet, wo das Monument (oder ein Brunnen?)

steht, in der Mitte des Blattes und giesst aus einem Napf Wasser in die eine Hand. Links unten im Winkel das Monogramm MK

Das Blatt, welches R. Weigel in seinem Kunstlager-Katalog 20319 Kager beigelegt hat, ist radirt, aber wohl nur Arbeit eines Dilettanten, vielleicht des Kunstliebhabers *Marc. Kraffler*, der zu Kager's Zeit in Augsburg lebte.

5. Titeleinfassung zu Schemberger's Horologium.

H. 6" 2"', Br. 4" 9"'.

Architektonische Anordnung. Auf den Seiten stehen vor Säulen und auf Sockeln links die ASTRONOMIA, eine weibliche Figur, welche einen Globus und Maasstab hält, rechts die GEOMETRIA mit Zirkel und Winkelmaass. Die Säulen tragen das Gesims eines Bogens, auf welchem auf jeder Seite ein Genius mit einem Palmzweig und einem Band, an welchem zwei Wappenschilde herunterhängen, ruhen; in der Mitte am Bogen ist ein Schild mit I H S (dem bekannten Jesuitenzeichen) angebracht. Der so eingeschlossene Titel des Buches lautet: *HOROLOGIORVM NOVORVM RADIO RECTO; REFRACTO IN AQVA REFLEXO IN SPECVLO* u. s. w. *Ad Sereniſſimum et Reuerendissimum Dominum Dominum LEOPOLDVM Archiducen Austriae* etc. *Authore GEORGIO Schen-*

bergero Societatis IESV in Archiducali Friburgo-Brisgoiorum Vniversitate Matheseos Professore Ordinario. An einer verzierten Tafel unten am Sockel: *FRIBVRGI BRISGO APVD IOANNEM STRASSER.* Links an der Innenseite des Sockelvorsprungs ist das verschlungene Zeichen MK. Am Boden zwischen diesem und dem anderen Vorsprung steht: *CVM FACVLTATE SVPERIORVM ANNO MDCXXII.* Das Blatt ist radirt, aber schwerlich von Kager's Hand. Den unbekannten Künstler werden wir in Freiburg im Breisgau zu suchen haben.

INHALT
des Werkes des M. Kager.

Abel's Tod. . . . . Nr. 1
St. Joachim. . . . . „ 2
H. Familie. . . . . „ 3
Die Anbetung der Hirten. . . . . „ 4
Die Taufe Christi im Jordan. . . . . „ 5
Der reiche Mann und der arme Lazarus. . . . . „ 6
Heilige Frauen: Sta. Maria Magdalena. . . . . „ 7
                Sta. Apollonia. . . . . „ 8
                Sta. Agnes. . . . . „ 9
                Sta. Barbara. . . . . „ 10
                Sta. Caecilia. . . . . „ 11
                Sta. Catharina. . . . . „ 12
                Sta. Dorothea. . . . . „ 13
                Sta. Ursula. . . . . „ 14
St. Hieronymus. . . . . „ 15

Anhang.

Das Gleichniss vom Kameel. . . . . „ 1
4 Bl. Evangelisten. . . . . „ 2
St. Franciscus von Mönchen umgeben. . . . . „ 3
Der Knabe bei dem Monument. . . . . „ 4
Titeleinfassung zu Schemberger's Horologium. . . . . . „ 5

MONOGRAMMEN-TAFEL.

B. D.   Bartholomeus Dietterlin.

BR   F.   Bartholomeus Reiter.

D   *sc:*   **D**   Fac.   Daniel Lindemeir.

B   David Brentel.

F. B.   **B**   **B**   Friedrich Brentel.

G   G. G.   **G**   I. G.   Georg Gärtner.
G. P.   Georg Pecham.

HA   Hans Ammon.

HM   Hans Meichsner.

Monogrammen-Tafel. 367

 Hans Rogel.

H. W. Hans Wechter.

H. W. M. W. Hans und Martin Weygel.

 Hans Conrad Wörle.

 Heinrich Kumberger.

𝕳 Heinrich Stacker.

I. B. Jacob Beytler.

I. F. 𝒥. fec. Johann Faber.

MK ΛK ΛK MKag. Joh. Mathias Kager.

MF Pin. Martin Faber.

𝕸 ᛉᛉᛉ Martin Martini.

 Martin Pleginck.

MB MB MB . M B. Mathias Beytler.

MONOGRAMMEN-TAFEL.

F͞M   Nicolaus Andrea.

P. W. ᴘᴡ ᴘᴡ   Peter Weinher der Aeltere.

🝆🝆🝆🝆   Philipp Uffenbach.

Ⓜ Ⓜ Ⓜ Ⓜ   Wolfgang Meyerpeck.

W. S. ᴡs ᴡs   Wolfgang Stuber.

REGISTER.

	Seite
Ammon, Hans	284
Andrea, Nicolaus	1
Beytler, Jacob	42
—— Mathias	36
Boys, Anton	293
Brentel, David	170
—— Friedrich	185
—— Georg	216
Dietterlin, Bartholomeus	278
Döringk, A.	232
Faber, Johann	325
—— Martin	237
Gärtner, Georg	270
—— Johann	287
Hayer (Hauer), Georg	174
Jamnitzer, Christoph	242
Kager, Joh. Mathias	351
Kuchler, Balthasar	220
Kumberger, Heinrich	11
Lindemeir, Daniel	163
Martini, Martin	65
Mayr, Jacob	341
Meichsner, Hans	265

	Seite
Meyerpeck, Wolfgang	137
Pecham, Georg	154
Pleginck, Martin	24
Reiter, Bartholomeus	299
Rogel, Hans	80
Rotnberger, Aswerus	22
Savery, Roelant	346
Senfft, Christoph	291
Sickinger, Gregor	44
Stacker, Heinrich	129
Steinhammer, Friedrich Christoph	289
Stuber, Wolfgang	14
Suchuduller, Samuel	234
Sustris, Friedrich	343
Uffenbach, Philipp	313
Volkmer, Tobias	239
Wechter, Hans	331
Weinher der Aeltere, Peter	47
—— der Jüngere, ——	63
Weygel, Hans und Martin	93
Wörle, Hans Conrad	89